高校档案工作的理论与实践

主编　席彩云

武汉大学出版社

图书在版编目(CIP)数据

高校档案工作的理论与实践/席彩云主编.—武汉：武汉大学出版社,2023.11
ISBN 978-7-307-24148-0

Ⅰ.高… Ⅱ.席… Ⅲ.高等学校—档案工作—研究 Ⅳ.G647.24

中国国家版本馆 CIP 数据核字(2023)第 222389 号

责任编辑:詹　蜜　　　责任校对:鄢春梅　　　版式设计:韩闻锦

出版发行: **武汉大学出版社**　 (430072　武昌　珞珈山)
　　　　　 (电子邮箱:cbs22@ whu.edu.cn　 网址:www.wdp.com.cn)
印刷:武汉邮科印务有限公司
开本:720×1000　 1/16　 印张:17.5　 字数:369 千字　 插页:2
版次:2023 年 11 月第 1 版　 2023 年 11 月第 1 次印刷
ISBN 978-7-307-24148-0　 定价:72.00 元

前　言

　　档案是历史文化、社会记忆的主要载体。中华文明绵延五千多年从未中断，得益于我国有着记录历史、保管文献、收藏档案的优良传统。2021年7月，习近平总书记作出重要批示指出，档案工作存史资政育人，是一项利国利民、惠及千秋万代的崇高事业。高校档案工作是记录学校发展历程、维护历史真实面貌的重要基础性工作，具有保存记忆、资政育人、传承文化、弘扬文明的特殊功能，它在为学校决策规划的制定提供参考、为良好教风学风的形成提供借鉴、为管理制度的创新提供素材、为高校合法权益的维护提供依据等方面都发挥着支撑性的作用。做好学校档案工作，是高校档案工作者的法定职责和重要使命。

　　近年来，我校档案工作深入贯彻习近平总书记对档案工作的重要指示精神，认真落实新档案法和"十四五"档案事业发展规划，始终牢记"为党管档、为国守史、为民服务"的使命担当，紧紧围绕学校建设"一流大学和一流学科"的"双一流"建设的发展战略，以创新发展为主题、以数字转型为主线、以档案资源建设为重点，着力推进学校档案资源体系、利用体系、安全体系和治理体系建设，全校档案工作人员上下一心，担当作为，在档案意识的增强、档案资源体系的优化、案卷质量的提高、规章制度的完善、归档模式的变革、服务机制的创新、管理手段的革新、人员素质的提升、硬件设施的改善、编研成果的深化等方面均卓有成效，档案工作面貌持续向好，为弘扬学校办学传统，提升武大文化，凝练武大精神，服务学校和社会等方面作出了不懈的努力。

　　为进一步推进我校档案工作的高质量发展，加强档案人员的能力建设，我校档案馆以"6·9"国际档案日为契机，在全校范围内逐年开展了主题征文活动。本书共收录了近两年的优秀论文74篇，内容涵盖：（一）学习研究新修订的《档案法》的感想和心得体会；（二）探讨高校档案管理、资源建设、信息化和档案利用等方面的新机制、新模式；（三）挖掘为新时代学校的发展发挥独特作用和做出突出贡献的档案故事；（四）展望学校档案工作在新时代发展的广阔前景，等等。这是档案工作者不断探索实际工作的新路径，不断提升自身理论素养，不断推动档案工作转型创新发展，以期更好地服务党政管理、服务科学研究、服务校园文化建设、服务师生员工的强烈责任心的集中体现。

奋楫扬帆风正劲，勇立潮头满目新。在学校深入推进"双一流"建设、为创建世界一流大学的目标不懈奋斗的征程中，我们高校档案工作者应该以更加坚定的信念、更加扎实的工作、更加自觉的担当，深耕档案事业，奋力谱写兰台新篇，为学校发展贡献档案力量！

目　　录

1

口述校史档案在高校四史教育中的应用与研究

武汉大学离退休工作处　胡　珊

习近平总书记指出，不忘历史才能开辟未来，善于继承才能善于创新。新时期加强高校四史学习教育，是高校落实立德树人根本任务、筑牢意识形态阵地、传承红色基因、推动改革发展的重要途径。高校口述历史档案，是高校档案馆藏的重要组成部分，是校园文化的具体体现和大学精神传承的重要载体，也是四史学习的重要资源，在高校四史学习教育中具有重要的价值和作用。

一、高校口述校史档案的内涵

美国哥伦比亚大学路易斯·斯塔尔（Louis Starr）教授认为口述历史档案是"通过有准备的、以录音机为工具的采访，人们口述所得的具有保存价值的原始资料。"美国历史学家唐纳德·里奇（Donald A. Ritchie）在专著《大家来做口述历史》中指出，口述历史档案是"通过录音访谈来收集口头回忆和重大历史事件的个人评论。"

口述历史档案具有两层含义：第一层是指通过访问、访谈历史事件中的当事人或知情者，以笔录、录音、录影等手段记录、搜集的历史回忆和口述凭证；第二层是指对口述材料进行加工、整理而形成的回忆录、访谈录、影像资料等。

高校口述历史档案主要包括三个部分的内容。

一是采访高校历史事件当事者的原始记录，包括文字、照片、音频、视频等。受访者讲述亲历、亲见、亲闻和亲为，包括学校的发展、学科建设的故事、名人名师等重要人物的轶事，校庆、院庆、入学、毕业等重要节点、重要事件的经过等。

二是受访者提供的相关日记、信函、照片、文稿、奖状、奖章、证书、报纸、杂志等。这些材料记录了受访者在校园里生活、学习、工作中做过的、看到的、听到的和想到的人与事，真实反映当时的具体情况，从多个角度佐证口述历史的真实性。

三是对口述历史史料进行筛选、整理、归档，最后形成档案材料。记忆是形成口述史料的基础，时间越久远，记忆中的历史与实际的历史越容易出现偏差。在形成档案资料时，由于受主观的影响，受访者的口述历史既有真实内容，也难免会有记不准的地方，存在想象的成分。因此，档案工作者在搜集整理口述历史史料的时候，应与其他的材料相互佐证，筛选辨析，去伪存真，形成口述历史档案。

二、高校口述历史档案在四史教育中的价值

(一) 口述历史档案是高校四史学习教育的独特财富

高校有丰富的"五老"资源，是丰富的人力资源库，有众多的老教授、老专家、老干部、老战士、老模范。他们亲历了中华民族迎来从站起来、富起来到强起来伟大飞跃的历史进程。每一位老教授、老专家、老干部、老战士、老模范就是一本历史教科书，他们的满头白发，就是活生生的"四史"教材。他们的口述历史，不仅包含着学校发展、学科建设的历程，更有着党史、新中国史、改革开放史和社会主义发展史的时代印记。他们的耳闻目见、亲身经历，口述校史、口述四史，是高校开展四史学习教育的独特财富。

(二) 口述历史档案是增强四史教育效果的重要资源

传统课本和书籍里的党史、新中国史、改革开放史和社会主义发展史，通常比较简明扼要，学起来容易单调、枯燥、平淡，许多历史离现在生活较远，对青年学生来说，学起来代入感不强、学习效果不佳。

口述历史档案，是一种生动、鲜活的历史档案，能够有效增强四史学习教育效果。美国历史学家唐纳德·里奇认为："口述历史不是简化历史的描述，而是使它更加丰富，也更加有趣。"一方面，口述历史档案有人的温度，有时代的气息，因为口述历史的受访者，主要是通过自己的人生故事和亲身经历，讲述历史中的人和事，更加具体、更加生动、更加通俗，更能引起历史学习者的共鸣，更易被理解和接受。另一方面，口述历史档案主要通过音频、视频、文本以及虚拟现实技术等进行记录和保存，借助现代传媒手段，以"活档案"再现"活历史"，极具亲和力，能够极大地丰富四史的学习方式和手段，学习起来也更加地生动与立体，有效增加四史学习效果。

(三) 口述历史档案是大学精神传承的重要载体

高校四史学习教育的最终目的是进行爱党、爱国、爱校教育，传承红色基因，弘扬大学精神。

高校口述历史档案是高校发展史的生动再现，生动地还原校史、校情、校貌，多角度、多渠道地展现学校的发展历程、办学理念和办学风格。与传统的文字档案、电子档案

相比,高校口述历史档案最大的价值,就在于其中蕴含着口述者的理想、信念、情感和精神。口述历史档案其实就是高校长期积淀下来的文化内涵和大学精神的一种凝练与总结;口述历史档案的收集、整理、应用的远程,也是继承文化遗产、传承大学精神的过程。

口述历史档案应用于高校四史学习教育,能够更好地厚积文化底蕴,传承红色基因,彰显大学精神。

三、高校开展口述历史档案工作的优势

(一)受访者素质较高、参与意愿强

口述历史档案的质量、价值,在于受访问者的记忆、理解、表达能力、参与意愿和身体状况等。高校口述历史的受访者大多是老专家、老教授、老干部,知识渊博、思维清晰、表达能力强、思想境界高,很多老同志有记录、写作的习惯,能够详细、清晰地回忆以前的经历;同时对学校、对学生有着浓厚的感情,愿意分享自己的人生故事和感悟,发挥余热。口述历史不仅满足了老同志回顾往事的心愿,同时也能对后人起到教育启示作用。

(二)访谈者众多且专业能力较强

高校人才集中,职能机构齐全,开展口述历史的工作具有独特的优势,档案馆、宣传部、离退休工作处、历史学院、校友办以及各学院,可以进行口述历史访谈。档案馆专职人员业务能力较强、宣传部各类设备齐全、离退休工作处熟悉老同志的情况、历史学院专业能力,还有许多师生对口述史和校史研究感兴趣,自身文化水平较高、学习能力强,经过专业培训,能够很好地开展口述历史档案的专业工作。

(三)资料收集相对容易

口述历史受访者主要是老同志,大多住在校内,比较集中,退休后在家居住,上门采访、收集资料相对容易。另外高校普遍档案基础比较好,上门采访前可以比较方便地查阅到与采访内容相关的文献资料,了解和熟悉相关史实,采访起来更加有的放矢。受访者和访谈者都是学校人员,沟通起来有亲近感,能够更深入地交流和访谈。

四、高校开展口述历史档案工作方法

(一)确定主题方向

口述历史档案的目的是丰富和完善校史资料,因此,开展口述历史档案工作的第一步

就是要确认主题方向。

　　档案管理人员可以先行对学校现有的档案进行"摸底调查"，及时了解目前学校校史存在哪些空白，在这些空白中，哪些是富有意义的、值得被挖掘与记录下来的，比如高校教学改革、高校发展变迁、具有里程碑意义的重大事件等。

(二)确定访谈对象

　　开展口述历史档案工作的第二步，是确定访谈对象。在实际的操作过程中，根据重大事件的具体情况，以"见证校史发展"的亲历者、见证者和建设者作为选择标准与原则，拟定受访者的名单。优先选择安排古稀耄耋之年的老同志，和时间赛跑，抢救历史；优先选择德高望重、有地位、有影响、有成就的老专家、老教授、老干部，口述历史更加有深度和广度；优先选择重大事件的直接参与者，口述历史更加准确真实。

(三)制定访谈方案

　　在访谈之前，做好前期准备工作，查阅相关的文献资料，制定详细的访谈方案。访谈前，工作人员可以模拟访谈过程，预想可能出现的问题，提前做好应对的准备。考虑到受访者大部分年纪比较大，时隔多年回忆过去难度比较大，所以提前准备好相关的照片、报道、文件等资料，唤醒老同志对过去的记忆；尤其是对于现有资料存在模糊疑点，需要与受访者确认的，更是要提前准备好。

(四)引导访谈思路

　　在访谈过程中，要有序引导访谈思路。由于受访者年纪比较大，逻辑思维能力、口头表达能力都有所减弱，在口述的过程中难免跑偏、跑远。特别是受访者回忆过去时，可能会进入状态有感而发，不断重复。在整个过程中，访谈者应当保持着理性的思维，及时将话题引导到访谈的思路上来，以保证口述的内容达到目的和要求。特别要注意的是有的受访者年事已高，吐字不清，无法站立，访谈者应给予人文关怀，充分理解和尊重。

(五)整理口述成果

　　访谈结束后，要将所记录的信息逐一进行筛选与整理，搜集有效信息。一是要注意保持记录的完整性，记录好采访的时间、地点、时长、口述者、提问者、记录者、旁观者、访谈大纲、具体问题等信息，以便后期查阅使用。二是要注意记录的翔实性。无论纸质档案，还是电子档案，都必须秉承客观真实的原则，与现有的资料进行仔细地对比与鉴别，尽量做到没有矛盾，如果遇到矛盾或者模糊不清的地方，则应当及时与受访者进行沟通与确认，保证档案内容真实有效。

五、口述历史档案在高校四史教育中的应用

高校应当最大程度地去挖掘与发挥口述历史档案在高校四史教育中的价值。以口述历史档案作为基本素材，通过不同形式的开发利用，搭建起连接学校历史和现实的桥梁，实现口述历史档案的文化增值，有效增加高校四史教育的辐射面和影响力。

(一) 编研"四史"教育文化产品

根据口述历史档案，可以整理、编辑、出版系列丛书，如口述历史、大事年表、人物传记、回忆录等；可以截取访谈视频精彩片段，结合相关档案资料，制作成纪录片、专题片、宣传片、短视频等；还可以组织学生编排如话剧、小品、朗诵、歌舞剧等文艺作品，在校内外各类文艺活动中公开演出等。在应用口述历史档案编研四史文化产品时，要注意品牌性、系统性、统一性和持续性，重创新、重研发、重引领，以品牌意识打造高校"四史"教育文化精品。

(二) 拓展口述历史档案传播渠道

一方面用好传统传播方式和平台。如利用口述历史档案举办四史学习教育专题展览或建设主题展馆，展现的档案规模更加宏大、内容更加翔实，四史学习更加直观形象；如开设校内媒体专栏，即在校报、校刊、校内新闻网、广播、电视开辟专栏连载口述档案文章或节目等。

另一方面丰富创新传播方式。用好微博、微信、微视频、移动客户端"三微一端"新媒介，如开设"口述历史""校史与党史"等栏目，多角度展示和传播口述历史档案与"四史"教育文化产品，利用新媒体辐射范围广、传播速度快的特点，更好地营造了人文氛围，起到良好育人效果，发挥四史教育的作用。

(三) 发挥口述历史档案建档过程育人的作用

口述历史档案建设过程，就是一种广义的思想教育活动。在口述历史档案建设过程中，老专家、老教授、老干部等受访者把自己的人生经历、人生感悟讲给青年学生、青年教师等访谈者听，其中的种种细节是绝妙的教育素材。青年学生、青年教师在这个访谈过程中，接受教育，对母校历史、对四史产生更加深切的体验。访谈者深入挖掘、记录、整理、展示、宣传老同志参加祖国建设和学校发展历程，能够辐射影响到更多的青年学生深刻地感受到国家和学校的伟大成就，深切感悟到中国共产党的历史担当，体现口述历史档案建档工程育人的效果。

◎ **参考文献**

[1]纳日碧力戈.作为操演的民间口述和作为行动的社会记忆[J].广西民族学院学报(哲学社会科学版),2003,25(3):6-9.

[2]王霄冰,迪木拉提·奥迈尔.文字、仪式与文化记忆[M].北京:民族出版社,2007:29.

[3]吴正彪,班由科.仪式、神话与社会记忆——紫云自治县四大寨乡关口寨苗族丧葬文化调查[J].贵州民族研究,2010,31(6):48-52.

[4]黄项飞.口述档案:构筑民族的立体记忆[J].山西档案,2004(5):12-15.

[5][美]唐纳德·里奇.大家来做口述历史[M].北京:当代中国出版社,2006:3,92.

[6]潘玉民,王艳.加快建设口述历史档案资源[J].中国档案,2012(5):39-41.

新形势下提升离退休干部档案管理能力的探究

武汉大学离退休工作处　叶　骏

干部档案是记载个人信息、工作经历、奖惩情况的重要依据，它客观反映了一名干部在工作岗位上的功过得失。对于离退休干部来说，虽然离开了工作岗位，但档案管理工作依然关系到离退休干部的合法权益。从档案管理内容上来说，离退休干部档案管理涉及离退休干部在任时的各项工作内容、会议记录、活动记录、干群关系等。通过对离退休干部档案进行管理，有助于帮助离退休干部提高其生活质量，发挥离退休干部的价值，保障离退休干部能够安度晚年。在离退休干部的档案管理工作上，有一些提升离退休干部档案管理能力的路径。

一、加强对离退休干部档案管理工作的重视程度

针对离退休干部档案管理中存在的诸多问题，其本质原因是有关部门对此项工作的关注度不够，在日常管理工作中敷衍了事，为有效解决管理工作质量低下等现象，需要提高有关部门对档案管理的重视。提升管理领导层的意识思想为第一要义，在根源上体现档案管理工作的必要性，通过加强日常管理力度，保证每一位工作人员将档案管理视为工作的重中之重，具体表现为，管理人员应明确划分档案管理内容、档案管理范围，并对其进行补充与完善，保证资料与数据具备绝对的正确性、可靠性，与此同时，应对离退休干部的活动记录、所享受的政府优惠政策等进行详细记录，对离退休干部在职期间的工作情况进行全面、如实地汇报。

二、提高档案管理队伍实现专业化水平

离退休干部档案管理各岗位均应由专业的档案管理人员担任。然后对离退休干部档案管理人员进行培训，使其能够掌握离退休干部档案管理工作要点，并在工作实践中不断优化离退休干部档案管理工作，成为开展高效率离退休干部档案管理工作的主要力量。建立

长期有效并符合实际情况的培训制度，对工作人员开展计算机应用、信息化软件操作等多方面的培训，提升工作人员的精神品质、职业道德认知水平，使其在工作岗位上找到职业认同感、充分体现自我价值。对档案管理人员进行现代化管理，建立绩效奖惩制度，对于绩效和表现突出的档案管理人员进行表彰，为其晋升提供渠道。

三、加大档案管理工作的资金投入

政府有关部门应适当增加资金投入，以此提高离退休干部档案管理质量，以此落实档案管理基础设施建设工作。与此同时，档案管理部门与其他职能部门展开合作，一旦出现干部档案资金不足等问题，在第一时间通过相互配合进行解决。相关部门应积极争取政府的经费支持，借助财政拨款等方式保证具有充分资金完成基础设施建设，保证离退休干部的档案管理工作顺利进行。除此之外，针对档案管理中出现的种种问题，有关部门应首先解决人手配置、管理经费等问题，保证档案管理水平逐渐提升到专业化水准，保证档案管理工作高质量、高成效。加大档案管理资金投入，可充分体现政府有关部门对离退休干部的重视程度，也侧面展示出离退休干部对社会发展的重要意义。

四、实现精细化档案管理体系建设

加快推进精细化管理理念在离退休干部档案管理工作中的落实，对离退休干部档案管理各环节的工作进行深度优化，逐步推进档案管理体系精细化，以解决离退休干部档案管理粗放的问题。离退休干部档案的精细化管理体系，主要由以下两部分组成：

(一)精细化的离退休干部档案管理制度

离退休干部档案管理制度的精细化，并不是将管理制度制定得越细致、越严格，而是在满足离退休干部档案工作实际需要的前提下进行。离退休干部档案管理工作具有繁杂性、长期性的特点，因而离退休干部档案精细化管理制度需要建立在繁杂性、长期性的特点之上，准确把握离退休干部档案精细化管理与各部门之间的联系，逐步建立起标准化的离退休干部档案管理量化体系。如对于离退休干部档案管理的日常整理、保管，均要建立相应的量化标准，按照离退休干部的级别，采取不同的整理、保管措施。

(二)离退休干部档案管理方法要不断创新

创新是离退休干部档案管理工作不断精细化的动力所在，要在离退休干部档案管理的工作中运用创新理念进行深入改革，采取现代化的管理方法，将纸质档案数字化处理。将原有的纸质档案，通过计算机录入设备、扫描设备，转化为数字档案，建立数字化档案标准。对数字化的档案内容、格式、图片等，制定相应的标准，以统一离退休干部的数字化档案标准，规范离退休干部档案数字化建设。

五、完善离退休干部档案的硬件与软件建设

在离退休干部档案管理工作的硬件建设上，应将离退休干部档案管理部门从档案管理部门独立出来，然后针对离退休干部档案管理部门的实际工作，开展相应的硬件建设。要为离退休干部档案管理部门配置现代化的档案室，所配置的档案室应宽敞明亮，并有保密室，以存放重要的离退休干部档案。档案室要进一步加强防火、防潮、防盗方面的配置，并对已经发潮、破损的离退休干部档案进行修复。在档案室的各项硬件设备上，如档案夹、防火设备、打孔设备、除湿设备等，要购置足够数量和质量合格的设备，以保证离退休干部档案管理部门各项工作的有序开展。

在离退休干部档案管理的软件建设上，要委托 IT 企业，根据离退休干部档案管理的特点，开发一套适用于离退休干部档案管理工作的信息化系统，并对所开发的离退休干部档案信息化系统进行后期的维护。所开发的离退休干部档案信息化系统应具备人性化、信息化、数字化、功能强大的特点，不仅能够满足离退休干部档案管理工作的实际需要，还应具有一定的可拓展性，以适应未来离退休干部档案管理工作的需要。

六、总　　结

针对离退休干部档案管理工作，提出了加快推进精细化档案管理体系建设和离退休干部档案管理现代化建设的建议，并在具体内容中细化了建设的方向，有助于推进离退休干部档案管理工作的建设，提升新形势下离退休干部档案管理能力。

◎ 参考文献

[1]李锐.军队离退休干部档案管理问题与建议[J].陕西档案，2017(12)：89-90.

[2]陈香菊.探究加强离退休干部档案管理工作的措施[J].办公室业务，2018（6）：25-26.

[3]张勘华.新时期如何做好离退休干部档案管理[J].经营管理者，2016(12)：286-287.

新修订《档案法》的影响与变革

武汉大学党委统战部　周　琛

2021 年 1 月 1 日，新修订的《中华人民共和国档案法》（简称《档案法》）正式施行。新修订的《档案法》明确了档案的机构及其职责，对档案管理工作做出了清晰细致的规范，更加突出强调了档案的公布利用和信息化建设，也从法律、制度上保证对档案的监督管理，有助于进一步发挥档案和档案工作在推进国家治理体系和治理能力现代化中的基础性作用，为新时代档案事业高质量发展提供坚强法治保障。《档案法》的修订发布在档案事业发展中具有里程碑式影响的，对于做好我校的档案管理工作也具有重要指导意义。

一、新修订《档案法》体现了新时代对档案工作的新要求

档案作为各个历史时期国家机构、社会团体和组织以及个人从事政治、经济、文化、科学、技术、宗教等活动的真实记录，是促进我国各项事业科学发展、维护党和国家及人民群众根本利益的重要依据。随着中国特色社会主义进入新时代，档案事业发展面临新形势、新任务，对《档案法》进行全面修订尤为重要。

首先，《档案法》的修订实施体现了在新时代档案发展重要性日益凸显，党和国家也更加重视档案工作的发展。本次修订是《档案法》1988 年施行以来的首次修订。在过去的 30 多年里，做好档案工作对维护国家档案资源安全，服务改革开放和社会主义现代化建设发挥了重要作用。但随着中国特色社会主义进入新时代，档案工作也面临着新的时代问题，对《档案法》进行修订顺应时代变化，档案工作发展趋势地及时变革，也是更好地做好档案工作的方向指引，制度保障。

在当下信息化时代，信息是最具有价值的资源。档案工作主要是保存有价值的信息，这是巨大的资源宝库。在大数据互联网的时代浪潮中，做好档案工作不仅仅是保存珍贵的历史资源，更是利用档案使其发挥最大的价值，推动国家治理体系和治理能力现代化，这对推动社会主义现代化强国建设和中华民族伟大复兴起着不可忽视的作用。在这次《档案法》修订中，明确规定把档案事业发展经费列入政府预算，确保档案事业发展和国民经济

与社会发展水平相适应，经济上的支持保障，对档案事业的投入不仅是对档案事业重视支持的体现，更是对档案发展寄予深厚的期望。同时通过规定监督检查和法律责任的方式来加强监管，规范档案管理。从《档案法》中看到对档案事业发展的支持不仅仅体现在经济上，也在制度、法律各个方面都作出了规范保障和方向引领。

其次，《档案法》修订也体现档案工作发展的新变化、新趋势，指明了档案工作发展方向。新修订的《档案法》中，对于档案的公布利用管理和信息化建设这两点是十分值得关注的。信息化如今在各行各业都在如火如荼地进行，这是时代发展的需要。档案工作过去主要是采用传统的方式，对档案进行整理记录保存，在当下，这些方式与时代发展错节，效率低下，且与互联网手段相比，具有明显的落后性，不能够长久地保存档案，容易损毁或丢失。新修订的《档案法》提出要加强档案的信息化建设，并保证档案的信息安全，是一种"互联网+档案"思想的体现，把传统的档案工作与互联网结合，充分发挥互联网的优势，助力档案工作发展。不仅能减少由于时间或者其他因素导致的档案损毁，还能够延长档案留存时间，减轻档案的规整难度，也方便档案的公布利用，更好地发挥作用。在过去，档案注重的是信息的留存，却由于档案的统一规整，纸质保存，公布利用难度较大。而在进行档案的信息化建设后，那些能够开放利用的档案就能更便利地公之于众，只需要在网络上把信息公开，就可以使大众最大限度地利用开发，大大提高档案资源的开发利用率。

再次，新修订《档案法》对档案工作也做出具体细致的行为准则规范，为档案事业发展做出详尽的指导，切实地引领档案事业发展。明确档案的含义范围，强调坚持党对档案工作的领导，确立档案工作的原则，这为档案工作提供了大方向上的引领。同时也指出国家鼓励和支持档案科学研究和技术创新，在档案领域开展国际交流与合作，鼓励社会力量参与和支持档案发展。这也提醒我们的档案工作要注重在这些方面有所作为。具体的机构职责，档案的管理利用与公布都在新修订的《档案法》中有明确的规定，各档案管理部门有具体的标准规范，保证档案事业的程序规范，机构合理，组织优化，权责明确，效率提升。

二、认真贯彻落实新修订的《档案法》，推动学校档案工作健康发展

《档案法》的修订对于各个档案管理部门提出了明确的指引，以武汉大学档案馆为例，根据新修订的《档案法》，我们在很多方面都有加强和发展的空间和余量。

首先是在信息化建设中，目前武汉大学档案馆已经有了专门的信息系统来进行档案的整理录入工作，且该系统能够较好地满足目前的档案管理工作。所谓的信息技术水平，不仅仅是掌握一个信息系统的使用，对于档案管理系统的熟练使用是每一位档案工作人员应具备的基本素质。同时档案馆如果具备个别专业技术人员，和档案事业研究者共同努力，结合档案管理的实际情况与理论知识，共同在档案信息化建设道路上不断做出创新进步，

也能够卓有成效地促进档案事业向高水平、高技术、高效率发展，同时这也是对档案专业人才培养的迫切需求。档案馆可以和档案专业学生、研究者开展更多交流实践，形成档案馆和档案专业协同发展双向促进的局面。

其次，对于档案的宣传教育工作仍然有更多可发展的空间。新修订的《档案法》中提到国家要采取措施，加强档案宣传教育，增强全社会的档案意识。这需要的不仅仅是国家的努力，各档案工作单位也需要共同努力。目前社会整体档案意识还有待提高，作为国家一流高校，且档案专业实力突出，我们更应该在这方面着力，先从提高我校师生的档案意识开始。档案宣传教育的形式要更加多样化，富有新颖性，吸引大众关注。宣传教育的内容也要更加丰富，不仅仅集中当前档案事业的管理工作，也可以宣传档案专业、档案的历史、未来。其实就是要做好营销。档案馆作为非营利性组织，其营销要注意内部营销和外部营销两个方面。目前我校档案馆内部营销可以在其网站新闻中看到有确切的工作且成效良好。但在外部营销上，仍然有很大进步的空间。具体来说，更需要关注档案的未来，面向学生的宣传教育不可忽视，要创新形式以学生喜闻乐见的方式来达到更好的宣传效果。

最后，档案工作的内容要更加明确，在做好本职核心工作的同时，应该更加多方向发展。在新修订的《档案法》中提到，档案馆可以和图书馆、博物馆等单位联合举办展览，共同研究、编辑出版有关史料。当前学校档案馆的工作范围基本上比较全面，也设立了专门的编研室负责有关史料编纂，但在和其他单位合作举办展览共同研究编辑出版有关史料的工作仍然需要进一步加强。这不仅是做好档案管理本职工作，更是通过这些多方向、多学科的合作达到档案事业的宣传教育目的，提高整个社会的档案意识。

整体来说，武汉大学的档案管理具有优良传统，也取得不少成绩，尤其是对学校各单位档案工作的指导和帮带更是倾心尽力、有目共睹，老师们经常风雨无阻、不辞劳苦亲自到各个单位上门指导。在新环境、新形势下，作为机关部门档案管理人员，对照自身工作，感到离《档案法》要求的工作规范还存在不小的差距，在以后的工作中，认清档案工作的重要意义和价值，明确自己作为档案工作者身上背负的使命和责任，不断端正工作态度、明确改进方向，依法管档治档用档，开创档案工作新局面，为助力学校"双一流"建设贡献自己的一份力量。

新《档案法》背景下信息化建设对我校档案工作的优化效益分析和深化建议

武汉大学学生工作部　彭国娥

自 2021 年 1 月 1 日起，新修订的《中华人民共和国档案法》正式施行。这是《档案法》1988 年 1 月 1 日施行以来的首次修订，是贯彻落实习近平总书记关于做好新时代档案工作的重要指示和党中央决策部署的集中体现，是推进国家治理体系和治理能力现代化对档案工作提出的必然要求，对新时代档案工作的稳步推进和创新发展具有重大指导意义。本文介绍了新《档案法》修订的历史背景、解读了新《档案法》中对档案信息化建设的相关内容，从档案员的视角分析了武汉大学近年来档案管理信息化建设的成就，并针对信息化建设可能出现的问题提出解决办法或建议。

一、新《档案法》修订背景

档案是历史最可靠的记录载体，做好档案工作是维护党和国家历史真实面貌、记录中华民族伟大复兴过程的重要事业。《档案法》自实施的 30 多年来，对档案收集、管理、利用、安全保障等方面起到了重要的指导作用。但随着信息技术的快速发展和档案数量的不断增长，国家治理体系和治理能力现代化的战略部署对《档案法》提出了新的要求，显然只有依靠信息化手段才能解决这个难题。在这样的背景下，《档案法》修订先后被列入 2018年国务院和十三届全国人大常委会年度立法计划，经过多次科学严谨的评估审议，于 2020年 6 月 20 日由十三届全国人大常委会第十九次会议审议通过，国家主席习近平签署第四十七号主席令予以公布。

二、新《档案法》信息化建设的相关内容解读

新《档案法》在第五章新增了档案信息化建设内容，凸显了档案信息化建设的重要地

位。新增的档案信息化建设的主要内容对电子档案的合法要件、地位和作用、安全管理要求和信息化系统建设等方面做出了明确规定。一是明确了政府的责任，二是明确了电子档案法律效力，三是明确了档案信息化建设的内容。七条关于档案信息化建设的内容，首先是规定了档案信息化在信息化发展中的地位，鼓励传统载体档案数字化；其次是针对电子档案的法律效力等做出了详细解释；随后表明要推进数字档案馆和档案信息资源共享服务平台的建设与利用。

三、信息化建设带来优化的几个方面

1. 安全化。传统纸质档案有着易潮易燃等安全风险，电子档案能在纸质档案受损的情况下提供宝贵资料。我校档案馆秉持尽最大可能保护档案资料的责任心和使命感，在学校全力支持下，于2020年将纸质档案资料搬入图书馆E栋和老图书馆，安装温度湿度监测和报警系统，使纸质档案资料有了更好的保存环境；同时，加强电子档案建设，形成了完整的电子档案收集—整理—归档—管理—查询流程，提供了纸质档案的备份，避免了因纸质档案损坏产生的信息丢失。

2. 集约化。纸质档案会占用大量存储空间，并且需要较高的维护成本，而随着信息化建设的进行，一张光盘就可以存储下一整柜纸质档案的信息量。在档案归档中，一些重要性较低的材料可以刻录光盘进行存储。

3. 高效化。武汉大学档案馆于2019年对原有档案信息系统进行了优化，大大提高了档案整理和归档效率。首先是积极推进电子档案管理信息系统建设，与办公自动化系统、业务系统等相互衔接，能直接筛选导入指定部门在该归档年份的所有文件，大大节省了收集档案的时间；其次，提供打印功能，实现电子与纸质档案的高效互通；此外，新档案系统对档案分类详尽，各模块定义明确，冗余操作减少，界面简洁，运行流畅，操作简单，易于普及。

4. 便利化。电子档案相比于纸质档案更容易检索和传输，一方面增加了档案的利用价值。武汉大学档案馆各单位的档案都分类明确，可以通过名称、字号、归档单位、归档年度等多个字段进行检索。另一方面在官网上也提供了文件查阅和目录查阅等入口，可以在异地申请查阅档案，节省了档案检索和取送的时间，为档案查阅使用增加便利。

四、对我校档案馆信息化建设提出的建议

1. 防范信息安全风险。信息化建设在防止纸质文件损坏的同时，也带来了新的信息安全风险。一是要防止信息泄露，注意内部网络的保密措施，妥善管理个人计算机中的重

要文件；二是在批准查档申请时，要对申请人进行严格的身份核验，防止档案被窃取；三是做好数据备份，在发生损害事故的情况下，根据备份最大限度地还原丢失的数据，增加档案信息系统容错率。

2. 纸质档案与电子档案并重。在注重电子档案建设的同时，应注意保留纸质档案。新《档案法》第三十八条规定："已经实现数字化的，应当对档案原件妥善保管。"纸质档案相比于电子档案，介质和颜料都更具稳定性，利于长期保存；另外由于纸质档案不宜修改，会留下修改痕迹等原因，相比于电子档案能更具真实性和可信度。

3. 信息化流程需与时俱进、不断优化。档案管理信息化建设目前还不完备，需要在使用中不断优化。档案信息建设需要信息技术人员不断更新维护，同时在建设过程中应注重和使用者的沟通，对其反馈的意见及时处理，对操作系统进行优化，对不同类型的档案归档方式进行细化，实现系统开发与归档使用的双向联动，共同促进档案管理信息化建设。如去除档案管理系统中的冗余操作，增设自动填充的功能，界面设计更加人性化、模式化等。

4. 加强档案管理人员培训。新时代背景下，对档案信息化管理人员提出了新要求，在不断对档案管理流程进行优化的同时，应同时加强对管理人员的培训，提升档案管理人员信息素养，提高档案管理人员工作效率，从人员培养着手规范化档案管理，建设养规范化、科学化、高水平的档案管理队伍。

5. 存储格式多样化。信息化建设带来了更多样的档案存储格式和利用方式。电子档案可以作为纸质档案的备份而复制，同时也可以有更多的形式来丰富档案内容。比如图像资料、影像资料、音频资料等，有着纸质档案没有的生动形象的优势，应当作为一个新的模块被重视开发。但影音等格式档案的建立，给信息冗余带来了新的问题，对档案管理的信息技术也提出了新的要求，需要着重解决。

6. 开发利用方式多样化。电子档案易于备份和修改，有着更大的再利用空间。同时，已有的纸质档案也可以通过数字化，利用新的媒体形式，发挥出更大价值。长期以来，我校档案馆十分重视对档案的开发利用，积极开展档案编研，历年来，出版书籍数十种，进行档案选编20余本，发表论文百余篇，取得了显著成绩，如2020年《珞珈风云——寻找十八栋别墅里的名人名师》的出版，收到了很好的反响。在这样对纸质文献充分研究的背景下，用新媒体技术对档案进行开发利用，用影视、音频等更直观的方式展现编研成果，将对做好档案开发、讲好档案故事有着不可忽视的推动作用。

五、归纳总结

新《档案法》的颁布是档案管理信息化建设的风向标，强调了电子档案的重要性与法律效力,并为具体建设提供了信息衔接、来源准确、异地共享等指导性意见。我校档案馆在信息化建设方面已经取得了一定成绩,提高了档案管理的效率和便利性,但在信息化过程中,应注意档案的安全性,保留纸质档案,不断优化系统、培养人才,并在存储格式和开发利用形式上开拓创新,增加档案的利用价值。

学生工作中的档案故事

武汉大学学生工作部　　郑　军

在大多数人的印象中，档案工作是十分枯燥、机械的。但其实，档案在人民群众工作生活中有着重要的价值，档案工作也有着服务党和国家建设大局、服务社会经济发展、服务广大群众的独特作用。按照国家《档案法》的要求，规范档案收集、整理工作，有效保护和利用档案，提高档案信息化建设水平，是推进国家治理体系和治理能力现代化，为中国特色社会主义事业服务的重要手段和方法，也是高校规范化建设不可缺少的内容和责任义务。

本人从事学生工作二十多年，虽然没有直接参与学生档案管理工作，但始终知道档案对于学生个人成长发展的重要价值和意义，也明白学生档案管理在高校工作中的独特作用。适逢学校举行"国际档案日"暨《档案法》宣传活动，我将学生工作中遇到的几个涉及档案的小故事与大家分享，作为参与档案法知识宣传普及的一朵浪花。

一、学生管理规定制度修订与档案

2005年3月，教育部出台颁布新的普通高校学生管理规定，为了依法加强新时期高校的教育管理，当时全国高校迅速形成修改或制定各自学校的学生管理规章制度的热潮。我校当时也启动了修改有关学生管理规定的工作，我有幸参与其中。按照学工部领导交代分配的工作任务，由分管学生事务工作的副部长负责起草新版我校学生管理规定，我负责起草新版我校学生违纪处分办法。在起草文件期间，我与学工部的领导和同事们经常有大量的交流讨论，有时为了一个条文或某个表述是否合适、合法会经常争论直到取得共识。记得有一条涉及档案知识，就是"对学生的奖励、处分材料，学校应当真实完整地归入学校文书档案和本人档案"，由于学生处分进入个人档案必然会对学生今后的发展存在某种影响，当时为了准确表述条文，是否设定处分期限，是否可以从档案撤出等考虑因素，我曾专门查阅学习《档案法》，并向法学院专家请教咨询档案行政管理的法律法规以及有关行政规章制度的立法原则精神，在该制度起草过程中我对于档案和档案管理有了深入的认识，

17

也明白国家档案法条文的意义，高校学生档案的规范管理既是对学生个人负责，也要对社会和今后的用人单位负责，要提供真实的学生档案记录，以健全用人单位选人用人做出评价参考的资料库。

二、学生事件与档案

第二个插曲涉及学生事件的善后处理。大约是在 2013 年，我校原某专业的一个学生找到学校，自述说曾经在校园中手臂被树枝砸伤过去好多年了，现自称受伤后有后遗症之类的理由希望学校给予经济补偿。学工部领导安排我去核实学生反映情况的真实性。接到任务后，我首先联系了该生原来的学院辅导员老师，了解到只记得大约有受伤的事情，具体详情找不到也没有档案记录，无法做出法律责任上的判断。思考之后，我决定从校医院着手查找线索，找到医院负责医务管理的老师，面对库房里陈年的医务档案相关资料，独自一人在成堆的医疗档案记录中查找了两天，终于找到了该生当时就诊的病例记录，该档案记录了学生当年详细的受伤经过、伤情以及医院治疗处理情况，我及时将该份医疗档案复印后向领导汇报，帮助学校厘清判断该生反映的情况，为学校妥善处理提供决策依据。

三、表彰文件与档案

再有一个故事是关于学校军训工作先进表彰的记录查询，涉及工作档案。每年总有学生或者老师找到我，因为各种原因需要，请我帮助查找他们过去参加军训时受过的表彰记录。军训工作办公室是设置在人武部，但我作为学工部老师，几乎每年都会抽调参加学校军训政工组工作，对该项工作非常熟悉，其实学校历年的文件在校办或档案馆都可以查找到。很多学生、院系辅导员老师或者从学工口出去的其他部门干部，由于填表或各种原因需要查找当年军训工作先进表彰文件记录证明，总会找到我这里。为了便于工作，我从繁杂的工作档案中分割出来，建立了一个军训工作表彰文件夹，保存有历年军训工作先进表彰文件原件，这样就可以快速的帮助有需要的师生查找信息。

四、国防生工作与档案

最后一个故事涉及国防生档案资料的查询。我在学工部军选办工作多年，随着国防生依托培养政策的调整结束，我校国防生 2020 年全部毕业，军选办保存有大量的国防生协议书，国防生工作档案也需要分类整理移交。最近几年，随着整个国家的干部管理规范化，许多政府国有单位、军队部门也对现有干部档案进行着清理。这两年我接到不少毕业的国防生校友来电查询原在校期间签订的国防生协议书，他们反映各自所属部队政工部门审档后发现缺少国防生协议书等有关档案资料，希望补办证明。每个学生的协议书按照工作流程是一式三份，学生一份（大多数人多年后不知去向）、学校一份（保存在军选办）、部队驻校选培办一份（移交部队用人单位）。国防生在毕业前夕，我方会集中将学生档案移交选培办。选培办将该办的国防生协议书、国防生登记表、入伍审批表等涉军档案资料一并列入学生档案移交学生毕业后的任职部队。但不知何原因，多年后总有一些学生档案中缺少一些资料，给他们工作带去不便。每次接到补办证明事宜，我都要从现存的招生名单、国防生协议书、院系、毕业派遣信息等几个环节确认国防生进出身份后才给予出具相应证明或表格。这些事宜与工作档案密切相关，很多人只有在多年之后使用档案时才会体会到档案的价值和意义，如果没有完善的工作档案，年代久远加上人员的更替变动，将很难证明原本是极其简单的一件事情。

　　档案就像一根链条，连接着历史与现实，还影响着未来。在工作中积累越多，我对档案也有了更深的理解，它不得怠慢、不容更改；它是一种可以再现历史真实面貌的原始文献；它是个人成长的真实印记。每当帮助师生和校友如愿以偿地查找到所需要的档案文件时，我由衷地感到高兴和欣慰，也再次体会到了档案的价值。在国际档案日来临之际，向所有坚守在这个枯燥、寂寞、繁琐岗位的档案工作者致敬！

将《档案法》精神与档案工作有效结合

武汉大学党委研究生工作部　丁　洁

2020 年 6 月 20 日，十三届全国人大常委会第十九次会议审议通过了新修订的《中华人民共和国档案法》，国家主席习近平签署第四十七号主席令予以公布，自 2021 年 1 月 1 日起正式施行。这是《档案法》1988 年 1 月 1 日施行以来的首次修订，意义重大，有助于进一步发挥《档案法》和档案工作在推进国家治理体系中的基础性作用，为国家和我校档案事业高质量发展提供坚强法治保障。

一、《档案法》修订的背景

档案是历史的真实记录，做好档案工作是维护党和国家历史真实面貌、保障人民群众根本利益的重要事业。《档案法》实施 30 多年来，对加强档案的收集、管理、利用，维护国家档案资源安全，服务改革开放和社会主义现代化建设发挥了重要作用。但是，随着中国特色社会主义进入新时代和全面依法治国方略的推进，党中央、国务院对档案工作提出了新要求，实践中也出现了一些突出问题亟待解决，《档案法》与国家治理体系和治理能力现代化战略部署已不相适应。全国人大代表、全国政协委员也提出了许多有关《档案法》修改的提案。《档案法》修订势在必行。

二、法律制度融入工作的实践经验

要想进一步推进档案工作创新发展，体现档案在我校师生员工工作和生活中的重要价值，就必须将《档案法》精神融入工作中。

(一) 进一步加大《档案法》的宣传教育工作

我部门会定期对负责档案管理工作的领导和老师开展相关的学习教育活动，学习内容包括档案管理业务知识、普法宣传教育等，使相关工作人员加强自身档案知识修养，提高业务水平，牢固树立"依法治档"的意识，形成学法、守法、用法的良好氛围，把档案法治化建设抓好做实。

（二）健全档案管理制度，有利于推进档案管理提质增效

我部建立档案工作责任制，实行部长—分管副部长—档案员三级责任制，各司其职，按照学校档案馆要求及时整理、归档并定期向档案馆移交档案。

（三）构建安全管理体系，有利于筑牢档案资源安全新防线

加强档案安全风险管理，提高档案安全应急处置能力，若发现档案存在安全隐患，如易受潮、易泄密等隐患，及时采取有效措施，杜绝档案安全隐患。

（四）强化监督检查，有利于为细化落实法律责任明确新举措

监督检查和违法案件处理是档案工作实践中的一个短板，我们必须攻克这一短板。为解决这一问题，规范行政权力的行使，新修订的《对档案》主管部门和档案工作人员开展监督检查的措施及应当遵守的规则作出明确规定，在严格要求遵守监督检查、自查自纠规定的同时也赋予一切单位和个人向档案主管部门、有关机关举报档案违法行为的权利。

三、优化档案管理的意见和建议

坚持政治导向、问题导向、开放导向，根据发展变化的新形势、新任务，突出档案工作的政治定位，理顺档案工作体制机制，优化档案科学管理、安全管理和开放利用有关制度，将档案法律制度转化为档案治理效能。依法管档、治档、用档，突出档案工作服务学校中心工作与服务师生员工的独特作用，助力学校"双一流"建设。

依法治校视域下合同档案管理问题的对策

武汉大学党政办公室　龚　韵

高校是法治中国建设的重要组成部分，能否做到依法治校，关系国家治理体系和治理能力提升，关系法治人才培养和社会主义法治文化建设，将直接影响全面依法治国、建设社会主义法治国家的进程。近年来，随着依法治国实践不断深入，高校面临的社会环境和法律环境发生了根本性变化。高校行为越来越多地纳入司法管辖的范围，高校面临的涉法涉诉事务呈爆发式增长。加强高校的合同管理工作特别是合同档案信息管理，在现阶段已经是有效应对繁杂法律事务、深入推进高校依法治校的重要手段。合同档案管理的质量直接影响着高校应对法律事件、提升依法治理的水平。高校应在制度保障、人才保障、技术支持的基础上做好新时代的合同档案管理，以促进高校法治事业的快速发展。

一、高校合同档案管理工作的重大意义

合同档案是对合同管理工作的记录及考察的凭证，其通过完整梳理合同相关事实发展脉络、证据支撑材料等维护着历史的真实面貌，为师生及时了解学校整体状况，适时调整发展策略提供准确依据，为决策提供支持性参考；同时有利于有关各方准确认定高校对外合作成果，为高校与各有关方面进行有益合作奠定坚实的基础。因此，合同档案管理工作对留史、资政、育人有着重要作用，是提高管理工作质量和治理效能的必要手段。

二、高校合同档案管理工作存在的问题

(一)合同档案管理意识淡漠

一方面，高校缺乏对合同管理工作的顶层设计，整体合同管理意识不强，对合同管理和档案管理工作人才的培养及工作方法的指导未给予足够重视。另一方面，由于合同档案管理主要为兼职管理，人员的档案素养相对不高，对自己的工作性质往往存在认知偏差，

同时也缺乏对于合同管理工作的基本认识，合同管理知识体系也不完善，容易遗漏一些重要合同信息，并且无法自动匹配重点信息，形成了合同档案材料收集不规范、收集的资料不完整等问题，因此合同归档质量难以达到预期。

(二) 合同档案管理人员不足

目前大部分高校设立有法律事务管理机构，该机构一般承担学校合同管理、制度管理、法律咨询、法治宣传、诉讼管理等多项业务。从了解的情况看，高校法律事务管理岗位职数较多的高校有两家，职数分别为 8 个和 12 个，其他高校一般都为 2~3 个，还有一些高校仅有 1 名兼职管理人员。因此，落脚到专职或者兼职管理合同事务的职数更少，更不用提合同档案管理的专兼职岗位设置。

(三) 合同档案管理制度缺失

大部分高校未对合同档案的信息分类标准、保密公开原则、移送保管规则、保管期限和借阅利用等建立明确的制度办法，因此管理人员缺乏制度实体性规范和程序性规范的刚性约束，经常会导致合同档案整理工作的混乱乃至停滞。

(四) 合同档案管理方式落后

从了解的情况看，大部分高校仍采取纸质传阅方式进行合同归档，效率不高，信息保存和利用方式较为落后。有的高校虽然引入了 OA 系统进行合同信息归档，但校内各部门系统的开发管理并未统筹，合同档案信息资源尚未连接整合、互通共享。总体而言，高校档案管理的信息化进程明显滞后于现今社会信息发展局面，管理工具的更新工作远未完成。

三、完善高校合同档案管理工作的对策

(一) 增强合同档案管理意识

对于高校领导而言，一定要摒弃"档案管理只是简单地归纳，没有任何技术含量"这种错误思想，要强化对合同档案管理工作重要性的认识，要把档案管理作为高校管理中的一项基础工作，充分认识合同档案管理与规划发展、教学研究、学科建设、风险防控的密切关系，并将档案工作纳入目标考核中，把档案管理工作的优劣作为对职能部门和负责人员奖励、晋升的一项依据。要加大对合同管理及档案管理工作人才的不断培养。针对合同档

案管理人员素养不足，稳定性较差的问题，高校法律事务管理部门和档案工作管理部门都要担负起合同档案培训的职责，增强对合同档案管理人员的业务指导、监督和培训力度，强化合同档案管理人员的立卷归档意识，提升合同档案管理人员的规范整理能力。

(二) 健全合同档案管理制度体系

依法治校是依法治国基本方略在学校管理中的具体要求和体现，制度体系建设是依法治校的重要基础，是提升高校治理能力和治理水平的关键抓手。合同档案管理作为高校管理的组成，应该不断建立健全自身制度体系，即要明确合同档案的信息分类标准、保密公开原则、移送保管规则、保管期限和借阅利用等规定，建立一套行之有效的规范化、科学化管理制度体系，使得档案管理人员能依托相应的合同管理专业制度来对合同档案进行归纳、分类和运用。制度的生命在于执行，制度执行是制度顺畅运行和真正发挥作用的前提条件，治理效能很大程度上取决于制度执行力。因此合同档案管理各项制度不仅要制定完善，还要立说立行、严格执行，落实在实际行动上，这样才能将制度优势转化为合同档案管理治理效能。

(三) 建立合同档案信息化管理平台

在当前高校的管理逐渐迈入信息化新时代的大背景下，高校合同档案信息化建设也应纳入学校管理信息系统的统一规划。通过建立合同档案信息化管理平台这一数字科技手段来丰富档案管理模式，提高档案管理效率。

横向而言，通过信息化建设形成全过程、全覆盖、全员的数据记录和痕迹管理，合同档案管理信息应包括合同管理过程中涉及的部门和人；合同有关事项的尽职调查、文本审查、签订、合同义务履行事项的提醒和完成记录、合同约定权利的行使、违约行为的处置以及合同相关资料的归档。合同档案管理信息系统还应提供辅导和帮助支持服务，如在系统可以提供法律、政策和学校管理制度的查询途径，在合同档案管理信息系统中设置管理案例通报功能，及时进行管理警示教育。

纵向而言，在前期，合同的立项、签署、履行以及归档的各个环节，都要利用信息化手段来进行实时监管、跟踪、提醒和留痕；在中期，要使用自动化的合同管理技术平台随时了解合同进度和执行情况，发现问题及时应对；在后期，合同履行结束后，合同资料应及时归档，重视合同资料的收集保管，妥善保管合同正本及附件、合同谈判记录、交往信函、签收记录、合同履行情况记录、变更、解除合同的协议等一切材料，并定期向学校档案工作管理部门移交。

积极利用合同档案管理系统进行大数据分析。完善合同统计分析管理，分析上述各类合同签约前、审核签约、履行及履行后各个阶段所涉及的关键数据信息，通过统计分析合作方管理、合作事项管理、招标文件管理、合同文本管理、承办人管理、审核签署管理、变更管理、纠纷管理、证据函件管理、解除管理、统计分析、档案管理等合同管理环节的合同数据，经过统一规范、提炼处理，提炼相关履行评价标准，提出合同管理中存在的典型问题及业务优化建议，为全面提升学校治理效能和法治水平奠定根基。

历 阶 而 上

—— 我与档案之情缘

武汉大学党政办公室　阮　芳

从 2015 年开始接触档案，我从一名档案"小白"到如今可以独当一面的档案人员，历经数年的锤炼，有诸多感慨。六七年间，眼见亲手做的档案积累如山，在柜里，在馆里，也在心里……

武汉大学的台阶多，正如武大历史的沉淀，历阶而上，越追溯越深远，越延续越坚实、厚重。

接手档案工作最初源于党办、校办的合并，于是办公室安排我做两办合并后的"第一辑"档案工作。党政合一，数目自然是有增无减，工作内容也有很多扩展。当时真的感觉是一筹莫展，幸而有前辈的历年档案目录作为模板参考，更有专职指导——档案馆的李虹老师，一路精心指点、培训，才终于使得我顺利完成了当年的任务。

如今想来，万般情绪真的是难以表述。档案工作不显山露水，却又润物细无声。通过几年的实践、培训和磨练，才终于能够有所体会到哪些档案的存在价值，能够不再茫然寻找。当时感觉肩负得太多，真正完成的却太少，总觉得从成千上万的材料中寻觅出真正值得保存为档案的，多之又多，却终难完美圆满。正因为我这里当数全校能够接触到文件最多的地方，反而备感棘手。许多重要的文件材料，都是不能上网的；许多上网的，分类又不明确，未办结的没有归档单位。一件一件数过来，一件一件翻过来，真心觉得工程浩大，又难免疏忽。因此，尤其是在最早两年，都怀疑自己是否真正尽心，是否能力有限，是否错过了真正有价值的材料。

办公室事多人忙，除了信息公开、统计信息而外，其余档案工作皆由我一手承办。我作为非专业人士，要包揽涵盖办公室综合、秘书、法制、政研、维稳、扶贫等各项归档工作，难免有所疏漏和缺乏专业认定的眼光。对一些比较不了解的领域，收集整理已属不易，再加上新成立的定点扶贫办的工作，是国务院重点扶持项目，文件材料就更多了，但不可不承认它的重要性不可小觑，党政办是综合协调部门，但扶贫工作是实实在在的一件新事、大事。

很多时候，我倍觉自己知识、能力的欠缺，但又不忍心让各科室的同事在百忙之中做专项立卷、专项档案。搜集材料时，尽管同事们极其配合，但依我自身的判断，总会有所差距。我希望做到完美，但不能达到完美而使我感到痛苦，但久而久之也是一种自我完善的境界。难怪有人说，做档案工作也是一种在浮躁人生中的沉淀，最终能够强迫自己安静下来。

最难忘的是2020年新冠疫情暴发的那时，本来想到新学期伊始，一切日常工作将如约而至。谁知之后的停工、网上办公，一直到夏天重启，当年的档案工作只能延后。在酷热的夏天与时间赛跑，补齐欠缺的档案材料，直到终于在深秋时节完成，真是极其不容易。大量地整理、录入、装订工作，有时连回家炒菜时候都觉得手腕因酸痛而发抖。但如期地完成，又跟当年的战疫胜利一样，让人备感慰藉。

每天上班，都会走过许多长长的台阶，而恰恰到学校档案馆，又有全校最高最长的台阶。登阶而上，沧海拾遗，那就是武大历史的积累和沉淀。每每如此，当我觉得自己再也走不动的时候，便抬头看看前方，又觉得唯有如此，历阶而上，才能让这件伟大的工作如武大建筑一般，观古阅今，巍然独秀。

新时代下高校机关服务效能提升途径研究

武汉大学人事部　　肖晶心

一、高校机关概述

机关，顾名思义，即整个机构的关键部分，如果学校是一部机器，机关就是运转中枢，负责各种行政、后勤、财务、教学等方面的工作。这些部门的存在和运作，对于高校的各项工作都有着重要的影响。

高校机关作为重要的行政办事机构，肩负着推动学校各项方针、政策得以有效贯彻落实的重任。对内层面，高校机关制定和实施高校的各项规章制度，指导和规范各项工作，为高校各部门的运转提供基本的行为规范。在规章制度的引导下，高校机关发挥基本的管理功能，负责协调各个学院、部门之间的工作，确保各体系之间有序合作，减少冲突风险。与此同时，高校机关积极维护师生的合法权益，保障其学习和生活条件，组织并策划各种学术和文化活动，将最新的党政法规精神传递给高校师生，增强其文化素养。对外层面，高校机关对接校外各类政府机关、企事业单位和个人，积极协调高校与高校外主体之间的关系，提供良好服务、宣传学校政策、树立良好形象，为高校的发展营造良好的外部环境。

习近平总书记在党的二十大报告中首次将"实施科教兴国战略，强化现代化建设人才支撑"作为一个单独部分，充分体现了教育的基础性、战略性地位和作用，并对"加快建设教育强国、科技强国、人才强国"作出全面而系统的部署，为到2035年建成教育强国指明了新的前进方向。学校各机关单位应紧紧围绕新时代下高校建设的各项要求，全力以赴优服务、促保障，不断拓宽服务途径、提升服务本领，只有将提高机关效能作为建设和谐校园的着力点，进一步提高工作效率和工作质量，增强机关干部的机遇意识和责任意识，实现部门之间的和谐运转。

二、高校机关服务效能提升的必要性

近年来，随着高校规模的扩张和校际竞争的加剧，提高行政管理水平以增强高校的综合竞争力已成为高校管理工作的重要内容。当前的高校机关服务尚存在很多问题，也因此具有效能提升的必要性：首先，高校机关部门所提供服务相对比较分散，不够集中，仍然容易出现师生为一个事项多部门来回奔波的现象，部门与部门之间的对接还需进一步优化。其次，随着高科技的发展，电子信息技术在高校管理中发挥着重要作用。除了传统意义上的纸质化办公之外，数据信息的公开、应用、流动、对接与交流都能提高高校机关服务的效率，线上与线下并存的路径优化是高校机关未来重要的发展方向。再次，完善的评价机制既有利于及时获取师生对机关服务的信息反馈，得知相关机关在服务过程中存在的问题以及需要改进的方面，提高行政管理的效率，又有利于激发高校师生的积极性，树立良好的机关形象。最后，高校机关职员是保障机关服务质量的关键因素，个人的思想态度、认知水平、服务意识、责任感某和程度上决定着高校机关工作的展开。高校机关工作人员身处高校，在工作方式和思维方法上具有一定的行政化属性，造成脱离服务对象，创新意识和解决新问题的能力有待进一步加强。新时代对人才的素质和能力有了更高的要求，人才优势需要体现在高校机关的发展和服务效能中。

三、高校机关部门服务效能提升途径

以武汉大学为例，武汉大学近年来坚持以习近平新时代中国特色社会主义思想为指导，以队伍建设为核心，奋力推动学校高质量发展，而提升高校机关效能建设是推进学校高质量发展的必然要求，是一项创新实践活动，是落实中央关于建立高效行政管理体系和建设一支高素质干部队伍的重要措施。是改变当前机关管理中不良现状的迫切需要，因此，需要采取必要的措施进一步推进机关效能建设。

(一) 宏观层面：机关职能的完善

1. 成立综合性管理服务机构。将校机关权限范围内的服务项目通过授权和集中，探索成立优质便捷高效的综合性管理服务平台，各有关部门采用驻点办公方式，实行"一站式"服务，切实简化工作流程。比如公派出国问题，可以将国际交流部、人事部、组织部的相关权限集中到一站式服务中心办理，实行程序一站式办理，让申请人在一个地方就可以完成多项审批。

2. 建立重大事项协调机制。如今许多需要解决的问题都涉及多个部门，不是哪一个部门"单打独斗"可以完成的，需要各有关单位倾力合作。在遇到重大复杂的事项时，可以由校级机关部门发动成立学校机关工作协调机制，由校领导担任主要负责人，再由各个部门的领导担任协调单位的成员。通过这个机制，可以加强学校与学院的直接沟通，推动信息的公开透明，避免因各单位"本位主义"而产生的效能损耗。

3. 强化信息化创新引领作用。信息化的发展为行政效能的提升带来了重大机遇，掌握了互联网，就把握住了时代主动权。作为高校机关，更应该向信息化要战斗力，以"互联网+"为抓手，加快推进电子政务，构建全流程一体化的在线服务平台，打通校各部门的信息壁垒，有效整合信息资源，释放数据红利，建立统一、便捷、高效的电子政务服务平台，切实提高机关服务效能。

4. 完善行政服务评价体系。行政人员是为广大教师和学生服务的，自然需要由师生全体对其工作作出评价。可以通过在学校的网站上开设服务评议网络窗口，快速回应师生的诉求，广大师生可以对学校机关各单位在服务意识、服务作风、服务能力、服务效能等方面的表现作出评价，提出意见和建议。相关的部门要及时受理核实并与被评议人联系，限期进行说明整改，通过师生的合理诉求推进行政人员服务效能提升。

5. 不断加强机关作风建设。作风连着党风、政风，机关工作作风直接反映了教学、科研和管理工作的总体水平，关系到学校双一流改革与发展建设的总体进程。只有不断加强机关内部作风建设，打牢思想、工作、生活作风的良好根基，厚植风清气正的谋事创业氛围，才能为高校的快速发展奠定强有力的支撑。

(二) 微观层面：职员个人服务效能提升途径

1. 提高思想认识，加强业务学习。思想是行动的先导，是修身立业的"总开关"。正确的思想认识能够促进工作的有效开展，反之则会使协调工作陷入困境。一是要以习近平新时代中国特色社会主义思想和党的二十大精神为指导，不断加强政治理论与相关政策的学习，时刻了解国家高等教育领域新举措新要求，国际一流大学的新动向等，应在学懂弄通做实上下功夫。二是要向国际一流大学的目标看齐迈进，多学习借鉴国内外一流大学行政服务的经验和做法，为学校师资队伍的建设提供可参考的依据，结合具体实践加强业务水平，努力营造尊重学术、尊重教师的文化氛围，促进武汉大学成为优秀人才工作的首选之地。

2. 拓展工作思路，提升服务意识。作为高校机关的青年干部，一定要思想认识、政治站位，与时俱进，了解新时代对高校管理工作提出的新要求，将机关工作放到学校发展的大格局中考量、思考、谋划和推动，创新工作的理念、思路、方法，增强工作的主动性、精准性、科学性；必须强化使命担当，深刻认识建设"双一流"大学所面临的新任务新挑战，坚持问题导向，增强忧患意识，以严谨细致、极端负责的精神履职尽责，不断提高机关工作的质量和服务水平。

3. 涵养精神气质，甘当幕后英雄。高校机关工作挑战多、压力大、责任重，工作不仅要甘居幕后默默工作，还要经常加班加点，埋头苦干，身在这个岗位上工作就需要有吃苦耐劳、无私奉献和忍耐寂寞的思想觉悟。机关职员应始终保持昂扬向上的精神状态，练就政治过硬的正气、蓬勃向上的朝气、开拓创新的勇气、担当尽责的锐气、廉洁自律的清气。要提升精神境界，带着责任和使命开展工作，始终保持雷厉风行、求真务实、精益求精、锐意创新的精神状态，要向着建设优质双一流高校的目标不断砥砺前行。

◎ 参考文献

[1] 李茜. 提高高校机关效能 推进和谐校园建设[J]. 科技创新导报，2013(32).

[2] 邓爱华，薛琴. 高校行政效能现状与提升原则[J]. 扬州大学学报(高教研究版)，2013(17).

[3] 司帅. 新形势下高校机关效能建设思考[J]. 办公室业务，2021(15).

立足新时代　档案焕生机

武汉大学科学技术发展研究院　陆飘银

以史为鉴知兴替，以档为凭正视听。我国各级档案馆馆藏的丰富档案是中国特色社会主义文化的重要组成部分，社会的发展、科技的进步也都离不开档案。档案事业是传承，是一代人留给另一代人的珍贵礼物，是青年科技管理者的必修课。站在时代风口浪尖的我们，怀揣着崇敬之情，小心翼翼地打开厚重的档案盒，倾听历史，立志在档案事业中写下属于自己的一笔。

面对百年未有之大变局，2020年6月，在原《档案法》的基础上审议通过了新修订的《中华人民共和国档案法》，宣布自2021年1月1日起正式施行。这是《档案法》施行以来的首次修订，也为新时代档案事业高质量发展提供了坚强的法治保障。

在《档案法》施行的这几十年，中国经历了飞速发展，取得了一系列世界瞩目的成就，四通八达的交通网络、快捷的手机支付、便利的网上购物；北斗卫星导航系统的全面建成开通、华为5G的使用、量子计算机"九章"的成功研制等。这一切的现代化发展都与信息化密不可分，此次修订后的《档案法》也专门新增了"档案信息化建设"这样一章，对电子档案的重要性、安全性、管理要求和系统建设等方面作出了明确规定，鼓励传统档案载体数字化。近年来，学校也非常重视档案工作，不仅会针对不同档案类型开展相应的培训，如教学档案、科研档案；也在档案归档的完整性和数字化上下了一番功夫，电子化档案的上传和存档逐步规范。

另一方面，新修订的《档案法》明确规定一切国家机关、武装力量、政党、团体、企业事业单位和公民都享有依法利用档案的权利。进一步为档案的开放和利用提供便利条件，缩短档案开放年限，同时鼓励和支持其他档案馆向社会开放档案。我想，这正呼应了新的发展理念之一的"共享"。共享是中国特色社会主义的本质要求，档案资源共享自是其中必不可少的一环。首先，档案资源共享的目标是全民共享，这不仅是中国特色社会主义发展的目标，现在更是档案法授予公民的基本权利。其次，档案资源共享的要求是全面共享，新修订的《档案法》明确规定，"单位和个人持有合法证明，可以利用已经开放的档案。"这里已经开放的档案涉及政治、经济、社会、文化、生态各个领域。

　　值此之际，作为高校的一名科管人员，作为新时代的档案工作者，也深感在日常工作中按规范编制档案的重要性，我们理应接过前辈们手中的接力棒，挑起肩上的责任，在新的起点向更高的目标迈进。以我所接触到的科技奖励档案来说，每年学校共计有几十个团队申报奖励数在 300 项以上，然而最终能形成档案编辑成册的只有 20 多项。档案盒中的每本提名书都是老师们在无数个日夜或伏案于书桌或埋头于实验室的心血之作，是老师们整个科研团队几年、十几年，甚至是毕生成果的凝练，是经得起时间检验的科学研究的宝贵资料，而那一张张获奖证书，就是对老师们成果的认可和珍视。拿李建成院士团队来说，通过近 30 年的不懈努力才实现国家高程基准精度的"三级跳"。都说十年磨一剑，而科学家磨一剑远不止十年。这些科研档案可以让之后申报奖励的老师将其作为范本来参考，避免在申报过程中因为材料的组织表达问题而影响评奖结果，从而提高工作效率，将老师们有限的精力解放投入重点的环节，真正发挥出老师们的优势和特长。

　　一卷一世界，一件一乾坤。档案的价值，藏在前人的智慧里，藏在时间的积淀中。档案工作是一项专业性很强的工作，与科研一样，既需要先进的科技支撑，也仰赖于高素质的人才队伍，档案事业的发展与经济社会发展一样，是一个循序渐进的过程，而新修订的《档案法》必定会为档案事业的创新发展带来新的生机和活力。

　　今年，武汉大学档案馆新迁至樱顶"老图"。这武大的地标建筑，是武大人心中的精神圣地，是展示武大瑰宝的殿堂，也是我现在，乃至今后书写故事的地方……

档案与我的浪漫邂逅

武汉大学港澳台事务办公室　　张　娟

我没有学过档案方面的知识。档案学的专有名词，我不懂。对于它的重要意义、管理、有效使用等方面，我也无法列出一二三，但我尊重档案。在整理工作档案时，内心总怀着一份敬意和一份责任。因为档案与我之间曾有一段触及内心的浪漫邂逅。

2016年5月20日，我记得这个日子。这天，我参与了何之霓女士——一位85岁高龄的美籍华人的接待活动。她来访我校是想捐赠8万美金，资助武汉大学与台湾地区大学之间的学生交流。这是她和已故的丈夫——我校1942届工学院土木系毕业生萧锋先生的心愿。

何之霓女士，一位朴实的老人。小个子，衣着朴素，一双黑色的奶奶鞋，一身面料普通且已有些泛白的衣服。有着邻家老奶奶的气场，临近她的感觉很自然、很舒坦。她已患眼疾多年，腿脚也不太灵便，拿着拐杖，慢慢地试探着往前走。我在武汉火车站接到她已是下午两点多。直接带她到行政楼贵宾室。校领导会见及协议签署结束后，她婉拒了学校的宴请。在送她返回武汉火车站的路上，她小声地跟我说："我肚子饿了，可以找个地方吃个饭吗？随便找个地方吃点就好。一会儿赶火车。"那时已近五点了，她还没有吃午饭。我就近找了家小店。她真的就只喝了点皮蛋瘦肉粥，吃了点青菜，边吃还边给我讲皮蛋在美国的趣事。

接待前，我在档案馆找到了萧锋校友的入学登记表、成绩单和毕业证书，做了一份复印件。接待时，时任校党委常委、总会计师、校友总会副会长应惟伟将这份资料递给何之霓女士。她拿着放大镜慢慢地看着，慢慢地眼里泛起泪花。她用纸巾擦拭眼泪，抚摸着复印资料，说道："1942年，我丈夫萧锋从武汉大学顺利毕业，但受战争影响，他没有拿到毕业证书就去了美国。20世纪80年代，校友总会张玉华老师曾将毕业证复印件寄去了美国。收到毕业证时，萧锋可兴奋了，拿在手上看了又看。成绩单和入学登记表，我是第一次见到。"她看着成绩单，接着说："他总说读书时老师对他很好，他很努力，成绩很好。是真的。在美国，他一直都很努力，为人敦厚。事业做得很好。他创建了肖龙建造公司，是美国中西部地区最大的少数民族承包商、美国最大的亚裔承包商，也是明尼苏达州华人工商协会、中美联谊会的创始人之一。他曾获得明尼苏达州'国际移民成就奖''综合承包联合会终身成就奖',还被评为'明尼苏达州杰出华人'。2004 年 6 月,他被全美少数族裔建筑业协会第 35 届年会选入该协会的名人堂,那里陈列着与他真人等高的照片。"何女士满是自豪向学校汇报。停了一会儿,接着说:"我丈夫萧锋对武汉大学的感情很深。20 世纪 80 年代的时候,他曾带我回来过,参加校庆活动。他很关心母校的发展,也想为母校做点什么。我是 1946 年随父母去台湾地区的,台湾大学毕业。在他去世前,我俩商量捐笔钱到武汉大学,设立一个基金来资助两个学校的学生交流。一方面,希望为母校的发展尽点绵薄之力,也许两个学校学生交流也会成就像萧锋和我这样的姻缘。另一方面,对国家的统一、中华民族的复兴做点力所能及的事情。两岸青年间多些交流、多些相互了解和理解是会有好的作用的。我们中国现在发展得很好,比美国还好。坐高铁的感觉很好。两岸统一了,中华民族会发展得更好的。中华民族强大了,我们这些在外的华人心里是很高兴的,背都挺得直些。我这次回国,主要就是想完成这件事情。我丈夫萧锋已过世了。我也 85 岁了。今天是他的生日。今天能够亲自来到武汉大学实现他的心愿,我俩的心愿,特别高兴。萧锋九泉之下知道了也会很欣慰的。"说完,何女士又低下了头,抚摸着复印件:"毕业证上的照片真年轻、真帅!入学时的照片,我是第一次见到。眼睛不太好了,有点模糊。看着样子,挺像的。"在场的人都感动了。

时任校党委常委、总会计师、校友总会副会长应惟伟代表学校与何之霓女士签署了捐赠协议,并说道:这是一笔非常特殊的校友捐赠,饱含着萧锋校友、何之霓女士深厚的母校情怀和期待祖国统一、民族复兴的爱国情怀。学校要用好这笔捐赠,设立"萧锋·何之霓学生交流基金",作为留本基金,每年的收益用于资助武汉大学与台湾地区大学之间的学生交流。

一份薄薄的档案记载着一段历史,承载着一份深情和大义。这次浪漫的邂逅深刻在我的记忆里,因为它触及我灵魂的深处。整理档案时,偶尔会幻想着也许我整理的某份档案也会有这样的浪漫……

我 与 档 案

——新《档案法》学习心得

武汉大学国际交流部　缪　爽

　　档案工作是维护党和国家历史真实面貌、保障人民群众根本利益的重要事业。自《中华人民共和国档案法》颁布实施以来，先后经历了 2016 年的局部修改和 2020 年的大幅度调整，充分说明了党中央一直以来对档案工作的重视。近期，为响应学校号召，我在工作之余认真对比学习了新旧《档案法》，有一些粗浅的心得体会想与大家分享。

一、档案的历史

　　因为要学习《档案法》，我首先查阅了一下档案的历史，才发现我国的档案历史比我想象得更加源远流长。

　　"法令既行，纪律自正，则无不治之国，无不化之民"。中国自古以来便深知国家治理体系建设的核心在于制度建设，法律是最重要的制度形式，也是制度的最高形态。尽管新中国的档案法律的历史只有短短几十年，但是中国古代在两千多年以前就已制定了诸多关于档案及档案工作的法律规定。

　　根据地下考古资料的发掘推测，中国档案法制的历史缘起于先秦。在殷商统治时期，因为迷信和政务活动的需要，出现了我国最古老的甲骨档案。

　　西周时期，我国奴隶制社会发展到顶峰，宗法等级制、分封制确立，档案工作在各级政权组织中普遍建立起来，档案管理制度也有了进一步的发展。在档案机构设置上，西周王朝建立了庞大的、分工明确的史官机构——太史寮，规定各级各地的政务官员都要保管本职任内形成的档案，史官为主管档案工作的官员。

　　秦朝的律法对档案库的保管制定了更加详细的规定。睡虎地秦简《内史杂律》明确规定：不准把火带进收藏档案的府库，并由官府派吏值夜看守，由令史巡察其衙署的府库。如建吏的居舍，不得靠近档案库。

　　汉朝是我国封建社会上升发展的时期，"汉承秦制"是这一时期的最大特点。汉朝十分重视档案的收集保管工作，创造性地制定了文书、档案需定期移交的制度。修建了专门保管档案的库房，并对档案人员的选用作出了明确规定。

唐朝是我国封建社会最为辉煌灿烂的时期，许多新的法律制度出台，档案和有关档案的规章制度也被纳入国家相关法令之中，使唐代档案和档案工作出现了一个大发展的繁荣时期。唐代档案法规的严密和完整，形成了许多特色制度，成为后朝典范。

宋朝把加强中央集权作为最基本的国策，《宋刑统》和《庆元条法事类》的编纂和颁发，是宋朝文书档案立法的主要成就。而且宋朝制订了更为详细严格的保密制度。为了有力打击各种破坏档案的犯罪行为，宋朝的刑法中悬赏鼓励人们对破坏档案者加以揭发。

明朝是封建中央集权高度发展的时期，在《大明律》《律令直解》《大明会典》等法规中，既把宋元的档案法规继承过来，又在此基础上发扬光大，成为制定档案法律和规章制度最多的封建国家之一。明朝用严酷的刑罚处置档案违法行为。针对文书形成、办理，到作为档案移交、保管的过程中可能出现的所有问题和对遗失、篡改、损坏文书档案等违法行为都有具体明确的量刑规定，且加重了刑事处罚。

清朝是我国最后一个封建王朝，继承和借鉴了明朝及明以前制定的优秀的档案法律和法规，并根据满族统治的需要作了更进一步的修订和补充，颁布了一批新规。如：档案修缮制度、档案汇抄制度等。主要反映在《大清律例》、雍正文书档案改革和清五会典中。清代统治者仍用皇史宬收贮皇家重要档案。

1927 年 4 月 28 日南京国民政府成立后，在统治国家，进行行政、司法等方面立法的同时，也进行了多次文书和档案的立法活动。著名的是 1933 年国民政府内政次长甘乃光倡导和主持的"文书档案改革运动"，该运动以"提高行政效率"为目标，推行"文书档案连锁法"，基本形成了我国资本主义社会档案法规体系，把我国近代档案工作推向了历史的新高度。

新中国成立伊始，就对历史档案的收集、新政权机关单位档案的积累和管理、各级档案机构的建立等制定了相应的规章制度。改革开放后，档案立法工作很快被提上国家议事日程，1987 年 9 月 5 日，第六届全国人大常委会第二十二次会议通过了《中华人民共和国档案法》。后经过几次修改，最新版本的《中华人民共和国档案法》（以下简称《档案法》），于 2021 年 1 月 1 日起正式施行。

二、档案法修订的重要性

修订《档案法》，是贯彻落实习近平总书记关于做好新时代档案工作的重要指示和党中央决策部署的集中体现。习近平总书记始终重视关心档案事业发展，早在浙江工作时就指出，档案工作是一项非常重要的工作，经验得以总结，规律得以认识，历史得以延续，各项事业得以发展，都离不开档案，并明确提出了档案工作走向依法治理、走向开放、走向现代化的目标。2015 年 7 月，习近平总书记在十八届中央政治局第二十五次集体学习时强调，要让历史说话，用史实发言，抗战研究要深入，就要更多通过档案、资料、事实、当事人证词等各种人证、物证来说话。党的十八大以来，党中央、国务院对做好新时代档案工作作出了重要部署，提出要以建立健全覆盖人民群众的档案资源体系、方便人民群众的档案利用体系、确保安全保密的档案安全体系为目标，进一步完善档案工作体制机制，加大对档案工作的支持保障力度，要求抓紧清理修改相关法律法规，着力解决由于法规不健全而造成的一些地方推行电子档案认定使用难、跨地区办理难等问题。

修订《档案法》，是推进国家治理体系和治理能力现代化对档案工作提出的必然要求。随着经济社会发展和信息时代的到来，档案工作的内外环境发生了深刻变化。新的组织和治理形态不断催生新的档案记录形式和管理方式，档案工作面临从传统载体管理向数字管理转型升级的巨大挑战。这次《档案法》的修订充分发挥立法在国家治理体系和治理能力现代化中的引领和保障作用，紧紧围绕档案工作"三个走向"，对现行档案法中的一些基本制度和重要章节作了较大的调整和补充。增加"档案信息化建设"专章，对电子档案的合法要件、地位和作用、安全管理要求和信息化系统建设等方面作出了明确规定，旨在推动实现以信息化为核心的档案管理现代化。尤为需要提及的是，修订后的《档案法》总结应对突如其来的新冠疫情的经验教训，对建立健全突发事件应对活动相关档案收集、整理、保护和利用工作机制作出了明确规定，这是立法工作紧跟时代改革创新的重要体现。

《档案法》修订，是进一步明确各类主体义务和权利，增强全社会档案意识的重要举措。档案全面记录人类生活的各个领域，它与每个人和每个组织密切相关。无论是普通公民还是决策者、管理者，无论是国家机构还是社会组织，都是档案的形成者、档案保护的参与者、档案的利用者，档案工作需要全社会的共同参与。为此，《档案法》修订增加了国家采取措施，加强档案宣传教育，增强全社会档案意识的内容；规定一切国家机关、武装力量、政党、团体、企业事业单位和公民都有保护档案的义务，享有依法利用档案的权利；任何单位和个人对档案违法行为，有权向主管部门举报；国家鼓励社会力量参与和支持档案事业的发展，等等。这些制度措施，有助于各类社会主体在其工作和生活中有意识地形成和保护档案，积极地开发利用档案资源，为真实、全面地记录和呈现新时代党领导人民实现"两个一百年"奋斗目标的历史进程贡献力量。

三、新旧《档案法》对比

与旧《档案法》相比，新《档案法》结构更完整、条款更多。旧《档案法》全文分为六章二十七条，除最后一章附则外，核心内容由五章二十五条构成。新《档案法》全文八章五十三条，增加"档案信息化建设"和"监督检查"两章，除此之外"档案的管理"方面增加内容最多。从新旧《档案法》的结构对比中不难看出，新法重点规范了信息化建设、监督检查、档案管理三方面内容，这三方面也是基层档案工作的短板。

与旧《档案法》相比，新《档案法》内容更细致、更符合实际需要。首先是规范了"档案信息化建设"。当前，全国许多地方启动数字档案馆建，到2019年底，全国已建成34个数字档案馆，遍布十余个省市。与此相对的是基层经营规模较小、人员较少的立档单位档案电子化工作明显滞后，或全部以传统方式保存档案、或仅对管理类档案进行电子化、或电子档案管理信息系统与日常办公系统各行其是、电子化工作滞后，此种情况已无法满足大数据、云计算时代的需要。针对这一现状，新《档案法》增加了"档案信息化建设"专章，从宏观和微观两个层面指出档案信息化建设的重要意义、技术保障、各级主体的任务、电子档案的法律效力等内容。

与旧《档案法》相比，新《档案法》更加细化了监督检查。虽然新旧《档案法》均在"第二章档案机构及其职责"中提到档案主管部门具有"对本行政区域内机关、团体、企业事业单位和其他组织的档案工作实行监督和指导"的职能。但旧《档案法》未对监督和指导的具体内容进行列举，这就使得档案督导工作中遭遇诸多问题：一是被督导单位对档案督导工作不重视、不认真执行档案法律法规、行业标准，对档案执法检查中发现的问题不认真整改，甚至一个问题十年都改不好；二是督导范围有限，除属地政府直管的行政机关、团体、企事业单位、其他组织外，本行政区域内其他组织几乎不参与档案主管部门开展的各项工作，档案工作的规范化程度很低，这就使得一些档案因整理、保存不力而遗失。新《档案法》以列举"监督检查"内容的方式细化了督导内容，如第四十二条、第四十三条指出开展档案检查的两种情形及应检查的六方面工作、第四十四条和四十五条指出面对安全隐患，立档单位和主管机关应履行的责任、第四十六条指出档案违法行为的查处等。以上条款的出台为合法、有序、高效开展档案监督指导工作、加大落实力度、不断扩大督导范围、提高小微企业档案规范化程度提供了法律依据。

与旧《档案法》相比，新《档案法》对档案管理的内容更加充实，更加适应时代的需要。一是明确了归档范围。旧《档案法》和《中华人民共和国档案法实施办法档案法实施》（2017）仅提出档案的定义，未对归档范围进行表述；而国字8号令、10号令虽详细列举了归档范围，但受法规法律效力有限的影响，约束力和执行力明显不足。新《档案法》弥补了这一缺陷，第十三条指出 直接形成的对国家和社会具有保存价值的五类材料，应当纳入归档范围，同时除已纳入档案系统督导的单位外，非国有企业、社会服务机构等单位也应对前述材料进行归档。也就是说，归档范围的法律约束力突破了所有制的限制、上升到所有社会组织，有利于全社会档案工作规范化、有序化开展。二是增加了档案馆收集档案方式。新法除细化定期移交档案规定外，增加撤销、合并等特殊情形移交规定，并提出可以以接受捐献、购买、代存等方式收集档案。同时第二十二条指出一般情况下档案所有者享有民间档案的保管权，经双方协商，可由档案主管部门提供帮助或指定档案馆代为保管；必要时才可依法收购或征购。与旧法相比，新法对民间档案保管权的规定更为人性化，在充分尊重所有者保管权的基础上，提出技术辅助和代为保管两种合作方式，这样的规定更有利于民间档案的发现、收集、整理和开发利用。三是规范了档案服务外包工作。近十年来，档案服务行业兴起，从中央到地方各级立档单位均开始引入专业化公司进行档案整理、电子化、开发利用等工作，但在法律层面上并未获得认可。新法弥补了这一不足，第二十二条明确提出"档案馆和机关、团体、企业事业单位以及其他组织委托档案整理、寄存、开发利用和数字化等服务的，应当与符合条件的档案服务企业签订委托协议，约定服务的范围、质量和技术标准等内容，并对受托方进行监督。受托方应当建立档案服务管理制度，遵守有关安全保密规定，确保档案的安全。"此条款从法律层面认可档案服务外包工作，同时为基层立档单位绕过自身不足、加快档案电子化工作指明捷径。四是明确了突发事件中档案部门应做之事。在总结防控工作经验的基础上，新法第二十五条、第二十六条提出档案部门应建立健全突发事件应对活动相关档案收集、整理、保护、利用工作机制，档案馆应加强相关档案的研究整理和开发利用，为突发事件应对活动提供文献参考和决策支持。

编外兰台人
——我与档案的故事

武汉大学国际交流部　胥东洋

　　档案是党与国家各项工作和人民群众生产生活情况的真实记录，档案工作担当着"为党管档、为国守史、为民服务"的历史重任。档案既与我们个人生活息息相关，如个人档案会伴随我们的一生；又与我们的日常工作形影不离，如工作档案。

　　初识档案还是在我办理大学入学个人档案转移手续时。作为一个刚高中毕业的懵懂青年，当时不知档案为何物，亦不理解档案有何用。只记得临去办理档案转移手续时，老师交代说我们的个人档案很重要，会伴随一生，影响到我们的升学、工作等。于是，怀着迷惑与忐忑，我独自去了县档案馆办理了个人档案转移手续。还清晰地记得档案馆一位和蔼可亲的工作人员热情接待了我，很快就从档案库房密密麻麻的案卷中找到了我的档案，并办好了转移手续，还祝贺我考上了武汉大学。她的祝贺带给了我温暖和激励。同时我也惊奇，她是如何在那么大的库房和密集的档案盒堆中如此迅速地就准确找到了我的档案的呢？要知道，在20世纪90年代末，在我们那偏远的小县城还没有用上电脑呢。自那以后，我对档案工作始终抱着一种好奇，对档案工作者也油然而生敬佩之情。

　　到国际交流部办公室工作后，我恰好成为部门的档案员，负责部门的档案工作。办公室工作文件多，立档归档自然成为我日常工作的一个重要组成部分。各种重要事项和外事活动的相关资料我都按照档案管理的要求，规范地整理归档成册。经年累月，每当看着自己整理好的那一卷卷档案，逐渐深刻地认识到了档案工作"为党管档，为国守史，为民服务"的深刻意义，尽管自己并非是一名专业的兰台人，也不由得产生了崇高的使命感和责任感。这份使命感和责任感促使我更加认真地做好业务领域的档案整理工作，也使我督促各个办公室和相关同事做好档案整理工作，得以通过档案能使"后世赖之以知今"。

　　"兰台传后世，鉴古照千秋"。随着日常工作的电子信息化，档案工作也在向信息化方向快速迈进。轮岗到欧亚非事务办公室后，我总在思考如何将日常业务工作与档案工作有机地结合起来。去年，以我为主设计建设了"武汉大学国际合作资源信息平台"。这个平台的目标是将我校历史以来以及今后的对外交流合作项目、资源、活动和档案资料等全部实现数据化、网络化，实现工作平台和档案归档的有机结合，实现全校国际交流合作资源和档案资源的共建共享，开放利用，网络化，让档案发挥应有的价值和作用，让全体师生获益。

如今，这个平台已初步建成，正在进行优化升级，很快就能提供给全校师生使用。我想，这个平台的设计与建设思想，也可为学校的档案信息化建设工作提供一个借鉴和参考。

优化档案管理，助力学生出国

武汉大学国际交流部　张钰璇

今年是《中华人民共和国档案法》正式开始实施的年份，在第 14 个国际档案日即将来临之际，作为培养国家高层次人才的组织单位，积极主动地提升对《档案法》的关注与认知是建设"双一流"高校必不可少的一环。

对于管理全校学生国际交流工作的学生出国事务办公室，我们主动学习新修订的《档案法》，国家以法律的形式给予档案高度的重视极大提高了我们的档案意识，通过学习，我们将《档案法》的精神贯彻落实到日常的工作环节中。在实际工作中，办公室涉及的档案方方面面。例如武汉大学与世界多个知名院校签订的交流合作协议，它们见证着多年来武大与世界各国的深厚友谊，是我们格外珍视和严格管理的关键档案。档案的身影还出现在学生报名申请交流项目、交流过程、回国反馈等各个环节中。如何在日常工作中落实《档案法》里有关档案收集与管理的要求呢？首先，从手段上，科学技术的创新与进步使得科技成果在档案收集、整理、保护、利用等方面得到充分转化和应用，如今学生可以自行在系统上填写信息，下载并打印出国(境)交流申请报名表，学生的申请记录有纸质和电子的双重版本留存。从收集上，方式也更加多元，师生之间可以通过邮件传输表格等档案文件，这大大节省了学生提交纸质材料的时间，提高了整个工作效率，又能确保所有的记录存档，所有的工作有迹可循。从管理上，得益于对档案的妥善管理与保存，在每学期进行奖学金统计与评审时，我们能够对当期参与交流的学生数量、金额等进行直观的评判，海量的数据也因计算机技术的应用变得更加有序。同时，办公室格外注重对学生信息资料等其他重要档案的安全和保密工作，及时采取专业措施消除档案安全隐患。对于每个阶段的工作，办公室都对该阶段性的档案进行收集整理、归类编码、扫描存档，保证重要档案不丢失。在从头到尾整个工作过程中，我们始终保有档案意识，留存好档案不仅有利于工作的开展与推进，交接与沟通，也是对学生和学校的负责。除了各种文字和图表档案外，各种图片、声像、影像等不同形式的档案也是办公室宝贵的财富，它们记录着无数武大学子在海外开阔视野、广交朋友的故事，展现着武大学生开放包容、青春昂扬的面貌。作为档案的管理者，每每看到这些丰富斑斓的画面，工作的自豪感油然而生。

　　展望未来，国际交流部除了做好对档案的基本管理之外，应当继续加强档案信息化建设，保障档案信息安全和有效利用。积极推进电子档案管理信息系统建设，与办公自动化系统、业务系统等衔接。对于已经实现数字化的，应当对档案原件妥善保管。新修订的《档案法》中提到，国家鼓励和支持在档案领域开展国际交流与合作，这或许是国际交流部未来可以深挖和大展身手的领域。

　　高校的档案体量巨大，内容丰富且形式多样，随着学校的建立而产生，也因学校的发展而发展。它是广大师生员工工作实践经验和智慧的结晶，亦是师生员工获取知识的重要途径。培养高层次人才、开展前沿领域的科学研究、促进产学研相结合等都离不开海量的档案。在高校教学质量、学科层次、学术水平、对外交流等都在不断提高的今天，对档案的重视也应紧跟时事。全体师生都有保护档案的义务，也有享有依法使用档案的权利。学校应在全校范围内加强档案宣传教育，增强档案意识；广大师生员工亦应积极支持学校档案工作，彼此双向互动，共同推动学校档案事业的依法有序和科学发展。

档案传承珞珈之魂

武汉大学国际交流部　章　臣　刘晓婧

人们说，档案是一座山，由古及今地积淀着历史尘埃；档案是一条河，由远及近地流淌着世间记忆；档案是一部尘封的书，一页一页地记载着人文故事；档案是一根链条，将过去与现在连接在一起。

小时候，并不知道档案是什么，有什么用：父亲早年保存的入学通知书成了我的小飞机，母亲悉心呵护的粮票成了我芭比娃娃的公主裙，年少的贪玩无知为我招惹了不少父母师长的教训。再大些，翻读外公的旧物，老照片、民国老铜锁、镶嵌宝石的八仙桌，总认为有"四旧"的嫌疑，物件东丢西落，至今已荡然无存。旧物虽不算真正意义上的档案，如今想起仍感到痛惜，它毕竟包含了一个家族的生活往事和 20 世纪的社会变迁痕迹。

长大后，逐渐意识到档案原来与每个人息息相关：学籍档案、学历档案、人事档案、户籍档案、就业档案、组织档案、健康档案、家庭档案……随着社会生活的快速变迁，档案一词从皇家的"兰台"逐渐"飞入"寻常百姓家，和我们每个人"结缘"。

工作以后，收集整理档案成了我工作内容的一部分，从档案的学习、收集和整理中，逐渐发现档案不仅是学校大政方针的权威忠实记录者，也是校园生活的动态实时反映平台，更是学校发展、校史传承的别样媒介，是真实的纯天然，不掺水的"史料"，是校园文化的动力源泉，是文化记忆的根基积淀。

一、珞珈历程的资源宝库

学校的档案是个内容丰富的文化记忆工程，也是学校发展最全面、最真实的记录。从校史档案、名人档案到院系、学科史档案，从影像记忆、建筑记忆到文献遗产等，内容纵贯百年、横跨世纪，无不记录着珞珈山源远流长的发展史。加蓬共和国总统邦戈父子两代人的武汉行、比利时菲利普国王来访、英国首相特蕾莎梅"樱顶"演讲等重大事件、校庆等重大纪念日、重大活动等主题性项目；珍贵档案文献；专题档案数据、图片无不诉说着武大人砥砺前行的奋进史。

一如岁月的印痕，档案既是现世的实时反映，也是历史的别样承载。武汉大学的档案，忠实记录了学校百廿历程的艰辛、奋斗与荣光。艰难缔造，选址珞珈山，筚路蓝缕，劈山为道，种树成林，武汉大学早期的设计图纸、施工过程完整保存；国立武汉大学时期，学校延聘一流师资，学术水准不断提升，学生用英文书写的学位论文，牛津大学承认武大毕业文凭的信函都是很好的例证；新中国成立之后，毛泽东主席视察武汉大学，在"九一二"操场接见学生的照片清晰如昨；四校合并，新武汉大学诞生与成长，"一年五院士"的辉煌，"珞珈一号"卫星的升空，武大档案都已经如实记录。所以，我们说，档案是记录武大历史的信息资源，也是研究武大发展的宝库。

高校档案发挥着独特的"存凭、留史、资政、育人"作用，具有其他信息资源无法替代的作用。了解武汉大学，必然需要从发掘其百年档案入手，细细研读，一定有如入宝山之收获。

二、珞珈记忆的深厚积淀

百余年来，珞珈山形成自己独有的文化底蕴，形成了"珞珈风格"和"珞珈学派"，文化是世界一流大学的精髓。我们不难发现，大到校园景观、历史建筑等硬件内容，小到校纪校规、校风学风、师德师风等软件内容，这些文化的形成、延续都能从高校档案中体现，它们以文字、图片、声像、实物等形式留下了历史发展的痕迹。

何为"珞珈文化"，珞珈文化的本质就是立意高远，追求卓越，止于至善地不懈奋斗。珞珈文化不仅体现在"自强弘毅求是拓新"的校训之中，更体现在百年珞珈档案记录下来点点滴滴。王世杰校长发出的"不办则已，要办就当办一所有崇高理想，一流水准的大学"的宏愿，李四光先生踏遍荒山，勘察校址的足迹，叶雅各先生苦心规划，亲手种树的汗水，"珞珈三女杰"指点江山，激扬文字的豪情，被誉为"一代完人"的王星拱校长在烽火岁月中西迁乐山，力保武大弦歌不辍的心血，这些都积淀成为百年武大的文化记忆，进而成为珞珈文化的根基。如果没有档案，这些重要的时刻，这些倾尽一生的付出，也许都已随风飘逝。

三、珞珈精神的传承媒介

作为一所世界名校，武汉大学培养了数万名毕业生，包括党和国家领导人，科学院院士，艺术家，知名作家，企业家等各行各业翘楚之才，而这些毕业生都将珞珈山视为永恒的"精神家园"，而维系这份情感的就是一种不屈不挠，矢志不渝，力求卓越的"珞珈精神"，而百余年积累的珞珈档案，有效地传承着这份精神。

我们查阅党史，不难发现，包括董必武、陈潭秋在内的中国共产党一大的五位代表，都与武汉大学颇有渊源，而王世杰、王星拱、周鲠生、李达等老校长，都堪称"学为人师、行为世范"，他们为武汉大学设计的宏伟蓝图，他们为武汉大学呕心沥血的付出，都已然融于珞珈档案之中。国共合作时期，周恩来同志在樱园发表的演讲，在珞珈山麓长谈的足迹，都成为珍贵的珞珈档案，而这些珞珈档案，也成为我们激励后辈不忘初心，昂首前行的"红色资源"。

在中华民族即将实现伟大复兴的时代，在武汉大学即将跻身世界一流大学行列的今天，珞珈档案忠实记录着我们崛起和奋斗的完整历程。我们说，珞珈档案，是重要的历史资源，是丰富的文化资源，更是宝贵的精神资源。高等学校肩负"文化传承"之使命，应当保护档案，珍惜档案，利用档案，使之成为我们文化创新的源泉，坚定文化自信的依靠，弘扬民族精神的动力！

浅析新《档案法》背景下的高校会计档案信息化建设

武汉大学财务部　　锁明芬

一、电子会计档案管理政策发展的历程

2015 年修订的《会计档案管理办法》明确了电子会计档案管理要求，新增了会计档案仅以电子形式归档保存的管理要求，完善了电子会计档案移交、接收和销毁的程序与要求。

2016 年 4 月发布的《全国档案事业"十三五"发展规划纲要》，对电子文件归档和电子档案管理提出了发展目标及实施计划，要求提升电子档案管理水平、明确各类业务系统产生的电子文件归档范围及构成要求、制定和完善电子档案管理标准与规范等。

2017 年 3 月 1 日开始实施的《电子文件归档与电子档案管理规范》（GB/T 18894—2016），规定了在公务活动中产生的，具有保存价值的电子文件形成归档管理的一般方法。提出电子文件归档与电子档案管理应遵循纳入单位信息化建设规划、技术与管理并重、便于利用和安全可靠的原则。应对电子文件、电子档案实施全程和集中管理，确保电子档案的真实性、可靠性、完整性与可用性。

2019 年 1 月 1 日起实施的《机关档案管理规定》，对于档案信息化工作做了较为充分的描述和要求。规定将机关档案信息化工作纳入机关电子政务和信息化总体规划。机关应当开展数字档案室建设，统筹传统载体档案数字化、电子文件归档与电子档案管理工作。数字档案室建设按照《数字档案室建设指南》执行。机关应当建立电子文件归档与电子档案管理制度，按照《电子文件归档与电子档案管理规范》（GB/T18894）确定的职责与分工开展电子文件归档与电子档案管理工作。

2019 年初，国家档案局会同财政部、商务部、国家税务总局联合开展了电子发票的应用及推广实施试点，主要是开展电子发票电子化报销入账及归档试点，档案部门从会计核算部门接收电子发票，仅以电子形式归档。

2020 年 6 月新修订的《档案法》中，增加了"档案信息化建设"一章，是我国档案信息

化建设历程中的重要里程碑。对电子档案的合法要件、地位和作用、安全管理要求和信息化系统建设等方面作出了明确规定。其从合规性、技术性的角度对电子档案管理、电子档案法律效力认定、档案数字资源安全保存和有效利用等提出了更高的要求，对当前整合程度相对较低的档案信息化建设形成了冲击。这就需要进一步细化和协调电子文件归档、电子档案管理、数字档案资源保全等的内容，提升相关制度的整合力度和协调程度。新修订的《档案法》的颁布实施，为新时代档案工作指明了的方向，即坚持依法治档，推进档案信息化建设。

二、高校会计档案信息化建设及管理的现状

在新《档案法》中，国家在法律法规层面提出档案信息化建设的规划和要求，但高校往往将主要精力放在教学科研活动上。对会计档案信息化建设不够重视，由此导致人、财、物、场地的缺乏，直接影响了高校会计档案信息化建设工作，会计档案无法为高校现代化教育事业提供高效可靠的服务。

(一) 对会计档案信息化认识不足

很多高校只重视传统会计档案管理和财务系统建设，会计档案信息化在高校内往往处于被管理层忽视的地位。对会计档案信息化建设不够重视，认为财务档案管理以满足财务查账为工作目的。做好财务档案管理信息化离不开高校各部门的配合、协助和支持，但学校认为这是财务部门的事情，各部门在工作中较难协调配合，以至于财务信息化建设的目标非常模糊。不重视会计档案信息化的规划和建设，会计档案信息化建设严重滞后。

(二) 会计档案信息化建设管理人员的专业素质不达标

会计档案信息化建设工作要求配备具备丰富的档案业务知识和专业技能的人员，才能保障档案信息化工作的顺利开展和持续深化。一些会计档案工作者的专业知识与观念比较陈旧，缺乏运用现代高新技术工具、信息开发应用的能力和敏锐的信息意识，这一现状极大地制约了高校会计档案信息化建设的发展。

(三) 会计档案信息化管理设施不健全

现阶段很多高校在会计档案信息化方面投入不足，财务部门现有电脑设备落后，容量低、速度慢，软件配套不合适，无法满足财务档案管理信息化建设的要求。

三、关于高校会计档案信息化建设的思考

在新《档案法》的框架下探索构建高度自动化的会计档案管理系统，规范电子会计档案和电子发票全生命周期管理标准，优化工作流程，完善配套制度体系，打造绿色账本，实现会计档案价值再创造的管理模式，推进会计档案管理现代化。

(一) 加快学习贯彻新修订的《档案法》步伐，制定会计档案信息化管理制度

档案部门应对新修订的《档案法》《电子文件归档与管理规范》《电子档案管理系统基本功能规定》等有关法律法规和行业管理标准规范进行梳理，结合高校实际，制定高校档案信息化管理制度，规范高校会计电子文件的归档管理，保障电子档案的安全保管和有效利用，适应高校信息化建设需要。财务档案信息化管理制度规范需要明确档案部门、财务部门和信息技术部门之间的相应管理职责，以及档案跨机构移交、档案借阅、错误修正、档案销毁等方面的审批责任。同时，档案部门、财务部门和信息技术部门应从档案管理规范、会计档案管理实务、信息技术保障、安全保密、监管机制等角度完善电子会计档案管理相关制度。完善档案信息化管理的安全保密及监管机制。

(二) 确保会计电子文件满足归档要求

伴随高校信息化建设过程，会计财务系统与会计档案管理系统深度融合、无缝集成是发展目标。一方面，档案部门在系统设计阶段就要介入，提出档案管理的具体要求，使业务系统与档案管理系统在功能上更好地集成；另一方面，档案管理人员对电子文件归档前的各个环节进行指导，强化电子文件源头控制，发挥好档案的监督指导作用，确保电子文件在各办理流程中信息真实完整，满足归档要求。

(三) 建立科学严谨的规范化体系，对会计档案进行生命周期管理

新《档案法》第三十六条规定：机关、团体、企业事业单位和其他组织应当积极推进电子档案管理信息系统建设，与办公自动化系统、业务系统等相互衔接。

会计电子档案管理系统应当功能完善、适度前瞻，满足财务电子档案真实性、可靠性、完整性、可用性管理要求。会计电子档案管理系统基本功能和可选功能应当参照《数字档案室建设指南》《数字档案室建设评价办法》《电子文件管理系统通用功能要求》(GB/T2919)、《全国档案信息化建设实施纲要》的相关要求执行。可在会计档案管理系统中建立电子档案与实物档案的关联，做好凭证影像化工作，准确记录会计档案流转环节、存放状态及相关责任人，为每份会计电子文件建立全生命周期电子化管理记录。

（四）变革传统会计档案管理方式

《会计档案管理办法》第七条规定：单位可以利用计算机、网络通信等信息技术手段管理会计档案。因此，在有完善的会计档案管理系统的情况下，会计填制凭证时，实现会计档案随办随归，及时实现会计凭证影像化录入工作，可防止档案长时间散落存放的风险；在会计档案管理系统中统一档案管理术语及编码规则，增加库房管理功能及标准化档案入库、出库、归还等流程，实时定位会计档案的库存状态和存放位置，通过条码技术对纸质档案进行监控管理，确保实体档案与电子信息一致，提升档案管理信息化水平。

（五）发挥会计档案利用价值

管好档案的最终目的是利用。会计档案管理系统利用模块应有以下功能：用户授权管理，方便用户网上办理档案业务；方便多校区检索、查找和授权复制；可多种方法展现档案数据供分析；支持财务合规性监督检查。

（六）利用高校学科优势，提升档案管理人员的业务水平

高校可以利用自身学科优势，组织档案管理人员参加计算机、信息技术专业知识、技能、政治思想觉悟和综合素养等的培训，以此提升档案管理人员的信息素质和能力，使档案管理人员能够适应档案信息化建设工作的要求。

四、结　　语

高校会计档案信息化建设是一项系统性的工程，高校应准确理解新《档案法》的要求，在标准和制度建设、信息平台建设、人才队伍建设等多方面做好规划，在依法治档的前提下完善会计档案信息化制度体系建设，不断提高会计档案管理人员的综合素质，逐步推进会计档案信息化建设的进程，早日实现会计档案数字化、管理规范化以及会计档案利用网络化，充分发挥会计档案在高校治理中的价值。

浅谈武汉大学招投标档案管理规范化

武汉大学采购与招投标管理中心　陈好园

新修订的《中华人民共和国档案法》自 2021 年 1 月 1 日起正式施行，对新时代档案管理工作高质量发展指明了方向。新档案法中明确指出，为了加强档案管理，规范档案收集、整理工作，有效保护和利用档案，提高档案信息化建设水平，推进国家治理体系和治理能力现代化，为中国特色社会主义事业服务。

高校招投标档案是高校招投标工作的成果保存形式，是招投标工作不可缺少的重要环节。档案的真实记录是日后工作不断观察和研究的依据，为了更好地落实新档案法，结合武汉大学采购与招投标情况、主要招投标业务范围，提出了切实可行的规范化管理相关措施，进一步优化招投标档案管理，更好地为学校的教学、科研服务。

一、招投标档案归档范围及特点

为了规范学校采购及招标工作，提高资金使用效益，维护学校利益，促进廉政建设。武汉大学 2004 年 11 月成立了采购与招投标管理中心，并负责整个学校设备、基建工程、维修与装饰工程、教材、图书、药品等服务类项目的采购工作。在招投标活动中直接形成的所有的文字、数字、图纸、图表、声像等各种载体的文件材料及配套的电子文档，这些不可替代性的原始资料，都进行了归档管理。

为了加强学校采购与招投标档案管理，根据教育部《普通高校学校档案管理办法》和《武汉大学档案管理办法》的规定，结合学校实际，招投标中心制定了《武汉大学采购与招投标管理中心档案管理制度》，明确了档案管理的规定、职责。要求档案室对每年度产生的采购招标档案包括文字、图表、声像等不同形式的历史记录一定如实、按期归档。招投标档案归口学校档案馆和中心档案室共同管理。档案馆负责对中心档案整理的指导、监督、检查，以及对移交档案的存放保管。中心档案室负责对文书档案、设备采购、基建工程、维修工程、教材、图书、药品类等档案的立卷、归档、保管（留存档案）、查阅、销毁等工作。所有留存档案有单独房间存放，全部按照档案制作要求制作，并按年份档案类别上架。每年留存档案有归档清单，中心留存档案全部按十年期保管。

二、招投标档案管理现状

随着全球信息化科技的飞速发展，国家对高校的建设发展越来越重视。"双一流"高校专项建设开始启动，在教育部专项财政资金的大力支持下，武汉大学的采购招标数量和金额也逐年攀升，比如高校新建教学楼群和修缮房屋等工程设计类各种招标项目也日渐增加，科研实验室急需购买大量仪器设备，不仅需要新建大楼还要内部装修和配套（包括购买内部家具仪器设备等），相应产生的招投标档案资料日积月累也越来越多。如武汉大学2017年重建工学部一号楼拆除、重建项目投标公司达到150多家，产生的一系列招标资料多而杂，整个项目完成资料达到20来件。

三、招投标档案管理难点、问题

（一）招标方式的改变促使归档档案类别的增加

武汉大学刚成立初的招投标方式是询价、公开招标、单一来源、续标。随着每年招标金额的增加，招标方式的完善，变成现在的迅捷采购、公开招标、单一来源、委托招标、分散采购备案等方式采购，以及办公通用设备和科研设备中央集采。档案种类资料繁多。

（二）招标金额、数量的增加，档案项目增多

为了提高采购效率，学校对集中采购的限额进行了调整。2016年财务部194号文颁发《关于完善中央高校、科研院所科研仪器设备采购管理有关事项的通知》，对高校科研仪器设备采购管理提出的要求。中心相应颁发了《武汉大学关于调整集中采购限额标准的实施意见》，对学校各院系采购做好"放 管 服"。科研经费20万元以下，非科研经费10万元以下设备由院系自行采购。这样产生的档案数量就急剧增加。

（三）招标流程的完善，档案的厚度增加

一项招标项目的完成，牵涉方方面面，从院系招标申请表的递交，到招标协调会，招标过程，招标结果产生所形成的各种表格，以及对后期合同的签订每一步的审核、签名、盖章，每一项都要落实；还有一个项目由多家公司中标，如：校医院药品采购，类别多，中标公司多，档案资料必须分门别类整理。

(四) 招标过程质疑资料增多

随着招投标业务数量的快速增加，当今市场经济形势下，法律意识普遍增强，招投标工作备受关注，形势严峻，也给管理人员提出了更高的要求，质疑投诉大幅度增加。招投标档案翔实地记录了招投标的全过程，为监管部门进行事后监督提供了重要的客观材料依据，要求务必把不可替代的招标现场纸质材料整理保存好，以备复查时调阅。

四、改革举措

(一) 规范档案整理流程

为了解决招标工作中的种种问题，招投标中心针对整个招标流程，不但制作了采购业务流程图，还制定了收集档案目录清单。要求负责采购的主办人不但要规范落实好每一个采购步骤，还要求针对目录清单归档。这样，既保证了招标工作的井然有序，也让每一位主办人对自己整个招标过程了如指掌，通过实践，效果非常好。

(二) 优化细化招投标档案管理的各个环节

2013年招投标中心开始使用电子化评标系统，招标项目的每一步在管理系统同步电子化上网，使纸质档案和电子化档案同步并轨运行，极大地方便了用户和供应商。实现电子化评标以来，各院系提交项目申请表由以前的一级一级审批到走网上申报，网上审批，签字盖章流程也就少了。协调会由以前的纪委现场监督，签到改成网络监管。电子招标流程设计产生各类表格规范，方便每一位招标人和投标人。档案登记也可以在网上自动形成。中心可以通过电子化档案分析出的数据，方便查处那些非法挂靠、串标企业的违法事实，可以有针对性地打击挂靠串标行为。

(三) 利用分门别类，建立矩阵式管理体系

根据《武汉大学文件归档范围和保管期限表》，并结合中心对采购金额的规定，将档案分成移交档案和留存档案。当全年归档资料整理完毕，档案室结合移交档案号 XZ11 (行政)、XZ15 (总务、维修)、SB12(仪器设备)、JJ12 (基建工程)，分门别类将当年档案输入系统，装订成册，并按规定时间移交学校档案馆。完全做到了新档案法规定要求，对于应当归档的材料，按照国家有关规定定期向本单位档案机构或者档案工作人员移交，集中管理。

(四)强化管理者的管理意识和综合素质，并进行规范式的管理

每一个招标过程完毕，为了防止原生档案材料的丢失，中心规定时段，要求管理工作人员对材料的及时归档，提高归档和管理意识，及时做好收集和整理、编目和输入，以及保管和统计等相关的工作。由于档案管理工作的质量问题会受到管理者综合素质水平的因素影响，作为重要任务的管理者，必须要具有很高的积极主动与创造性，因此对管理者的综合水平进行培养，让管理者经常参加档案管理学习，以便适应档案管理工作的现代和多样化，只有具有专业知识的管理者，才能够顺利完成现代化的档案管理工作。

(五)继续依托电子招投标平台，加快实现招投标档案资料电子化、信息化

招投标中心 2020 年开发电子信息化招标系统，依托学校档案馆信息管理平台，依托电子招投标平台实现招投标档案资料电子化，减轻当前招投标档案资料数量庞大、储存空间不足的压力。努力实现电子招投标平台和电子档案系统实时关联，确保在招投标电子平台上生成的数字化文件在办理完毕后能及时录入档案管理系统，实现档案管理系统上有招投标档案的原文挂接。进一步完善招投标电子档案向项目建设单位移交管理办法，实现信息共享，减少档案资料查找不方便的负担。

总之，招投标档案管理是一项长期的基础性工作，档案的记录具有凭证的作用，是其他的材料不能替代的，而且具有法律效力，在法律上具有权威性。随着学校招投标业务的持续增加，需要在完善管理制度、重视组织建设、提升管理人员素质和加强信息化建设等方面不断探索，改变招投标档案管理的被动局面，提高对招投标工作的满意度，更好地为学校教学科研服务。档案的规范性对高校档案工作进程起到了至关重要作用。

新修订《档案法》学习体会

武汉大学校友处　曾　荣

　　2020 年 6 月 20 日，十三届全国人大常委会第十九次会议通过了新修订的《档案法》，习近平主席签署了第 47 号主席令予以公布。新的《档案法》已于 2021 年 1 月 1 日正式实施，它是我国档案事业发展的一个新的里程碑。它表明，在习近平新时代中国特色社会主义思想的科学指导下，在推进国家治理体系和治理能力现代化的严格要求下，在党中央、国务院的支持下，在各级档案工作者的不懈努力下，我国档案工作已进入法治化、开放化、现代化的新阶段，对我国档案事业的持续健康发展将产生重大而深远的影响。

　　有档能佐证千年历史，无档说不清古往今来。自古以来，档案就是客观、准确地反映现实，全面、真实地记录历史，它们是服务于社会发展的重要信息资源。党和国家历来高度重视档案工作。做好档案工作，无论是在革命战争时期，还是在和平建设时期，都是历届领导人的一贯要求。

　　毛主席曾指示："任何时候都要保护文件，因为它关系全国人民的命运和前途。"邓小平同志曾强调："我们做的很多决策、很多事情，要由档案来记载，由历史去评说。"改革开放后，档案立法正式提上了国家的议事日程。1987 年 9 月 5 日，第六届全国人民代表大会常务委员会第二十二次会议通过了《中华人民共和国档案法》，将档案工作推向法治化的高度，并对其进行了规范。

　　习近平总书记早在浙江工作时就指出，档案工作是一项非常重要的工作，经验可以总结，规律可以理解，历史可以延续，一切事业的发展都离不开档案，并明确提出了档案工作的目标是依法管理、公开化、现代化。

　　党的十八大以来，党中央、国务院对新时期档案工作作出重要指示，提出进一步完善档案工作体制机制，加大对档案工作的支持和保障力度，以建立健全覆盖人民群众的档案资源体系，方便人民群众利用档案，确保档案安全保密为目标，要抓紧梳理和修订相关法律法规，努力解决法律法规不完善造成的电子档案认定和使用难、跨地区事务处理难等问题。

　　新修订的《档案法》坚持习近平新时代中国特色社会主义思想的科学指导，贯彻党中央、国务院的决策部署，总结实践经验，改革创新，与时俱进，致力于解决制约档案事业高质量发展的瓶颈问题，为新时期我国档案工作提供法律合规保障。修订后的《档案法》增加了"档案信息化建设"和"监督检查"两章，由原来的六章二十七条扩大到八章五十三条。修改后的《档案法》将党对档案工作的领导写入法律，从根本上明确了档案工作"为党管理档案、为国家保存历史、为人民服务"的神圣职责，有利于把党的领导贯彻到档案工作的具体实践中，确保档案事业朝着正确的方向前进。

同时，进一步完善了统一领导、分级管理的档案工作体制机制，强化了各级政府加强档案工作的责任，为更好地服务国民经济和社会发展提供了法律保障。

通过学习新《档案法》，我认识到"为党管档、为国守史、为民服务"是档案工作的神圣职责，也是党的政治属性。作为一名部门档案员，也要进一步提高政治地位。在今后的立档工作中，我要做好以下几点：

一、努力提高自己的档案管理专业知识和业务能力

学习档案管理知识，提高对档案知识的认识水平。既要熟悉档案业务的各个环节和步骤，又要掌握各类档案和各种载体档案的管理方法，为本部门档案工作打下坚实的理论基础。同时要经常总结、改进，不断提高档案管理的业务水平和工作技能。

二、档案管理要从平时做起，严把档案收集关

1. 平时就要认真做好文书文件、声像、电子文件等材料的收集、整理和管理工作。及时主动收集归档资料：按时归档、定期整理、定期检查、反复过滤；排列有序，管理科学，柜子分开存放，方便查找。养成收藏和保管的好习惯。

2. 充分利用 OA 系统。OA 系统在日常工作中起到了方便、高效的作用，利用信息技术规范了数据档案的管理，按照《档案法》和档案管理的要求，实现了档案数据的合理分类和集中管理，以及密级和不同业务领域的设置。

三、严格执行档案管理制度，规范各类资料的归档管理

自觉依法、结合岗位要求，严格按照归档材料分类、组卷、排列、目录封面的填写、归档等一系列程序进行；严格遵守档案"三位一体"制度要求，制定档案资料分类方案、归档范围和保管期限表。

一卷一世界，一档一国家。档案的历史价值和指导意义不可磨灭。它们记录着人们的

情感、民族意识和民族情感。借助档案，我们可以更好地了解过去，把握现在，预见未来。

作为新时代的高校工作者，在实施新修订的《档案法》时，必须深刻领会立法意图，准确把握精神实质，在深入学习法律条文的基础上，高举习近平新时代中国特色社会主义思想伟大旗帜。要增强"四个意识"，增强"四个自信"，做到"两个维护"，不忘初心。我们要牢记使命，勇于实践，不懈奋斗，全力支持我国档案事业又好又快发展，为实现"两个一百年"奋斗目标和中华民族伟大复兴的中国梦作出新贡献。

新《档案法》中的以人民为中心思想探究

武汉大学文学院　钱　婧

2020 年 6 月 20 日，第十三届全国人大常委会第十九次会议审议通过了新修订的《中华人民共和国档案法》，国家主席习近平签署第四十七号主席令予以公布，自 2021 年 1 月 1 日起正式施行。这是档案法 1988 年 1 月 1 日施行以来的首次修订，有助于进一步发挥档案和档案工作在推进国家治理体系和治理能力现代化中的基础性作用，为新时代档案事业高质量发展提供坚强法治保障。

2020 年 11 月 16 日，习近平总书记在中央全面依法治国工作会议上发表的重要讲话中提到："要坚持以人民为中心。全面依法治国最广泛、最深厚的基础是人民，必须坚持为了人民、依靠人民。要把体现人民利益、反映人民愿望、维护人民权益、增进人民福祉落实到全面依法治国各领域全过程。"新修订的《档案法》中，处处体现着习近平总书记以人民为中心的发展思想。通过新旧档案法的对比可知，在以人民为中心的要求下，新《档案法》在为民服务、邀民参与、与民共享、以史育民等方面进行了调整与完善。"法与时转则治，法与世宜则有功。"随着中国特色社会主义的发展，新《档案法》亦应随时而变，以更好地满足新时代人民群众的精神文化需求。

一、为民服务

古时，档案藏于金匮，为统治者所有。新中国成立以来，档案逐渐从"藏于金匮"的库房走向了"开放利用"的民间。档案的"开放利用"一直是档案法的重要话题，新《档案法》扩大了档案的开放力度，并进一步规范了档案公开的流程与细节，使之更适应新时代公民利用档案的需求，体现出档案法修订过程中"为民服务"的特点。

新《档案法》缩短了档案开放的时间并扩大了档案开放的范围，第二十七条指出："县级以上各级档案馆的档案，应当自形成之日起满二十五年向社会开放。经济、教育、科技、文化等类档案，可以少于二十五年向社会开放。"从时间上看，由满三十年开放变为满二十五年开放；从开放主体来看，由国家档案馆的档案变为县级以上各级档案馆的档案。

这使得公民获取档案更为便捷，也对各级档案馆提出了一定的挑战，要求其在工作职能上做好向公众开放转变的准备。

新《档案法》规范了档案公开的流程与细节，并赋予了公民对档案公开监督与投诉的权利。新法具体规定了档案目录公开的方式，第二十八条指出："档案馆应当通过其网站或者其他方式定期公布开放档案的目录，不断完善利用规则，创新服务形式，强化服务功能，提高服务水平，积极为档案的利用创造条件，简化手续，提供便利。"这既对档案馆定期公布开放档案目录提出要求，也对档案开放与服务工作提出了建议与导向，落实了"为人民服务"的基本要求。同时，新《档案法》多次强调公民依法利用档案的权利，如第五条中指出："切国家机关、武装力量、政党、团体、企业事业单位和公民都有保护档案的义务，享有依法利用档案的权利。"为保障档案开放利用的有效性，新《档案法》首次提出了公民在申请档案开放利用服务时拥有投诉的权利，第二十八条指出："当档案馆没有按规定提供档案开放利用服务时，单位和个人可以向档案主管部门投诉，接到投诉的档案主管部门应该及时作出回应。"在申请档案开放过程中，档案馆与公民存在一定程度上的不对等性，新法的这一规定保障了公民的合法权益，是"以人民为中心"在档案管理与开放过程中的具体体现。

二、邀民参与

新《档案法》在修订过程中，不仅在向公民开放上更进一步，更强调了公民在档案管理中的参与感。新《档案法》第七条指出："国家鼓励社会力量参与和支持档案事业的发展。对在档案收集、整理、保护、利用等方面做出突出贡献的单位和个人，按照国家有关规定给予表彰、奖励。"近年来，参与式档案管理模式受到重视，档案管理应广泛吸收个体与群体的智慧与力量，使社会公众参与档案信息资源的开发、利用工作，协助档案管理，并不断扩大档案信息服务的范围。使公民参与档案管理，首先就要开展主体培育，强化公民档案权利意识，新《档案法》第六条指出："国家采取措施，加强档案宣传教育，增强全社会档案意识。"近年来，多地档案馆与中小学开展合作，邀请中小学生前往档案馆参观学习，了解档案知识，参与档案工作，有助于加强青少年档案意识。

三、与民共享

新《档案法》的一个重要内容就是推动档案信息化建设，事实上，在信息化的时代，将纸质档案内容数字化不仅有利于档案的保存，也有利于档案的检索与共享。事实上，图书馆、博物馆近年来已经在信息化建设上取得了突出成果。国家图书馆将馆藏典籍制成数据库，给文史研究者以极大的便利，以上海博物馆为代表的线上馆藏系统和以故宫博物院为代表的线上 VR 展览提供给广大爱好者们便捷地参展与获取文物信息的途径，同时也对优秀传统文化的保存与传播起到了重要作用。档案馆拥有丰富的资源，承载着中国人民共同的历史记忆，将这些宝贵的档案资料以信息化的形式与民共享，具有深刻意义。新《档案法》第五章档案信息化建设中就提出了途径与要求，如第四十条："档案馆负责档案数字资源的收集、保存和提供利用。有条件的档案馆应当建设数字档案馆。"第四十一条："国家推进档案信息资源共享服务平台建设，推动档案数字资源跨区域、跨部门共享利用。"在第十八条中，还提出了："档案馆与前款所列单位(博物馆、图书馆、纪念馆)应当在档案的利用方面互相协作，可以相互交换重复建、复制件或者目录，联合举办展览、共同研究、编辑出版有关史料。"

四、以 史 育 民

2021 年恰逢建党 100 周年，全国上下开展了丰富多彩的党史学习教育。档案馆中的档案记录了党和国家的历史，具有深刻的文化意义，应当重视到它们的文化价值，加以利用，开展文化教育活动。新《档案法》第三十四条指出："国家鼓励档案馆开发利用馆藏档案，通过开展专题展览、公益讲座、媒体宣传等活动，进行爱国主义、集体主义、中国特色社会主义教育，传承发展中华优秀传统文化，继承革命文化，发展社会主义先进文化，增强文化自信，弘扬社会主义核心价值观。"

在中国共产党的百年历史过程中，武汉大学曾画下浓墨重彩的一笔，坐落于珞珈山的周恩来旧居就是对此的宝贵记录。1933 年周恩来在武汉地区及武汉大学，广泛团结社会各界人士、努力推动国共合作抗战、感召和动员青年学生积极投身抗日救亡运动，这段历史，至今看来仍令人振奋。武汉大学档案馆负责周恩来旧居的日常管理与展陈升级工作，仔细考证有关基本史实，召开专题会议研讨展览方案，并邀请中共中央党史和文献研究院的多位资深周恩来研究专家审阅把关。最终使得周恩来旧居纪念馆以焕然一新的面貌呈现在师生面前，这是档案馆利用已有资源，进行爱国主义教育，继承革命文化的突出体现。近年来，各地档案馆纷纷建立爱国主义教育基地，利用宝贵的馆藏资源，充分开展爱国主义宣传与党史学习教育。起到了传承文明，以史育民的功能。2019 年 3 月 11 日，国家档案局新发布《国家档案馆爱国主义教育基地工作规范》，要求档案馆要："挖掘馆藏档案的社会教育价值，结合档案的特点，开展以基本陈列和专题展览为主的多种形式的教育活动，充分发挥爱国主义教育基地的资源优势和特色，实现直观教育、传播科学文化知识和提供审美欣赏的功能，深化教育效果。"

　　尽管我并非一名档案相关专业的学生，在专业知识上有所欠缺，但是对档案法修订的了解与研究使我受益匪浅。通过对新旧档案法的对读，我深刻了解到习近平总书记所强调的"全面依法治国应以人民为中心"体现在社会的方方面面，我也会更加主动地了解档案相关知识，提高自己的档案意识。

近兰台，敬兰台

武汉大学信息管理学院　　王　玉

人生天地间，如白驹过隙，从呱呱坠地到二十又四，仿佛也不过忽然而已。仔细一算，与档案相识至今，竟也已有 6 年有余，占据了我至今为止度过年岁的四分之一。"青灯黄卷伴更长，花落银缸午夜香"，每个学习档案的日子，都是我极为宝贵的财富。无论是课堂上老师的循循善诱、谆谆教导，抑或是实习过程中的抄抄写写，身边是满室的墨香萦绕，都让我逐渐靠近兰台，了解兰台，从心底致敬这一方总是充盈着淡淡书香的兰台天地，甘当其中安静成长的一株"兰草"。

一、本科·初遇兰台

2015 年 9 月，各种机缘巧合之下，我在川大众专业中，选择由原先的专业转至档案学专业继续学习。由于大二才开始与同级同学们一起学习档案知识，为此我需要同时修习档案学专业大一与大二两年的全部专业必修课，再加上双学位学习的缘故，课业压力陡然紧张，从周一至周日被安排得满满当当。每当奔波在两节课之间的间隙时，总是会怀疑自己当时做出的决定是否正确，不知这看似"好就业"的档案学，究竟能带给我什么，更疑惑学长学姐们所说的"乐在其中"，到底"乐在何处"。

怀着困惑，在档案学专业学习的日子也如车轮般向前滚滚碾过。随着时间的推移，我接触到了更多文书学、档案管理学、档案学概论等专业课程与知识。伴着老师的讲授，一幅档案管理的宏大画卷在我眼前徐徐展开。我逐渐明白，档案的起源与发展，与人类社会物质文明、精神文明的发祥和进步程度密切相关，反映了人类记忆的发展脉络与水平。从周朝的天府，到汉朝的兰台，再到明末清初出现的"档案"一词，称谓不同，但却贯穿了中华民族发展的始终。无数中华文明的优秀精粹，都是以档案为载体，得以代代流传至今，直至与我们相见。而管理档案，也远没有我原先想象的文件整理那么简单，而是需要以温和细心的工作方式、认真严谨的工作态度，对这些珍贵历史的载体进行分类、整理、著录、装订，最终将它们安置于整齐划一的档案盒中。唯有如此，才能减少失误，保证过往档案材料的完整可靠，为维持历史的真实全面提供有力鉴证。

二、实习·感受兰台

时间一天天过去，我从初遇兰台的困惑不解，再到后来慢慢靠近兰台，会在课余时间主动寻找一些档案相关的书籍来阅读，我逐渐爱上了这门需要细心、耐心与恒心的专业。"纸上得来终觉浅，绝知此事要躬行"，怀揣着一些浅显的档案管理书本知识，在老师的鼓励与帮助下，我主动申请前往企业单位、事业单位、政府机构等不同单位的档案部门实习，以期切实接触档案管理实践工作。正是在此过程中，我对兰台有了更为深入的了解，明白了文书档案、科技档案、会计档案、人事档案等在管理时的不同，掌握了照片档案、光盘档案等在存储时所需注意的事项，学习了电子文件在现阶段实践工作中的重要作用，并主动探究了其四性的维护、单套制度的推行等现存问题。

我时常想，档案多像一条蜿蜒的河流，由古至今缓缓流淌，默默守护着岁月的变迁。犹记在省档案馆实习时，我第一次接触到了民国档案整理工作。那一张张泛黄的纸张中，有时是一份亲情的不舍，有时是一场邻里的纠葛，有时又是一曲爱情的赞歌。档案之下，看得到人情冷暖，看得到世态炎凉，更看得到人间百态，看得到繁华落尽后的桑田沧海。从国家大事到市井常态，眼见他高楼起，又眼见他高楼塌，所有的故事，仿佛穿越大半个世纪扑面而来，让我轻而易举跌落进那段时光的风韵之中。是档案，将这些故事娓娓道来，呈现着最真实又令人热泪盈眶的画面，眼见着春和景明，万家杨柳青烟里，画卷在眼前徐徐铺开。此时的心底，仿若夜风拂过树林，又如春草探出新芽，我知道，档案的种子已在心底悄然生根，并在不知不觉中慢慢茁壮成长。

三、硕士·再近兰台

霎时眼眸一闪，当年那个不知兰台为何物的大一新生，已有幸来到武大信息管理学院，继续攻读档案学硕士学位。在档案系各位老师的传授下，我更加全面地汲取着档案学专业知识，进一步靠近我心中的兰台。

研究生阶段，我在导师的指导下继续循序渐进地学习档案学相关内容。与此同时，我也来到了武大党委组织部、党校担任助管，协助老师整理每年部门工作中形成的档案材料。在此过程中，我越发感受到了档案材料在我校各项工作开展中的重要作用。由于党校每年都会开设多期入党积极分子、发展对象等培训班，培训人数多达几千人，每次培训完成后，所形成的学员名单、考勤表、学时统计、成绩单、证书发放等材料信息，办公室老师们都会认真整理归档，以备后期查找。当有同学因不小心遗失结业证书，不得已来到党校补办时，老师便可以通过查阅往期培训班档案数据，明确该名同学参训的时间、班次、成绩等信息，再以此为依据，为同学补办证书。正是因为平时的妥善保管，才保证了党校入党培训证书补办工作有据可行，这是对工作的负责，是对自己、对学校的负责，更是对同学们的应有尊重。有幸参与这一工作，我更觉档案在日常工作中的重要性，在一长串学号或工号中，一旦出现某个数字的偏差，便会出现"查无此人"的状况。因此，档案管理工作必须慎之又慎，严谨的档案管理，才能为后续工作留下客观、全面、真实且完备的参照。

四、博士·致敬兰台

兰台的大多数时光是安静的，有兰花在轻柔阳光中次第开放。而此时，半斜的夕阳正透过窗帘，滤成令人微醺的橙色，如雾霭，如霓裳，轻悄悄地染上鼻尖染上发梢。静下心来细品与兰台的初遇，到逐渐感受兰台的魅力，再到被其吸引一步步更加靠近，发现一切都是那么不急亦不缓，恰到好处。而在不远的未来，我也将有幸以一名档案学博士生的身份，再次入学武大信管院，在我所喜爱所敬爱的兰台世界，继续汲取养分，茁壮成长，以实际行动致敬兰台，埋首于这衔接着昨天今天与明天的档案事业中，传承历史，服务当代，启迪未来。

回首看，档案在我心中，确如一条绵延万里的长河，亘古至今，在阳光下波光粼粼，闪耀着令人心动的颜色，从遥远的过去，一路流淌到了我的心底。以史为鉴可正视听，管理好档案，就是为未来留下了一面反观历史的明镜，保留了历史最为珍贵的本来面貌。如若定论有误，档案能助你得见青天；若定论无误，档案也能使其尘埃落定。档案在此时，已远超其薄薄几张纸的价值，它能够帮助我们还原情境，走近真相，发现真实，为后来者留下一份完备又珍贵的原始记忆，助我们不忘初心，方得始终。

和光同尘，与时舒卷；无关迟暮，不问翻覆；世中逢尔，雨中逢花。我想，我与档案的结缘，从过去到现在，更将发展至目之所及的未来，一切都是最好的安排。

走近兰台，致敬兰台，有你做伴，清欢亦可期。

研究生教学档案收集整理与利用

——以武汉大学 MPA 教学档案为例

武汉大学政治与公共管理学院　　陈爱红

教学档案是高等教育档案体系中的一部分，记录和反映教学活动的历史真迹。从招生复试、录取入学、教学管理、毕业答辩、学位授予，每个环节每个阶段均会形成大量的教学档案，不仅是教学活动的真实记录，还是教学活动、教学研究中不可缺少的依据、参考资料和信息资源，是教学质量及各类评估的重要标志之一，所以说，教学档案应该是学校档案的主体、核心和重点。

作为一名武汉大学的研究生教学秘书，在近 20 年的研究生教育管理工作中，还经历了教育部合格评估、水平评估、学校自评估，举办了全国第三届 MPA 论坛、全国核心课程"公共政策分析"师资培训会、多次组织师生参加全国优秀论文评比、公共管理案例大赛等活动，全程经历并完成自武汉大学首届 MPA 研究生到 2021 级 MPA 研究生的招生、培养、学位授予工作，深切感受到档案管理的重要性。档案在实际工作中的重要价值、档案服务师生的独特作用，既像春雨润无声，渗透到工作的每一个细节、每一个环节，更像滔滔江河，成为基础资料的源泉、培养质量的载体、服务师生的体系，源源不断，丰富磅礴。

在此，我仅以武汉大学 MPA（公共管理硕士）教育工作为例，谈谈在工作中档案编研、收集、整理、利用等的一点经验、体会与思考。

一、档案体系建立

(一) 建立科学规范的档案体系是基础

任何工作都是一样，刚开始档案资料还不多，按自己的工作习惯整理或归类，用起来也会觉得方便，对工作也会有帮助，看不出什么不对。但随着工作的延续与培养规模的扩大，各种资料文件越来越多，甚至堆积如山，原来简单的归类完全不起作用了。有些材料需要的时候东翻西找，一团乱麻，就直接影响工作的效率了。因此，从一开始，就必须要求办公室建立科学规范的档案体系，至关重要。

我按照武汉大学档案实体分类实施办法，同时根据自己多年 MPA 教育管理工作的实际需要，进行档号编制，建立了科学规范又实用的档案体系如下：

JX1211 综合	
1	教育部、学位部文作及其他
2	全国 MPA 教指委文件
3	武汉大学、研究生院及学院有关文件
4	学费及相关财务资料
5	办公室日志、档案目录
6	办公室简报、快讯
7	办公室工作总结
8	办公室会议记录
9	开学典礼
10	导师新增遴选、教师教学教研培训
11	教学检查评估材料
12	图片及光盘资料
JX1213 招生	
1	招生材料
2	复试材料
3	宣传材料
4	调剂材料
5	双向选择
JX1214 学籍	
1	录取名册
2	入学登记表
3	资格审查表
4	学历、身份证复印件
5	通讯录
6	成绩总册

JX1211 综合	
7	奖励材料(新生奖学金、优秀班干部、优秀成果奖)
8	报到注册
9	结业、学籍清理
JX1215 教学	
1	教学计划、指导手册
2	教学大纲
3	试卷袋
4	开题材料
5	校外导师与实践手册
6	全国 MPA 优秀论文
7	全国 MPA 案例大赛
JX1216 学位	
1	论文评审
2	答辩安排
3	授学位材料
JX1217 毕业	
1	毕业答辩及证书签领总表
2	毕业生信息反馈表

照此档案体系，配合一些临时文件材料，MPA 研究生从招生复试、录取入学、教学培养、毕业答辩、学位授予各环节，重要的必要的档案材料基本涵盖，不仅可以做到档案完整齐备、很好满足日常工作所需，也可向校档案馆移交毕业生学位档案、向就业中心移交新生入学档案和毕业生人事档案搭好了框架平台。

(二)按使用与管理方便立卷归档

大部分档案材料如招生、复试都是按自然年度建档归档，一年立一卷，按年度顺序归入写有编号的档案盒，档案盒上标明年度、分类号、案卷号，如：MPA-2021-JX1213-1(2021 年 MPA 招生材料)为一卷，2018—2021 年共 4 卷归入一个档案盒(视材料装订后的厚度调整)，使用起来很方便。

有些档案材料如毕业答辩、学位授予，是常规工作，一年两次，那立卷就分上半年、下半年，一年 2 卷；

有些档案材料如成绩单、试卷袋，如果按年度立卷不仅不方便材料的查找与使用，也不方便学生的管理工作，而按培养方案与教学计划分班级和教学点进行立卷归档更科学合理，方便使用与管理。这个时间跨度不再是一年，而是两年。

有些档案材料是一事一卷，如教学评估、教师培训、全国会议等。

档案材料按档号放入相应的档案盒，档案盒上标明年度（班级、届次）、分类号、案卷号，侧面与正面同样的标签，便于使用与查阅。

（三）因时制宜，及时调整档案体系

建立档案体系既是实际工作的需要，也是规范管理高效工作的基础与资料保障。只有现有档案体系与实际工作完全吻合，才能最优体现其价值最好体现其益处。因此，在高校研究生教育不断发展，人才培养不断拓新的环境条件下，研究生教育培养的文件、制度、要求、方式、流程等都会随时间存在变化、新增或取消，加之现代办公方式、材料传递形式随信息化发展也不断更新的情况下，相应的档案体系也需要及时微调，以达到档案服务教学与工作的实际需要。如 2014 年武汉大学研究生院取消了研究生课程进修班，以及各学院与其他部门、行业的各类课程班的合作培养，那相应的档案档号就需要同步取消了。有些过去以纸质材料传递或留存的档案改为电子档案，除非特别必要，不再有纸质材料，比如 MPA 全国教指委简报、招生复试名单等。这些都要及时调整档案体系，让档案与实际工作密切相关互得益彰。

（四）档案体系电子化

其一，档案材料的来源、流转方式、收集渠道发生变化，日趋电子化。

随着全球信息化的迅猛发展，办公条件的改进与办公方式的改变，档案工作也受到非常大的影响，发生很大的改变。

档案材料从最原始手写到打印，全部以纸质、照片、录像形式，通过邮寄、复印、扫描、翻录等形式留存归档；到 OA 办公系统流转、网站公布、邮件发送，电子材料替代部分纸质材料，电子材料与纸质材料并存；发展到现在线上复试录取、线上毕业答辩、线上教学与研讨、电子签名、人脸识别等，档案材料以电子材料为主，纸质材料为辅，只必须且重要的材料以纸质材料存档。档案材料的来源、流转方式、收集渠道发生了极大的变化。

其二，充分利用电子档案的优势，更好服务于教学管理。

电子档案材料有其优缺点。优点是占据实物空间小好储存，流转迅速好携带，方便使用好查找，且来源丰富。不足的是材料来源过于丰富，且有些材料真假不好甄别。如果电子档案材料不与纸质档案材料一样，建立科学规范的档案体系，材料会更混乱不堪。因此，在管理工作日趋电子化的形势下，我按纸质材料的建档体系建立相应的电子档案体系，文件夹分门别类，纸质档案与电子档案配合使用，互为补充，让工作变得更高效有序。

二、档案的收集、整理与利用

（一）档案的收集贯穿在 MPA 研究生教育培养的全过程，也贯穿管理工作的全过程

根据 MPA 研究生培养方案、培养过程，按照校档案馆、校研究生院、校研工部、校就业中心接收与移交相关复试录取档案、新生入学档案、毕业人事档案、学位授予档案等的要求与内容，以及日常管理工作的需要，整个档案的收集过程就像一根核心线，从学生报考武汉大学开始，到招生复试、录取入学、双选开题、课程学习、实践活动、论文评审、毕业答辩、学位授予的各个环节，档案材料按规定要求一步步完整收集，按档案体系一件件严格归档，而当一个流程或环节完成时，档案材料就水到渠成，自然而然形成了。

所以某种意义上说，档案工作是教学管理工作的主体与核心，重要性不言而喻。

（二）档案材料及时整理，按时归档

这一点非常重要，但不少教学秘书没有做得。原因不是工作人员不知道它的重要性，而是武汉大学的研究生教学秘书都非常地忙碌，一年上头忙于各种各项事务之中，忙得没有时间整理档案太正常了，更是不少院系未能及时向相关部门移交相关档案，总是不停地被催促。

我深切体会档案及时整理归档的好处，也深切体会过档案不及时归档带来的混乱。因此，多年来，我养成了良好的归档习惯。

简单说，就是小件、散件及时归档，大件定期装订。把它变成工作习惯与日常行为。

日常一页两页的材料往来文件资料，也要随手放入办公桌上相应的文件夹里，如招生、录取、教学计划、答辩、会议、紧急处理等，而不是随手一丢，各种文件堆在一块，不用几天，就找不到了，那何谈工作效率呢？

每当一项工作持续时间比较长，比如招生工作从出简章、成绩数据分析、画线、复试、政审、签订三方协议到录取通知书发放、新生入学，一般持续一学期；答辩工作从核查学费学分、重复率检测、匿名评审、分组、答辩、数据录入系统、学位档案整理、学评会到上报研究生院、证书发放、毕业典礼，也是持续一学期。这些比较繁琐的工作，相应

的材料不是一页两页，而是一摞！这就需要定期整理并装订了。所以，每学期末，如果实在忙，到年终，我必须进行所有材料清理、装订编号、归档入盒的工作。如果一拖拉，就又堆积在那里了。关键是，时间一长，不是这个材料找不到了，就是那个材料不见了。

(三)档案材料的利用与价值体现

档案体系科学规范，查找迅速，取用方便，才可能保证工作有效率、服务师生有质量，才可能真正体现教育管理的深度、教育质量的高度。也正是因为我深切体会到档案在工作中的重要性，所以，我养成了良好的归档习惯，而这种良好的归档习惯也让我深深受益。

其一，档案收集整理与日常工作密切吻合环环相扣，每一个环节的档案都能及时完整地移交相应部门，干净利索、漂漂亮亮。从不拖延，更不会混乱。

其二，更好地为师生服务。已经有好多次，十几年前甚至2001级、2002级近二十年的MPA毕业生在行业系统干部资历认证或单位毕业档案核查时需要当时的录取名册材料，因学校合并部门变更等原因，学生联系招办和档案馆无从找到，我却可以为学生提供，学生很高兴，我也很欣慰。老师们也经常会找我核对一些多年前的指导学生、授课等的材料数据，因为材料信息完备，都可以迅速为老师提供。

其三，为教育部、全国MPA教指委、湖北省MPA教指委、校研究生院的各类评估检查、调研统计、交流学习提供真实历史资料与数据来源。有了档案在，事杂心里不急，事多心里也不慌。

三、关于档案工作的一点思考

1. 档案意识不够。档案工作很重要，教学档案当然不例外，可以说更重要。但是，这一点并没有引起所有教学秘书的重视，或者说，很多学院相关领导重视还不够。也许觉得，档案工作是学校的事，是档案馆的事，是专门档案工作人员的事，跟自己关系不大，毕竟没有硬性要求或制度规定。所以，从实际工作出发，通过一定的方式与途径，加强教学秘书的档案意识，非常必要。

2. 建档规范不够。毕竟教学秘书不是专业档案人员，包括我一样，都是在工作中摸爬滚打，除了相关部门的档案移交有明确的要求与专业的指导、检查外，日常的档案管理更多的是各人按自己的习惯，凭经验，土法子，缺乏专业指导与科学规范，加之工作繁杂有心无力，无法正确地收集、规范地整理，更谈不上有效体现档案的利用价值了。希望校档案馆结合学校研究生院多组织学习、培训交流，让每个教学秘书都成为档案工作的能手、高手。学校的管理水平与培养质量自然就更高，更有利于双一流的建设与发展。

3. 档案工作人员的流动性大于人手不足。这一点也是针对学校教学秘书来说的。教学秘书流动性较大人手不足工作量大，都影响和限制了档案工作的稳定与完善。这需要学校、学院都予以重视才行。

新修订的《中华人民共和国档案法》已于 2021 年 1 月 1 日正式实施，借此 6 月 9 日第 14 个国际档案日武汉大学档案馆开展学习新《档案法》活动，对自己的档案工作做一点思考与小结，助力学校"双一流"建设也有我。

为学涯封印

——清话学历、学位档案

武汉大学域市设计学院　　王　力

新的生命诞生之际，人们都会去为婴儿拓印可爱的小脚丫。新生儿的脚印独一无二，不仅蕴含人性慰藉的一份情怀，还以病例方式形成医学档案，预防"错抱人生"的发生。

人的生理特征与状况的变化需要以病历予以封印，人的求学生涯亦有封印的必要。高校档案中的学历档案、学位档案正是莘莘学子从事专业学习和研究的全过程记录，我们不妨将这一类档案记录统称为学涯档案。

学涯档案是对向学之人学业的一种完整封印，其重要性无以复加。然而实际工作中，部分学子对于学涯档案内容不甚了了，配合档案资料收集工作积极性不高，表现出重视程度不足的特征。

一、世界档案日、档案法以及与学子密切相关的学涯档案介绍

步入 21 世纪后的 2007 年，国际档案理事会（ICA）将每年的 6 月 9 日确定为国际档案日。我国历经三次修订形成的新档案法，于 2021 年 1 月 1 日起正式施行。

摘录学历硕士学位档案目录如下：

1. 硕士学位申请表一本：

申请硕士学位人员基本情况表

硕士学位论文评阅书（2 份）

硕士学位论文答辩委员会表决票（5 份）

2. 成绩单一式两份（一份存学位档案。一份存人事档案）；

3. 开题报告一份；

4. 毕业登记表一式两份（一份存学位档案。一份存人事档案）；

5. 科研成果复印件一份；

6. 硕士学位论文一本；

7. 硕士学位论文电子版和纸本论文一本由学生直接交图书馆；

8. 授予硕士学位记载一份。

注：（1）硕士生答辩结束后，请按以上目录要求整理学位档案；

（2）培养单位教学秘书统一归档后，将学位档案交校档案馆。

之所以将学历档案学位档案统称为学涯档案，是因为对于学子而言，其不仅仅体现于学校档案馆中，还同时体现于个人人事档案中，这是需要引起学子们关注的一个方面。

上述所列档案目录第 2 及第 4 点已有提起，其实与第 8 点相关的还有一份"学位授予通知"也将收集到人事档案中。

坊间更多关注的是毕业及学位证书。一定意义上，毕业及学位证书仅为孤证，完整的证明力源自于证书和档案中的那一纸学位授予通知书所共同形成的"合力"。由此可窥见，亦应妥善处置人事档案，其中极为重要的一条戒规在于，不要将档案原件留置在个人手中。如果"不幸"留置在自己手中了，切勿自行解封拆看，不然极易导致档案"失效"。诸如档案一类的公文有其自身规范的流转规程，应该"公对公"，不应经手个人，甚至只能通过中国邮政而不能随便经由快递公司邮寄。

二、学涯须知愁滋味　新法档案开放提前五年

以辛弃疾词"而今识尽愁滋味，却道天凉好个秋"形容目下台湾地区领导人蔡英文是否很是贴切？蔡年少之际大体不会想到能走到如今这么高的地位，未曾想，大权在握之时却遭遇到博士论文造假质疑，被人围观母校查找学位档案，此举相信把已非少年的蔡英文给愁坏了。

与此相似的事例不胜枚举。坊间常见某些校长、官员、专家的学术不端行径见诸各种传媒，许多人因此受到处罚，引致事业断崖，名誉扫地的结局。向学之初年轻学子们虽则体会不到学涯档案的重要性，但在不远的将来，如果档案不全不实，则极有爆雷的可能。

通过此类前车之鉴不难发现，少年亦须识得愁滋味，方能不负"爱上层楼"之鸿鹄之志。

借用"网络是有记忆的"一语，档案更是有记忆的。新档案法规定，自档案"形成之日起满二十五年向社会开放，经济、教育、科技、文化等类档案，可以少于二十五年向社会开放"，此规较之旧档案法提前了五年，由此推算可知，大约在人生事业巅峰期的 40 岁左右，学涯档案即可被外界全面获悉。所以，一方面，有必要重视学涯档案的准确性及完整性，另一方面，亦有戒除学术不端行为的必要，不然实有"苍天饶过谁"的可能。

三、知法懂法乃向学素质养成之一种

接受高等教育掌握本专业知识之夕，亦有必要树立起一定的法律意识并具备一定的法律思维能力。

档案法较之民众更为熟知的民事法律形式，存在着较为明显的不同。民事法律基于主体是否平等适格而具有绝对的排他性，适格主体之间可互为原、被告，地位平等。而档案法归属行政法律范畴，具有与民事法律截然不同的特征。其形成的是主、客体间的不同地位，具有"平等下的不平等性"。行政主体地位不可替代，行政相对人只能做原告，行政主体只能做被告。

此种特征较易导致一种认知困境。作为学子，居于作为行政法之一种的档案法中的主体地位还是客体地位？

毋庸讳言，总体而言学子们当然居于档案法中的客体地位。但不可否认的是，所谓主、客体之别，均与其中的权责相关，更与具体档案资料的有无相关。如果将立档前后予以划分，必然可知，作为客体所享受到的服务资源源自立档前对档案资料的收集。未及立档或收集资料不全，则必然导致档案行政法律关系不存或档案不完整的结果。

显然，立档是为前提。档案法确定了方方面面的不同主、客体。但通过以上摘录的学历硕士学位档案目录可以窥见，学生作为学涯档案资料的具体提供者，亦责无旁贷，理应尽到相应的档案资料提供义务。简言之，这亦是对自身权益负责的一种必须。

国家档案局陆国强局长强调，要充分认识档案法修订的重要意义，"档案全面记录人类生活的各个领域，它与每个人和每个组织密切相关。无论是普通公民还是决策者、管理者，无论是国家机构还是社会组织，都是档案的形成者、档案保护的参与者、档案的利用者，档案工作需要全社会的共同参与。"

四、注重立档时滞的客观性，完备离校档案收集规制

实际工作中存在着学生离校与立档不同步的客观性，这一现象易对档案资料收集工作形成影响。《档案法》第十四条虽则规定，按照国家有关规定应当归档的材料，任何个人不得拒绝归档。但尚未明晰应提供而未提供者的法定责任。这就需要结合实际情况在编制相应行政规定时予以一定程度的补强。

高校常见的一种管理机制为"离校程序"管控，能够发现，其中缺失对毕业生提供归档材料的完成情况审核栏目。一旦学生离校，必然加大收集的难度，准确性亦难以把握。

因此，有必要相应加强对在校生进行档案法的普及、教育，强调关于学涯档案资料提

供者的应尽义务，增设完备提供档案资料的核定离校项目，从而确保学子们的学涯档案质量。

国际档案日之际，进行广泛的专项宣传的同时，档案专职工作人员以及参与档案工作的广大民众亦有必要借此学习提高，强化认知。新《档案法》的实施，并未涵盖档案工作的全部。许多新情况、新问题都需要结合实际认真对待。同时，理论性研究亦不可或缺，更有必要进行一些探索性、前瞻性、特殊性的工作尝试，应在法律允许范围内，创新规制对档案法予以补强。依法治档需要每个人的共同参与，依法治档更是有效利用档案资源的保障。相信学子们亦能积极主动地为学涯档案工作添砖加瓦，做出力所能及的切实贡献。

新《档案法》视域下高校人事档案管理信息化路径研究

武汉大学土木建筑工程学院　　余　亮

2020 年 6 月，十三届全国人大常委会第十九次会议通过了新修订的《中华人民共和国档案法》（以下简称"新《档案法》"），并于 2021 年 1 月 1 日起正式施行，为档案管理、建设、保护和利用提供了基本法律遵循。没有信息化就没有现代化，新《档案法》新增了"档案信息化建设"专章，界定了档案信息化建设的主体、内容、方式，为推进新时代档案事业高质量发展、开辟档案管理现代化新途径提供了坚强的法治保障，成为档案管理法治建设中的一个重要里程碑。高校教职工队伍规模大、类别多、分布广，人事档案记录了教职工的职业成长轨迹，关系教职工的切身利益，是高校人力资源管理的重要工具。新《档案法》视域下，探讨高校人事档案管理信息化价值、困难和对策，对优化高校人事档案管理、提高档案服务质量、挖掘档案管理价值具有重要意义。

一、高校人事档案管理信息化的价值

随着人工智能、大数据、云计算等前沿科技逐步取得技术性突破，档案信息逐渐由实体化向虚拟化方向转变。人事档案信息化是基于现代数字化技术，将人事档案信息实体保存转向数字存储，利用网络技术对人事档案信息进行管理和共享，充分挖掘和利用人事档案资源价值，实现人事档案"重藏轻用"转向"重藏重用。

1. 高校人事档案信息化顺应档案发展的时代形势，有利于加强高校人事档案管理。电子档案具有易存储、易查阅、易复制、易保密等优点。新《档案法》为档案工作变革与转型、创新与发展提供了较为充分的法律保障。新时代背景下，高校人事档案管理信息化顺应了时代发展形势，由"纸间"到"指尖"，向数字化的电子档案转型转向，迈向数字化"高速公路"，实现档案载体提档升级，更加有利于节约存档空间、提高传档效率、保障档案安全。

2. 高校人事档案信息化立足人事管理的发展需要，有利于提升高校档案服务质量。人事档案管理是学校人力资源管理的重要组成部分，是高校教职工工作成长历程的记录。

档案管理信息化基于科学管理和"增值"服务，遵循管理规律、坚持服务导向、创新服务形式、优化服务内容、增强服务功能、提高服务质量，能够更好满足组织人事纪检等相关部门及本校干部教师办理借档、查档、阅档、调档、出具证明等需要，促进高校管理体系和管理能力现代化。

3. 高校人事档案信息化基于改革发展的内在要求，有利于优化高校人力资源管理。近年来，高校教职工人数激增、人员流动频繁、人员类别复杂多样。人事档案信息化有助于人事信息收集、分析处理和价值挖掘，可以全面、立体、多维度呈现高校人力资源动态全景图，精准分析高校师资队伍的年龄结构、学缘结构、学科结构，实现"动态管理、全景描摹、精准分析"。人事档案信息化有利于挖掘数据价值，优化人力资源配置，科学预测人力资源发展趋势，为高校人才引育工作提供决策参考和依据，为"人才强校"战略实施和"双一流"建设提供有力支撑和保障。

二、高校人事档案管理信息化的困境

高校人事档案庞大、内容复杂，是档案管理的难点和重点。当前国内学者认为人事档案管理信息化面临的困境主要涉及管理模式、管理手段、数据库建设、管理队伍、经费投入等方面。

1. 高校人事档案信息化管理模式亟须创新。传统人事档案管理模式下，管理方式方法陈旧落后，信息获取途径少、处理能力弱、识别性差，人工操作工作繁琐、重复多、效率低、风险高。部分高校受传统档案管理观念影响，信息化管理思维和数字化管理理念滞后，人事档案管理形式单一、信息更新迟缓、管理手段和技术落后、信息共享和交互程度低下、数据库建设乏力，没有形成适应大数据时代的人事档案信息化管理模式。

2. 高校人事档案信息化管理机制亟须健全。高校人事档案管理信息化机制建设不够，存在管理制度不健全、业务基础薄弱、缺乏统一标准、兼容性不强、可移植性差等问题，导致纸质档案参差不齐、电子文档杂乱无章，无法做到实时共享和随取随用。高校人事档案涉密，不公开、不扩散，档随人走、人档分离，一些高校管理主体观念封闭保守，数据互不开放共享，形成"信息孤岛"。如今，网络的脆弱性和潜在威胁等弊端也日益凸显，部分高校对数字档案安全重视程度不够，导致信息化平台面临着网络病毒、黑客等非法进攻的威胁。

3. 高校人事档案信息化管理队伍亟须培育。人事档案管理政治性、专业性强，高校普遍缺乏既懂信息技术又懂档案管理的复合型档案管理人才。传统人事档案管理人员常常重管理、轻服务，重视档案信息收集和保管，轻视档案信息开发与研究，导致档案信息利用效能较低，阻碍了人事档案管理创新。信息化时代背景下的高校人事档案管理人员，一定程度上存在信息素养不足、知识储备较少、管理水平较弱、专业培训不够等问题。部分高校未实现人事档案专职管理，未按照 1000 卷档案配备 1 名专职管理人员的标准，专职档案管理人员发展渠道不畅通，人员变动频繁。

4. 高校人事档案信息化管理投入亟须保障。很多高校对人事档案重视度、关注度不够，普遍存在人力、物力、财力等投入不足问题。部分高校人事档案信息化资金投入有限，导致硬件设备落后、软件开发滞后，存在数据库不完整、基础性设施缺失、系统功能不完善等现象。部分高校人事档案信息化流于形式，简单将人事档案进行分类登记、扫描录入，信息的系统性、整体性以及自动化程度不高。部分高校开发了人事档案信息管理系统，但服务器没有与其他信息管理系统交互数据。

三、高校人事档案管理信息化的对策

新《档案法》强调"电子档案与传统载体档案具有同等效力"。高校人事档案信息化要把握"来源可靠、程序规范、要素合规"的原则，明确目标、健全体系、优化机制、培育队伍、重视安全、保障投入，保障人事档案信息化的完整性、真实性、保密性和动态性，实现"库房管理模式"转向"资源管理模式"。

1. 明确目标。高校要充分认识人事档案管理在人力资源管理价值链的位置、作用、重要性，坚持主动用档、科学用档、有效用档，提高人事档案管理效率、增强档案服务发展功能。高校要加强"数字档案馆"建设，充分利用数字化技术、网络技术、远程通信技术等现代先进技术，搭建人事档案信息化管理平台，实现人事信息产生、处理、传递、留存和使用有机融合，建档、归档、转档、查档、借档、还档等业务流程高度集成，共构人事档案信息远程传输、信息资源共享的完整服务体系。

2. 健全体系。高校要落实"智慧校园"建设要求，成立人事档案信息化建设工作小组，做好人事档案信息化顶层设计，加强人事档案信息资源的规划、建设、开发和管理，提升人事档案信息采集、处理、传输、利用能力，建立安全、便捷、共享、高效的人事档案信息化体系。高校要重视人事档案信息化共享体系建设，打破信息封锁闭塞状态和信息保护壁垒，与学校管理系统有机衔接、科学集成，实现兼容互通、信息互动、资源共享、发展共赢；要及时并轨融入国家档案信息化系统，加快实现"一网查一档"，实现人事档案远程管理、查询、调阅，提升"一站式"服务水平。

3. 优化机制。高校要加强信息化平台和数据库建设，制定科学、规范、完整、统一的信息化标准，设立分类与统计、检索与利用、元数据管理等功能模块。高校要实施纸质档案和电子档案同步运行、同步归档，实现人事档案存量数字化、增量电子化。高校要建立全员参与的人事档案信息化管理监督机制，健全人事档案管理信息化保障制度，立规矩、成方圆，从制定到落实，从顶层到基层，实现人事档案科学、精准、有效管理。

4. 培育队伍。高校要培育一支具备政治素养、信息思维、数字技术、档案业务、法律知识的复合型人事档案管理队伍。高校要建立高水平人事档案管理队伍培育体系，要创新人才培育模式、优化人才成长环境、畅通人才发展机制、健全人才成长保障。高校要加强人事档案管理队伍"充电蓄能"，重视新时代人事档案管理政策宣传教育，强化业务培训、案例教学、实操训练，帮助档案管理人员树立新观念、学习新知识、增强新本领、掌握新技能。

5. 重视安全。新《档案法》贯彻总体国家安全观要求，为高校加强人事档案安全管理提供了法律依据和实施路径。高校人事档案管理要树立安全思维、落实安全保密原则、建立安全工作机制、提升安全保障能力，要加强网络安全保密技术的研究、开发和利用，采用身份认证、防火墙、数据备份、异地保存等多重安全防护措施，构建数据失效风险预警机制、重大风险预控机制、突发风险处置机制、关键数据遗失应急机制等。高校档案馆要重视安全工作，要保障人事档案信息化载体安全、介质安全、检测安全、备份安全等。

6. 保障投入。高校要加大人事档案信息化建设人力、物力、财力投入，将档案管理队伍纳入高校管理队伍规划，将档案管理软硬件设备纳入高校采购（修缮）计划，将档案建设专项资金列入高校总体信息化建设和财务预算中，充分保障人事档案管理信息化实施。高校要重视人事档案信息化资金投入，配备先进的硬件设备、开发先进的软件系统，定期优化人事档案信息设备、及时升级人事档案数据库软件。

◎ 参考文献

[1]余静. 大数据背景下高校人事档案信息化价值及其优化路径研究[J]. 兰台内外，2020（25）：1-3.

[2]康琴. 信息化背景下高校人事档案管理创新研究[J]. 办公室业务，2020（16）：168-169.

[3]余静. 大数据时代下人事档案信息化的几点思考[J]. 兰台内外，2020（7）：1-2.

[4]林津. 高校人事档案管理信息化探究[J]. 福建广播电视大学学报，2020（1）：46-49.

[5]王玉玲，杨生吉. 新档案法视域下档案信息化管理应遵循的原则与创新举措[J]. 档案管理，2021（2）：15，17.

[6]代红，尹世学，苗季. 高校人事档案管理信息系统的设计与应用[J]. 兰台世界，2020（9）：44-46.

[7]张红，庞波. 大数据视域下高校人事档案信息化建设研究[J]. 兰台内外，2021（10）：7-9.

"故纸堆"的缘分

武汉大学计算机学院　陈　滋

　　档案是座山，由古至今积淀着历史；档案是条河，由远到近流淌着记忆；档案是一部书，它记载着一个个故事；档案是一根链，将过去与现在联结在一起。

　　档案是党和国家的宝贵财富，档案事业是党和学校的一项重要事业，档案工作很平凡，但却是一项功在当代、利在千秋的重要工作。

　　2004 年黄治国书记在与我交办工作时说，一个单位是需要有档案的，它记载着一个单位的历史，是行政工作中不可或缺的，不要小看了这项工作，以后会起大作用的。回想当年带着低落的心情走向了这项工作，当我走进库房，看到那堆积如山，满是灰尘的材料文件时，心底一团乱麻，不知如何下手。而 2005 年就要迎接教育部的本科教学评估检查，时间紧任务重，自己那时又从来没有接触过档案工作，只能硬着头皮从头学起，在校档案馆指导老师陈燕珍老师手把手一个多月的指导下，曾经一头雾水的我终于懂什么是档案，如何从积满历史尘埃的"故纸堆"里整理档案有了初步的了解，可以自己独立操作了。陈老师退休后又由杨光、袁丽玲老师接替了她的工作，通过理论学习结合实际工作的锻炼，又让我对档案工作有了更进一步的理解。2005 年全校自评本科教学工作后不久，一位参与检查的老师对我说，全校就计算机学院在调阅教学档案时速度最快效率最高，内容全面翔实。当听到这句话时，我心里释然了，也明白了黄治国书记那番话的意义所在，单位任何工作无小事，小事虽小但意义非凡。

　　档案就是由文件转化而来的，文件是档案的前身，档案是文件的归宿。档案是单位各项工作的真实纪录，是各项事业持续发展的重依据，既能指导现实工作，又能为查考历史提供重要的凭据。

　　档案整理是一项极其繁琐、急需细心和耐心的工作，找到正确的方法就是效率。通过认真学习并严格按照"武汉大学档案工作法规与制度汇编"的各项法规制度进行鉴别、归档，做到准确、清晰、有序。保证质量，做到材料与目录无误。这些工作不仅仅量大、过程繁多，每天应对这些文件材料，整理过程其实是很枯燥乏味的，一旦沉不住气就难免出现眼花手乱、心烦气躁，很容易导致疏漏错误。我必须保证每个环节都要小心谨慎，不能疏忽大意，如果出了错，所有这些环节必须又得重来，既费时又费力，造成时间和人力上的浪费。所以这时候必须摆正自我态度，清楚自己的职责，耐得住寂寞，安心静心地做好每一个程序就显得尤为重要。哪怕自己再麻烦一点，也是为了以后能顺利找到这份档案以及里面的翔实内容，这既是为了方便将来的工作，也是对未来负责。所以我总在告诫自己，把自己当个"苕"来踏实地把工作做踏实，也不要让他人说你做的事像个"苕事"，要对己负责，要对工作负责，更要对将来负责。

经历了十几年的档案工作，我系统地了解了档案工作概述的基本知识，以及如何对各类档案进行收集、分类、立卷、归档、利用等管理原则和工作程序。现在档案整理越来越游刃有余，遇师生查阅档案时能准确快速找到，提高了工作效率，如何管理好档案，方便查找借阅，就是靠耐心、细心和恒心。当每次看到往届毕业生利用档案找到了当年未领取的毕业材料那种如释重负的表情，当老师们查到了自己的目标档案时那种溢于言表的喜悦心情时，我更加认识到档案工作是"两句三年得，一吟双泪流"般的辛苦工作，唯有秉持"勿以善小而不为"的积极态度，勤勤恳恳、默默奉献而不是"想方设法"让自己"闲着"，才能真正做好这一份看似不起眼但却意义非凡的重要工作。每天工作的平凡，不见波澜不起眼，但我依然快乐地工作着，整理好每一份档案，与人方便与己方便，书写出更多的故事，才能在这看似平凡的岗位做出不平凡的业绩。历经学校多次的档案工作检查评比，本人也多次获得了"武汉大学档案工作先进个人"和"湖北省高校档案工作优秀档案员"称号，单位被评为档案工作优秀单位、标兵单位。

《档案法》的修订是我国档案法治建设进程中一个新的里程碑，是档案工作适应国家治理体系和治理能力现代化要求，是档案工作走向依法治理、走向开放、走向现代化的重要标志，必将对新时代档案事业高质量发展产生重大而深远的影响。

通过学习新的《档案法》，准确理解了档案工作的政治定位，提高了政治自觉，"为党管档、为国守史、为民服务"是档案工作的神圣职责，也是档案工作"姓党"的政治属性所在；准确理解了档案工作的人民立场，提升工作效能；准确理解了档案工作的安全底线，增强依法管档能力。依法管档治档用档，助力学校"双一流"建设。我们每一个人都必须要提高档案意识，学习了解《档案法》和档案工作，了解有关法律法规，是我们广大教职员工的责任，更是我们档案工作者的使命。

其实，档案工作也并不一直都是那么的枯燥和乏味，当你真正沉下心来投入到平凡琐碎的档案工作时，你就会了解它的博大与有趣，同时也会将档案工作方法代入到你的个人生活中去，影响着你的生活，做到事事有顺序，环环有细心，步步有节奏，不做重复劳动的无用功，每天有个小确幸，不再堆积事务而后突击解决。

我爱档案工作！

我在档案工作中成长

武汉大学电子信息学院　柴婧婷

档案中有他人智慧，用起来可以照亮自己；档案中有自己心血，传下去可以滋养他人。今年6月9日是国际档案理事会确定的第14个国际档案日，回想起我与档案工作的结缘是在2017年12月，我进入到武汉大学电子信息学院党政办公室工作，从整理学生硕士档案开始，我与它打起了交道。

那时的我作为一个不折不扣的档案工作新手，提到"档案"这个词，脑海中浮现的不外乎是一摞摞安静地陈列在柜子里，封存完整，从不轻易打开的黄色牛皮纸袋们，从未深入想过它们的来历、作用、重要性和与我之间的关联。大学阶段我的专业是新闻传播学，说起来，新闻和档案都承担着记录历史的责任，昨天的新闻是今天的历史，今天的新闻则会成为明天的档案，坚守历史真实，是新闻与档案的共同使命。但相较于新闻工作的新鲜和丰富，档案工作往往会被认为是一个严肃乏味的"家伙"。工作三年多来，在我的许多日常工作中都会和档案频繁接触，从整理归档学生硕士档案再到人才申报工作中核查候选人档案，到如今成为学院的一名档案员，我对档案逐渐有了更加直观鲜活的认知与了解，逐渐觉得它不再是当初那个严肃乏味的"家伙"了，它其实更像是一个知性内秀的姑娘，拥有不言自明的价值，但却始终保持低调从容的姿态，平时静默地躺在属于它的位置上，当面临需要，获得许可才会将丰富的内涵彰显出来，为需要的人提供帮助，排忧解难，这种蕴藉而不张扬的特质，使档案有一种特有的低调含蓄之美，每每与之交流都会有新的收获与发现。

我与档案之间也发生了许多故事，它仿佛成为我工作成长的一个良师，一个伙伴，一个见证者，陪着我成长，见证着我的努力与进步。最初我接触档案工作，是从整理学院工程硕士档案开始，每学期都需要给即将毕业的学生详细讲解和培训学位档案和人事档案的填写内容、整理方法，在办理学位证领取工作时，要认真核查好学生档案，需要查看存档材料的真实性、完整性，每一处签字盖章细节都需要仔细审查，有时学生会不理解觉得填写内容过多耗时很长，自己最初也会觉得颇为繁琐，但当按学校归档要求每一个材料都列清楚，每一份档案都整齐归档时方能感受到这份工作的成就感。2020年底在繁忙的工作中接到了任务，学院因历史遗留问题，需要对 2011—2019 年近 10 年工程硕士未归档档案全部进行整理归档。面对如此庞大数量，并且时间跨度之大的档案，起初我是慌乱和迷茫的，但随之认识到档案涉及学生切身利益，对于每个学生十分重要，对于学院来说尽快完成这批档案归档工作也迫在眉睫。调整好心态后，便下定决心一定要保质保量完成这份艰巨的工作任务，于是在档案馆雷虹老师的耐心帮助指导下，我先进行了所有需要归档学生信息的核对，编号录入系统，在核对清楚数量和每个学生对应的信息后打印出相应表单。下一个重点工作就是逐年对所有纸质版档案和电子版信息进行匹配，编号盖章归档，在几位学生助管的协助下我们用了一周时间就完成了第一阶段工作，大部分材料信息完整的档案已顺利归档。第二阶段也是最困难的阶段，就是对所有缺少材料的档案进行查漏补缺，需要和毕业很多年的学生沟通联系，有的材料还需要去学校相关职能部门办理。在这个工作过程中我体会到了档案工作是需要弘扬"工匠精神"的工作，"繁杂、细致、重要、专业、责任"无不体现在每一个工作环节中。最终，经过两周高强度的集中整理，顺利完成学院 2011—2019 年共计 435 份工程硕士档案归档工作。从最初的收集归类，再到编号盖章，电脑录入，编目归档等一系列步骤，都需要一丝不苟的态度，有条不紊地完成。它承载着我们对历史的记忆，对未来的憧憬，对现实的服务，我开始从这份工作中感受到了档案的魅力，感受到档案井然有序之美，严谨而充满条理。

在我负责的人才工作中也有不少要和档案打交道的时候，这时我从一个整理归档的角色转换为一位核查档案的角色。在工作中需要按要求对申报人才项目老师们的档案进行认真核查，确认其申报条件，核查其内容的真实性、客观性。今年 4 月，因需要核查一位校外申报老师的人事档案，按档案查阅的相关要求必须要去到当地单位，我们完成审批材料的准备后坐了来回 8 个小时的高铁到其单位顺利完成了档案核查工作，让我又一次在工作中感受到了档案的重要性和神圣地位，也通过查阅其他单位档案整理发现不同的档案归档思路和技巧。档案真实客观记载着每个人各种重要的信息资料，在人们需要之时成为最具说服力的参考和凭证，因真实和客观是它孜孜不倦的追求，档案也具有独特的真实之美。当你近距离与它接触时会发现，档案并不像想象中严肃高冷，而是善解人意，可亲可近。在核查档案的过程中，我们可以看到它的外表虽然朴实，但其实它蕴藏着历史和岁月的沉淀，那些带着几分陈旧的纸张，可以看到一个人数十年来学习、工作的历程，恍如时光在指尖流淌，能全方位地了解一个人的过去，在其中能学到的有时不亚于一本书，我发现了档案有一种厚重的沉淀之美。

档案工作大多数时间是默默无闻地在幕后进行，但是正是档案工作事无巨细地收集、整理、分类、保管、利用，正是档案工作者甘为孺子牛的无私奉献和埋首付出，档案才能更加高效、快捷地为人们的生产、生活、学习提供帮助。每一个工作环节都是一门科学，都包含着深远的意义。档案工作的前瞻性、真实性、追溯性等特点也充分说明了档案事业的价值所向和与时俱进。

在我和档案共同成长的工作历程中，不论是以何种身份角色和档案打交道，我少了最初的青涩与迷茫，更多了份笃定与从容，切身感受到了它的低调之美、井然之美、真实之美、沉淀之美。走近档案，收获良多，一路走来，平凡中发现美，忙碌中感知快乐，且行且成长。档案工作者确实默默无闻，但这并不代表默默无闻，档案工作虽然平凡，但绝不平庸，我们将用奋斗和创新书写新的辉煌。

收集学生奖励性材料从简单粗暴到细致用心

武汉大学遥感信息工程学院　方　凡

为彰显学校档案资源建设人为本、以学生为本，重视民生档案、重视学生档案的理念，学校决定对各类在校学生的奖励性材料进行立卷归档，以建立武汉大学风云学子档案，于 2017 年 3 月 17 日下发了《关于武汉大学学生奖励性材料立卷归档工作的通知》（武大档字〔2017〕2 号）。为了保证学生奖励性材料系统、完整、准确和及时地归档，结合新档案管理信息系统运行环境的要求以及我校实际，2019 年 3 月 6 日学校印发了《关于加强和改进武汉大学学生奖励性材料立卷归档工作的通知》（武大档字〔2019〕1 号），进一步明确了有关事项。

因为先前无学生奖励性材料立卷归档经历，2017—2019 年我收集材料的方式欠妥：那几年我是请本科生辅导员和研究生辅导员通知学生们按要求提交奖励性材料复印件给他们，然后辅导员再在约定的时间内转交给我。三年里这种方式收集到的学生奖励性材料很少，另外我再从推免学生的评选资料里复印奖励性材料进行补充。这样收集到的奖励性材料很杂乱，既不完整也难以整理。2020 年我决定换一种收集资料的方式，经过一番思索后，起草了《关于遥感信息工程学院学生提交奖励性材料的通知》，并请各年级辅导员发给学生。通知中像以前一样明确了应提交归档资料的范围及其他注意事项等，但是提交资料的方式有改变：要求将相关资料的扫描件或高清照片发我邮箱，并对文件命名方式也做了统一要求。发邮件的方式免去了复印的环节，也不需要学生跑腿交资料。对于交资料的人来说，越省事他们交资料的积极性会越高。果然，通知下发后很快就收到了很多学生发来的奖励性材料。有了这些电子版材料，往档案管理信息系统里上传前我就不用扫描了，并且打印和整理纸质的材料也方便很多，真是一举多得。

通过这几年实践，我体会到学生奖励性材料立卷归档工作同其他工作一样，必须认真对待，用心、细心才能做好，简单粗暴对待后的结果必会差强人意。

新《档案法》实施背景下高校研究生档案管理的思考

武汉大学测绘学院　　迟宗宝

2020 年 6 月 20 日，第十三届全国人民代表大会常务委员会第十九次会议对《中华人民共和国档案法》进行修订，自 2021 年二月 1 日起施行。新《档案法》结合社会发展实际，为新时代档案管理工作提供了法律规范。高校研究生个人档案记录了研究生从中学阶段起的在校表现、学习成绩、个人信息、家庭情况等重要内容，研究生档案管理是完善研究生培养工作的重要内容，但同时也存在研究生人数多、归档内容多、管理难度大等问题。

新《档案法》在老《档案法》的基础上增加了两章的内容，完善了档案管理相关制度，并增加了档案信息化建设的规定，为高校档案管理信息化、科学化建设提供了法律支持。

一、研究生档案管理特点

(一)档案来源广，内容多，任务重

随着研究生招生规模的扩大，研究生生源由原来的本科应届升学扩大为应届升学、二战考研、辞职考研、强军计划、少数民族骨干计划等多个来源，档案来源也由单纯的高校扩大为高校、地方人才服务中心等，档案转接工作量较大。研究生档案包含从中学到本科期间的全部材料，内容多，不同学生的档案完整度差别较大，个别学生某些阶段的档案材料整体缺失，对于研究生档案的管理二作造成困扰。

(二)信息准确性要求高

研究生作为党和国家培养的高层次人才，档案内容包含入学毕业信息、在校期间表现情况、学习成绩、奖惩情况等重要内容，这些内容与研究生就业发展息息相关，一旦归档，任何人都不能对其中的内容进行夏改，因此对于研究生档案管理的精准度要求很高。

(三)缺乏专业管理人员

研究生档案管理具有一定的周期性，研究生入学和毕业时是档案归档、管理的关键时

期，因为不是经常性工作，各院系一般无专门工作人员接收管理档案，而是由辅导员或者其他党政管理人员兼任，导致工作专业性不够，收集材料质量参差不齐，档案管理时效性、规范性不够。

二、研究生档案管理的改进建议

(一)运用现代化管理技术，实现档案管理科学化

新《档案法》第一章第六条指出，国家鼓励和支持档案科学研究和技术创新，促进科技成果在档案收集、整理、保护、利用等方面的转化和应用，推动档案科技进步。高校作为科学研究的前沿，推动档案管理科学化信息化是应尽的责任，利用专业优势，运用现代化技术，如 RFID 技术、物联网、区块链等，促进档案管理在收、管、存、用整个生命周期生态化发展，促进档案科技进步。

(二)加强档案工作人才培养和队伍建设

新《档案法》第二章第十一条指出，国家加强档案工作人才培养和队伍建设，提高档案工作人员业务素质。档案工作人员应当忠于职守，遵纪守法，具备相应的专业知识与技能，其中档案专业人员可以按照国家有关规定评定专业技术职称。高校应加强对档案管理人员的培训、考核等工作，建立考核过关上岗机制，确保档案归档管理全过程的规范化，避免管理失误导致的档案内容丢失等事件发生。通过设立激励机制，鼓励档案管理人员在新《档案法》规定的范围内创新工作方式方法，发挥档案管理人员的主观能动性，促进档案管理工作顺利进行。

(三)明确归档范围，优化归档时间

当前，研究生档案管理工作规范性有待提高，尤其是在归档环节，哪些资料需要归档、哪些资料不能归档界限较模糊，高校应出台相应规定并加强培训宣传，让所有从事档案管理的工作人员明确归档内容，做到明确而统一，促进研究生更好地发展。同时应优化归档时间，使重要档案资料及时归档，避免档案材料的丢失。

(四)加强档案管理监督检查工作

新《档案法》第六章第四十二条指出，档案主管部门依照法律、行政法规有关档案管理的规定，可以对档案馆和机关、团体、企业事业单位以及其他组织的下列情况进行检查：档案工作责任制和管理制度落实情况；档案库房、设施、设备配置使用情况；档案工作人

员管理情况；档案收集、整理、保管、提供利用等情况；档案信息化建设和信息安全保障情况；对所属单位等的档案工作监督和指导情况。在高校档案管理过程中，高校档案馆等部门应按照法定的职权和程序对各院系档案管理情况开展监督检查工作，做到科学、公正、严格、高效，让档案管理在监督之下规范化进行。

随着时代的发展和技术的进步，档案管理的方法不断更新，高校作为科技前沿阵地，肩负着改革创新的重要职责，在档案管理科学化推进过程中，出现问题不可避免，不断总结思考实践，提高档案管理能力，更好地为高校立德树人服务，为培养社会主义建设者和接班人添砖加瓦。

◎ 参考文献

[1]周虹.高校档案管理信息化工作优化策略探讨[J].文化产业，2021(12)：124-125.

[2]杨金梅.信息化环境下高校档案管理中的问题及改善策略[J].兰台内外，2021(13)：34-36.

[3]胡宁玉，赵青杉，冯丽萍，王鸿斌，张静.基于区块链技术的高校学生档案管理研究[J].忻州师范学院学报，2021，37(2)：41-44.

[4]李桂虹.信息化背景下高校档案二作转型发展的路径[J].天津中德应用技术大学学报，2021(2)：36-39.

做好学院档案工作　服务学校师生员工

——基础医学院档案工作的做法与经验

武汉大学基础医学院　赵正安　张　思

　　档案管理是学校常规工作中的重要内容，在学校的工作中看似不起眼，但它却起着非常重要的作用，无论是培养自己的特色文化，还是提高教育质量，都发挥着它特有的作用，这项工作的质量可以很大程度上反映出学校管理的严谨程度。过去，我们都是手动操作，学校的教职工、学生人数相对较少，而现在随着学校的发展，教职员工、学生人数众多，事务繁杂，档案也更多，虽然档案管理工作引入了计算机管理系统，但还是不能完全用计算机代替人工操作。那么，在这种新形势下，我们要如何做好学校的档案管理工作，让其更好地为学校的发展提供支持。在此，本人结合自己的工作实践谈几点看法。

一、重视档案管理工作

　　档案管理工作的好坏，与学院领导的重视有着非常大的关系。领导重视，就会安排专业的档案管理人员来做这项工作，并且会经常注意这项工作的监督与检查，那么自然档案管理人员也不敢怠慢；反之，领导不重视，认为这个工作无须专业人员也能做，而且不必随时监督，只要工作人员有些耐心与细心便可做好，只是在需要的时候才想起过问一下，那么自然也是常常需要的时候找不到所需档案。我院领导十分重视档案，设置了档案员和立卷员，明确了党政办副主任担任档案员这项工作，既可以将档案管理工作与学院的其他工作联系也就更加紧密，也可以为其他工作更好地服务，自然也能做得更好。学院还专门为档案工作召开专门会议，安排布置及加强档案工作。

二、明确档案工作流程

　　学院的档案种类繁多，材料量大，且时间上比较集中，通常在开学或快放假的时候，工作量较大。如果没有一个清晰的工作流程，就会让我们的档案管理人员手忙脚乱。因此，我们要做好学院的档案管理工作，必须健全档案管理制度，明确档案工作的流程。这点学校档案馆给了我们强有力的指导，我们要做的就是严格按照学校档案馆的档案管理制度贯彻执行下去。像我们学院档案工作除了上交给学校档案馆的学生学位档案、学校获奖文件、毕业照等相关工作外，还有学生的发文档案、党员档案、纪检档案、保密档案、安全档案等。其中除学位档案由立卷员来负责外，其余工作均由档案员和党政办主任进行管理，再由领导把关，确保了档案工作的规范性。

三、提高档案工作者的素质

档案管理工作主要是我们的档案工作者去落实，所以，档案工作者素质的高低就决定着我们档案管理水平的高低，我们学院重点在以下四个方面作了要求：一是必须熟悉业务。档案管理工作者不仅要具有良好的政治素质，具有高度的组织纪律性，不泄密，还要熟悉业务知识，精通归档的专业基本知识，弄清档案的操作规程，对于档案管理中的每一步骤都烂熟于心，为此，每年我都会要求档案员和立卷员参加学校档案馆的学习，同时要求他们认真学习计算机信息技术知识的运用。二是必须要用心。这里说的用心，是指要多思考如何创造性地进行劳动，能更高效地完成。为了做好后面的工作，我们在收集时就要注意分类，这样收集，整理时就可以减轻自己的工作量。另外，档案的价值就在于它的真实，要保持它的真实性，要重视档案信息的更新与日常管理。这要求我们必须要勤快，对于新出现的资料，要及时归档，如果是补充前面的档案，我们也要马上整理放入进去，不能等到累积了很多再一起来整理，这样容易出错，且增加了我们工作的负担。三是必须要耐心。学校的档案工作属于爆发型的，往往会在某一段时间工作量特别大。平时较轻松，突然加大工作量，有时还时间特别紧，就容易让人烦躁。这个时候更需要我们静心，才能有条不紊地工作。四是请上级和学校档案部门的老师来我院对管理人员及档案员、立卷员进行档案知识的培训及归档资料的归档培训。

四、加强档案硬件建设

学院在房间及经费紧张的情况下，专门腾出一间大房间作为学院的档案资料室，添置档案柜、购置档案工具及用具，满足学院档案事业和工作的需要和发展。定期整理和编辑学院文件汇编，作为重要的文件资料保管和归档。

我 与 档 案

——研究生学位档案整理感悟

武汉大学药学院　李　俊

2020年11月正式开始接触研究生学位档案归档工作，不到一年的时间里整理了三届毕业生的档案，从一开始的茫然毫无头绪，到慢慢学习逐步熟悉，到现在的一些技巧感悟，经历的时间虽说不长，但感触颇多。

首先，对档案工作的认识从最初的空白到如今的基本掌握。在之前的工作中，对档案工作内容、重要性认知有限。自2020年下半年开始负责研究生学位档案归档，开始认知研读了我国《档案法》，正值《中华人民共和国档案法》于2020年年中修订，对档案法有了初步的了解和认识。档案是历史的真实记录，做好档案工作是维护党和国家历史真实面貌、保障人民群众根本利益的重要事业。结合学位档案归档，认识到学位档案整理工作是学生在读期间从事科研等相关工作直接形成的对国家和社会具有保存价值的各种不同形式的历史纪录，档案的完整与安全有利于社会各方面后期的利用。在理论学习的同时，学校档案馆也组织了数次培训讲座，为我们提供了业务支持，同时档案馆老师亲临学院，一对一提供指导，及时解答档案业务工作中遇到的难题。

对于我尚浅的学位档案整理工作经历，仍有不少感悟。研究生学位档案整理工作是一件繁琐、细致且耗时的事情，每一届的毕业档案有100多份，每一份档案需要认真检查，每个空格是否有填写，签字处是否有遗漏，盖章的地方有无缺失，看似千篇一律，但每份档案都存在千差万别，需要沉下心慢慢检查。学生自身对于学位档案存档的重要性和必要性认识存在不足，大部分研究生在答辩结束后急于办理离校手续，更重要的是他们并没有意识到研究生期间所有工作的真实性和完整性对国家和社会产生的价值，因此往往忽略这一方面的工作。我们也将在新生入学后加强学生档案相关知识的培训，增强学生档案收集、整理、保护方面的意识，同时在学生培养过程中开始档案的收集，避免集中到学生答辩结束后进行。

随着网络和信息技术的快速发展，大数据、云计算、人工智能研究应用越来越深入，档案整理工作也应随之进行变革。《档案法》第五章提出关于档案信息化建设，国家目前也正推进档案信息资源共享服务平台建设，通过加强数字档案馆建设和电子档案管理实现效率的提升，提高服务能力。与此同时数字档案建设已经纳入《国家电子文件管理"十三五"规划》，成为国家信息化工作的一项重要安排。因此档案由纸版向电子化存档的转化是大势所趋。

在研究生学位档案整理过程中，我们逐渐也发现档案整理工作和学生管理工作也可以理应更好地结合起来，在纸版存档的基础上，逐步推行电子化存档，并慢慢过渡到完全的电子化管理，实现百分百无纸化档案，这将大大地为档案的存储及利用提供便利，增加档案员的工作效率，提高服务质量。当然中间可能还需要电子信息、计算机等学科的参与建设，其安全性等方面的问题也有待研究。在我所负责的研究生学位档案中，主要涉及的是研究生入学登记表、学位授予证明、学位申请表、成绩单、开题报告、毕业登记表等。而研究生管理系统中研究生在学习期间需要完成的就包括开题报告、成绩单，而学位申请表也可以实现电子化，并纳入到研究生的管理系统中，毕业登记表和入学登记表也可以实现电子化，并实现层次审核管理机制，导师、分管领导、学院逐级审核加盖签章。因此，如果研究生管理系统能与档案馆直接对接，在学生完成学业之后，从管理系统中直接推送学生的开题报告、成绩单、学位申请表、学位授予证明等相关信息，形成电子版的学位档案。如若能实现，一方面能加快档案的整理流程，简化过程，提升效率，另一方面为档案的利用创造条件、提供便利，更有利于主管部门的监督指导。

回首过去，总结经验，立足当下，展望未来。我们将继续加强学习，提升业务水平，平时多在学生中通过专题讲座等方式，增强学生档案存档方面的意识，明确档案工作的整个工作流程和相关人员安排，在学生培养过程中的不同时间节点，收集相应档案，罗列整理要求，档案清点、交接程序及日常保管需要合理的工作方案，同时也需要加强监管和检查，避免出现交接工作造成的遗失。经常查漏补缺，不断完善工作制度，将档案工作提上一个新台阶。同时我们也将在档案整理过程中尝试引入电子化存档，在原有档案工作基础之上推陈出新，主动创新求变，更好地做好研究生学位档案整理工作。

关于高校档案文化资源开发的思考

武汉大学档案馆 雷 虹

随着社会经济的发展和人民生活水平的提高，我国档案事业也取得了快速的发展，高校档案工作也取得了明显成效。档案既是文化资源，又是文化载体，档案文化的基本内涵是记录、记忆，基本特征是原始性、客观性，基本功能是传世、传承。档案不仅应满足社会对档案的凭证和查考需求，而且要满足社会广泛的文化需求。然而高校长期以来以保管为主，"无为无位"的工作理念，难以发挥档案的作用与价值，因此加强对高校档案文化产品的开发，拓展档案工作内涵，彰显档案文化价值，应当是高校档案工作的着力点，也是实现"有为有位"的重要手段。

一、高校档案文化资源开发的现状与原因分析

高校档案工作就其内涵来讲，应该包括三个层面：即档案工作的基础层面，档案管理；档案工作核心层面，档案文化建设；档案工作的外围层面，档案服务拓展。从内在联系来看，这三个层面是相互依存、相互促进的。档案管理是档案文化建设及服务拓展的基础，档案文化建设是深化档案管理的重要途径，档案的服务拓展又是把档案工作做大做强的重要手段。然而，高校档案事业与时代的发展要求还存在一定距离，高校的档案工作主要围绕档案管理展开，即侧重于档案的收集、整理、鉴定、保管、统计、查阅等，在一定程度上忽略了档案文化资源开发利用。高校的档案工作过于注重档案的信息价值，偏重了管理与保管，而较少注意到档案文化价值，没有生产出能够满足不同层次人群需求的文化产品。究其原因主要有以下几个方面。

(一) 历史原因

新中国成立初期高校档案管理大体包括两部分：一是对文书档案的管理，文书档案包括高校工作安排、来往文件、会议决议记录等方面的内容，一般由高校党委办公室负责。二是对科技档案的管理，涉及教学、科研、基建等方面的内容，一般由高校校长办公室负

责管理。早期高校管理具有探索性与保密性的特征，主要探索档案管理涉及什么内容、是否可以公开、应建立什么样的管理体制和机制等，总之以查考凭证为目的，以安全性、保密性为原则。同时由于历史上的官本位思想，形成了档案重管理的思维定式。

1989年国家教委颁布《普通高等学校档案管理办法》(教育部6号令)，高校档案工作逐步步入规范化轨道。2008年教育部和国家档案局颁布了《高等学校档案管理办法》(教育部第27号令)，根据高校档案工作现实需要对高校档案工作的体制机制进行了调整。2014年中共中央、国务院办公厅印发了《关于加强和改进新形势下档案工作的意见》，要求建立档案工作的体制机制，建立健全覆盖人民群众的档案资源体系，方便人民群众利用的档案利用体系和确保档案安全的档案安全体系。这样更强调了加强档案管理的重要性，强化了档案管理的思维定式，即一谈到档案工作就是认为如何做好档案的收集、整理、保管和信息化等工作，以及围绕这些环节如何加强档案指导监督、信息化和安全保管等，把自己的岗位职责定位于档案保管员，完全忽视了自身承担的高等教育使命和高校文化传承使命。

(二)档案学科分类原因

档案学作为一门学科在新中国成立初期属于历史学范畴，专业课涉及文书学、文献古籍学、中国近代史等方面，学生毕业授予历史学学位。1997年国家对学科进行了调整，档案学被划归到管理学，其课程设置就围绕档案管理进行，原来侧重人文历史的课程就很少了。近年来培养的档案人才都是偏向于档案管理型的，文化型的人才相对缺失，进入高校档案部门工作的往往也都是偏重管理型的档案专业人才，这一现状使得高校档案文化建设难以取得成效。

(三)高校文化资源开发的不均衡性

目前高校档案文化资源开发利用存在不均衡性，具体来说，有重视开发利用、进行一般性开发利用和没有开发利用三种情况。重视开发利用的高校一般是建校历史长、文化底蕴深厚的学校，如北京大学、上海交通大学、武汉大学等，这类高校一般都有专门的工作机构和工作人员，在校档案馆类设置有校史研究室或编研室等，取得了大量的档案编研文化成果。一般性开发利用的高校以普通本科院校居多，一般没有专门的机构和人员，这类高校的开发利用多是结合校庆等重大活动进行的，如结合校庆编辑出版校史校志，为校史布展提供资料等。没有进行开发的院校主要是成立时间短的职业院校，档案员多是兼职人员，没有专门的机构和人员从事档案文化资源开发。

(四)高校档案文化产品深度和广度不够

高校档案文化产品或成果包括以文字为主的档案文化产品和以图片为主的文化产品。

目前各高校结合学校校庆、宣传等工作，以档案材料为基础，编撰出版校史、校志和年鉴等系列文化产品，这类主要属于原始档案材料的基础性汇编工作，档案文化产品的广度和深度都不够，总体而言是编多研少，史料汇编甚至堆砌的情况较多，研究归纳的总结得不多。以图片为主的文化产品主要指校史展览或专题展览，这类也存在开发广度不够、覆盖面有限的情况，展览的格式化、流程化味道重，对广大校友和社会参观者需求满足有限。

二、高校档案工作着力点的主要措施

改变或重新定位高校档案工作的着力点，需要加强高校档案文化建设；加强高校档案文化建设，需要从文化的视角，从实现档案文化功能出发，做好档案的收集、管理和开发利用服务工作，将高校档案文化建设渗透到档案收管用的各个环节。

(一) 要树立管用结合，以用为主的工作理念

高校档案文化资源没有得到很好的开发利用，首先是认识上的问题。长期以来，我国档案工作逐步形成了以保管为主的惯性思维。改革开放以后，档案的开发利用慢慢被提上议事日程、但受传统习惯及惯性思维的影响，档案的开发利用工作一直进展缓慢。高校档案工作是国家档案工作的一部分，不可避免地会受到整个大环境的影响，因而也处于以保管为主的状态。高校档案工作应该紧跟形势的发展，重新考虑档案工作的时代要求，要努力实现高校档案工作的三个转变，即由实体管理向知识管理转变，由档案实体保管向档案知识管理、知识提供及决策咨询转变，由"以管为主"向"管用结合"转变。这就要求高校档案部门必须树立正确认识，重新考虑档案的价值，把档案的文化价值提上议事日程，重点考虑如何以档案为原材料，经过加工生产出高质量的档案文化产品，改变档案不能用、不能随便用的陈旧观念。同时，高校档案工作者还要带动高校其他教职工转变观念、树立正确认识，特别要积极争取高校领导的重视、领导认识到位了、重视充分了，档案资源开发利用工作才会有人才的支撑和财力的保障，这样档案资源开发利用工作才会有广阔的需求市场。

(二) 加强对专门人才的培养

开发档案文化资源，人才是关键因素。一要加大对人才的引进力度，要选取具有历史、教育专业背景的且取得硕士、博士学位的人才留下来；二要对现有人才进行转型升级，将原来习惯于对档案进行管理的人才转变为能够做好档案开发利用工作的人才。人才的转型需要补充新的知识，如学习中外历史、高等教育史、中国文献编纂学、文书学等。古人在利用档案修史时，对工作人员提出四个方面的要求，至今仍有借鉴意义。先人刘知

幾、章学诚、梁启超等对利用档案材料修史者提出了"史德、史识、史才、史学"的"四史"的要求。史德，即修史时要坚持秉笔直书的精神；史识，就是能够通过分析大量的史实，得出客观的结论；史才，主要是写文章有文采，掌握古人所谓的"辞章之学"，以及具备收集鉴别史料的能力，作为一个修史者，能用简洁、明晰、准确的文字表达出深邃的思想，应该是修史者的最高境界；史学，是指学识，即具有一定的历史专业知识。对于修史者来说，既要掌握史学各门的基本知识，还应具备广博的人文知识基础。

人才的培养还需加强实践练习，要在学习补充史学的基础上，结合档案材料进行练习，在熟悉档案材料的基础上，由浅入深地开展档案文化资源的挖掘；要全员、全年、全方位地参与档案编研和档案文化建设，让每一位档案人从档案编研的门外汉成为行家里手。同时，在档案编研和文化资源开发的过程中，还要不断提高档案人员素质，使其不仅要有甘于清贫、乐于奉献的思想素质，更要有知识面广、技术过硬的业务素质。

(三) 在开发内容上多措并举

一要根据自身情况因地制宜。不同的高校档案文化资源占有情况不同，应该根据各自情况因地制宜地开展工作。要结合单位人财物的基本情况，有计划地向前推进。综合型、人文型、历史悠久型的高校，应该对学校的档案文化资源进行全面开发；理工科类型的高校可考虑着重开发对实现人才培养、科学研究功能有帮助的档案文化资源；其他类型的高校可根据自身实际情况进行开发。就高校内部来看，一是可以结合工作需要，与高校各部门合作。如校庆需要编写校史，就可以与校办，宣传部、教育学院等部门合作；如果院庆需要编写院史，可以联合学院进行；如果学校的一些职能部门需要总结自己的工作历史，则可以合作编写部门发展史(组织史，研究生教育发展史、学科建设发展史等)。二是档案馆还可与高校个人合作，如结合本校专家学者开展研究、硕博士论文写作等需要，与他们合作开发档案资源。就学校外部来看，可以以课题、成果共享等形式，与校外科研机构、档案部门以及个人开展合作编研等。

(四) 档案文化资源开发要提前谋划

档案文化资源的开发，还应该抓住时间节点或重要契机。校庆是一项涉及面广的学校庆典活动，应该抓住这一契机开发系列档案文化产品。除此之外，还应该抓住一些特殊的纪念活动开展资源发掘工作，如学术大师的诞辰纪念、大学校长的治校纪念、学科发展庆典等，都可以开发系列档案文化产品。

总之，高校档案工作者承担为党管档、为国守史、为校传史的神圣职责，要全面熟悉和掌握档案馆档案资源的内容，思考高等教育规律和文化特点，研究社会需求的热点和满足其文化需求的形式，找准推动高校档案工作的着力点、切入点，努力编写出更多的反映高校发展历史、学科发展规律和广大师生喜闻乐见的优秀档案文化作品，把高校档案文化建设做实、做深、做强、做大。

◎ 参考文献

[1] 鞠建林. 解放思想　创新思维　大力实施档案文化建设战略[N]. 中国档案报，2011-9-9(3).

[2] 杨冬权. 谈档案与文化建设——在2012年全国档案工作年会上的讲话[N]. 中国档案报，2012-11-08(1).

[3] 涂上飙. 高校档案文化资源开发研究[J]. 浙江档案，2016(12).

[4] 涂上飙. 高校档案文化资源开发利用的不平衡性及改进对策[J]. 浙江档案，2017(12).

[5] 吴绪成. 中国档案资源与档案文化建设[M]. 武汉：湖北人民出版社，2015.

[6] 涂上飙. 高校档案工作的三个层面研究[J]. 浙江档案，2019(1).

参加《档案法》宣传的一段往事

武汉大学档案馆　罗伟昌

《中华人民共和国档案法》是为了加强档案管理，规范档案收集、整理工作，有效保护和利用档案，提高档案信息化建设水平，推进国家治理体系和治理能力现代化，为中国特色社会主义事业服务，制定的法律。《档案法》于 1987 年 9 月 5 日第六届全国人民代表大会常务委员会第二十二次会议通过；2020 年 6 月 20 日，第十三届全国人民代表大会常务委员会第十九次会议修订，自 2021 年 1 月 1 日起施行。

一、往 事 回 忆

我了解《档案法》是在到档案馆工作不久，一晃已有 15 年了。那时档案馆编有一本《武汉大学档案工作制度汇编》，为尽快地进入角色，熟悉工作，我认真地原原本本地学习了相关制度，第一次知道了档案机构设置及其职责、档案的管理、档案的利用和公布与法律责任等，至今我还保留着那一本，上面留着我密密麻麻的笔记，有位同事戏称为中学生的笔记。

2007 年 9 月 4 日，恰逢《档案法》颁布 20 周年，省档案局组织了纪念《档案法》颁布 20 周年街头宣传活动，邀请武汉大学档案馆以及省委办公厅等 18 家省直单位参加了本次活动。为了做好本次宣传，校档案馆高度重视，认真准备，组织部分工作人员，利用假期加班加点，精心制作了宣传展板、印制了宣传资料，内容包括我校档案工作制度建设与资源建设、执法检查与业务培训、馆藏珍品与领导关怀，以及我校档案工作的成绩和荣誉。我校精美的宣传展板和宣传资料、热情周到的咨询服务，受到了社会各界人士的好评，1000 多册宣传资料发放一空。通过本次活动，宣传了学校档案工作取得的成绩，在提高全社会的档案意识和普及档案法治观念发挥了一定的作用。

在那次展览中，档案馆展出的档案珍品除了湖广总督张之洞 1893 年申请创办自强学堂奏折、武汉大学早期建筑设计图纸外，还有一份清宣统二年（1910 年）李裕钟湖北方言学堂毕业凭照的复印件。当时众多省领导专家都非常感兴趣，但都不确定是不是现存的湖

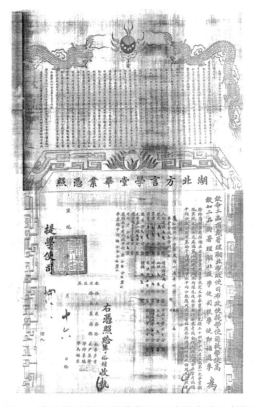

图 1　清宣统元年赵梦慈湖北法政学堂毕业凭照

北最早的文凭，为什么前面有一段慈禧的懿旨，学校可否征集等等。

这张湖北方言学堂的凭照因繁体字较多，文字也晦涩难懂，我从没有认真看完过，但这些疑问也一直伴随我至今。

今年 5 月 8 日，机关与直属单位党委办公室党支部与档案馆党支部联合开展了党史学习教育主题党日活动，共赴湖北省档案馆参观"丰碑——庆祝新中国成立 70 周年暨湖北解放 70 周年档案史料展"和"领袖与人民——毛泽东在湖北照片档案展"。其间还参观特藏室的档案珍品，我看到了一张清宣统元年（1909 年）赵梦慈湖北法政学堂毕业凭照，样式与李裕钟湖北方言学堂毕业凭照一模一样，周围有木刻花纹图案。其上方印有慈禧太后的上谕，顶部四周配有二龙戏珠及祥云图案。不同的有三处，一是标题，"湖北方言学堂毕业凭照"直接印在中间，"湖北法政学堂毕业凭照"中间只有"凭照"二字。二是落款，湖北方言学堂毕业凭照有教务长、斋务长、庶务长和监学等，湖北法政学堂湖广总督部堂兼管巡抚事、湖北全省提学使司提学等，也许是因为办学规模不一样。三是一个是原件，湖北法政学堂毕业凭照这张文凭距今百余年仍完好如初，整幅文凭布局大气合理，形式古朴大方，是清末湖北省办新式学堂的历史见证，既具有较高的史料价值，又是精美的收藏品；但湖北方言学堂毕业凭照是复印件，复制件都算不上，价值就不可同日而语。听说当时这张文凭的拥有者出价太高，学校财力有限，没有征集成功。

二、慈禧懿旨内容

为什么凭照前面会有一段慈禧的懿旨，通过查阅资料了解到：1904 年，湖广总督张之洞、荣庆等人修订的《奏定学堂章程》颁布实施，史称"癸卯学制"，"修业文凭"的概念第一次走进中国，并规定要全文刊载光绪关于办学、治学、奖惩等内容的圣旨。这道圣旨是光绪根据慈禧关于教育懿旨要求颁发的，是 1907 年后各种毕业证上必须刊载的官方语录，因为最后一句就是"此旨即着管学各衙门暨大小各学堂，一体恭录一通，悬挂堂上，凡各学堂毕业生文凭，均将此旨刊录于前，俾昭法守"。

懿旨用了慈禧尊号全称，现将懿旨断句整理如下（中间少许字迹模糊，可以辨认或断句不准）：

光绪三十三年十一月二十一日奉

上谕朕钦奉：

慈禧端佑康颐昭豫庄诚寿恭钦献崇熙皇太后懿旨：国家兴贤育才，采取前代学制及东西各国成法，创设各等学堂。节经谕令学务大臣等详拟章程，奏经核定降旨颁行。奖励之途甚优，重戒之法亦甚备。如不准干预国家政治及离经叛道、联盟纠众立会演说等事，均经悬为厉禁。原期海内人士束身规矩，造就成材，所以勖望之者甚厚，乃比年以来，士习颇见浇漓，每每不能专心力学，勉造通儒，动思逾越范围干预外事：或侮辱官师，或违抗教令背弃圣教，擅改课程，变易衣冠，武断乡里，甚至本省大吏拒而不纳国家要政，任意要求。动辄捏写学堂全体空名电达枢部，不考事理肆口诋欺，以至无知愚民随声附和，奸徒游匪藉端煽惑，大为世道人心之害。不独中国前史、本朝法制无此学风，即各国学堂亦无此等恶习。士为四民之首，士风如此，则民俗之敝随之治理将不可问。欲挽颓风非大加整饬不可。着学部通行京外有关学务各衙门，将学堂管理禁令定章，广为刊布，严切申明，并将考核劝诫办法前章有未备者补行增订，责令实力奉行。顺天府尹各省督抚及提学使皆有教士责，乃往往任其逾越远道千誉，貌似姑息见好实系裁贼人才。即如近来京外各学堂纠众生事，发电妄言者纷纷皆是。然亦有数省学堂从不曰位妄为者是教法之善否，即为士习之优劣，所由判确有明从嗣，从该府尹督抚提学使务须于各学堂监督提调堂长监学教员等慎选器使督饬妥办。总之，以圣教为宗，以艺能为辅，以理法为范围，以明伦爱国为实效，若其始敢为离经叛道之论，其究必终为犯上作乱之人。盖艺能不优可以补习，智识不广可以观摩，唯此根本一差，则无从挽救。故不率教必予屏除，以免败群之累。违法律必加惩儆，以防履霜之渐。并著学部随时选派视学官分往各处，认真考察，如有废弃读经讲经、功课荒弃、国文不习而教员不问者，品行不端、不安本分而管理员不加惩革者，不惟学生立即屏斥惩罚，其教员管理员一并重处，决不姑宽。倘该府尹、督抚、提学使等仍敢漫不经心，视学务一习为缓图，一味徇情畏事，以致育才之举转为酿乱之阶，除查明该学堂、教员、管理员严惩外，恐该府尹、督抚、提学使及管学之将军都统等均不能当此重咎也。其各懔遵奉行，俾令各学堂敦品励学化行俗美贤才众多以副。朝廷造士安民之旨意。

此旨即着管学各衙门暨大小各学堂，一体恭录一通，悬挂堂上。凡各学堂毕业生文凭均将此旨刊录于前，俾昭法守。

　　钦此。

三、毕业凭照的内容

钦命二品顶戴署理湖北布政使司布政使提学使司提学使高

钦加二品衔署理湖北提学使司提学使即补道李

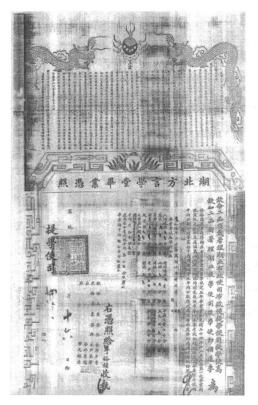

图2　湖北方言学堂毕业凭照

发给凭照事照得湖北方言学堂照旧章限定五年毕业于光绪三十四年十二月届满第一次毕业期限宣统元年十月届满第二次毕业期限均经先后照章举行毕业考试合行先按照五年毕业考试总平均分数分别等第给予凭照查该学生平均分数应列最优等相应发给凭照以为执证须至凭照者

计开

李裕钟年二十七岁，湖北省黄州府厅生

毕业考试各学科分数

人伦道德：八十分 厘 读经讲经：九十分 厘 中国文学：六十分 厘

历史：五十分 厘 地理：八五分 厘 英文：七五分 厘

算学：一百分 厘 博物：八二分 厘 物理及化学：七六分 厘

国画：七十分 厘 交涉学：七十分 厘 理财学：八十分 厘

教育学：八十分 厘 体操：九五分 厘 文学第二题：六五分 厘

总计一千一百五十八分 厘

平均七十七分二 厘

历期历年考试总平均分 八十六分七厘八

毕业总平均 八十一分九厘九

右凭照给李裕钟收执

教务长兼斋务长：李步青，庶务长兼斋务长：尹集馨，监学：邱东阳

监学 马毓京

宣统二年五月十六日给

四、感　言

马上又要到"6·9"国际档案日了，每一年的国际档案日都有明确主题，今年的是"档案话百年"，不由得想起了这两张武汉大学早期办学的两份文凭，希望早日征集回归学校。

加强红色档案资源建设　发挥红色档案文化功能

——以武汉大学档案馆为例

武汉大学档案馆　秦　然

红色档案作为中国共产党领导人民革命和建设实践的原始记录，承载了中国共产党人的初心和使命，蕴藏着丰厚的政治内涵、精神内涵和文化内涵。武汉大学作为百年名校，具有丰厚的红色档案资源，深入研究武汉大学红色档案资源的建设与开发，对于弘扬以爱国主义为核心的民族精神和以改革创新为核心的时代精神，加强社会主义核心价值体系建设具有非常重要的作用，同时也是武汉大学建设"中国特色、世界一流"大学的重要力量源泉。

2020年1月8日，在"不忘初心、牢记使命"主题教育总结大会上的讲话中，习近平总书记强调，"要把学习贯彻党的创新理论作为思想武装的重中之重，同学习马克思主义基本原理贯通起来，同学习党史、新中国史、改革开放史、社会主义发展史结合起来"。因此，如何加强红色档案资源建设，将其与习近平总书记提出的"四史"相结合并发挥其独特的价值，是亟须关注的问题。

一、红色档案馆藏情况

武汉大学档案馆馆藏全部档案（包括财务档案）为44万余卷，馆藏图书资料1.3万多册。在这批档案中，珍藏着建国前中国共产党在武大的组织与活动经历，记录了武汉大学早期师生革命活动的历史细节。

（一）杰出人物的光辉历程

武汉大学档案馆藏历史档案保存了中共一大代表李达、李汉俊、陈潭秋、董必武以及周佛海在武大的活动轨迹，记载了董必武、陈潭秋等人在武汉乃至湖北地区宣传马克思主义理论的事迹，保留了中共一大代表在武大任职时期的珍贵照片。武汉大学档案馆还珍藏着抗战时期周恩来、邓颖超在珞珈山会见美国记者埃德加·斯诺等文化要人的照片、给武汉大学学生的亲笔签名，以及周恩来在武汉大学发表演讲、给军官训练团授课的回忆文章等；1958 年 9 月毛泽东、张治中等来校视察的照片；江泽民、李鹏、刘华清、李岚清、董必武、郭沫若等为武大校庆的题词；罗荣桓、叶剑英来校视察、接见武大师生的照片等。

(二) 无闻师生的英勇付出

在武汉大学档案馆藏历史档案中，还有大批档案记载了武大师生在历史上的奋斗故事。如曾任国立武昌中山大学教授的何羽道，他按照马克思主义的经济学观点，编写适合中国国情的经济学讲义，并将其住宅作为共产党的地下联络处；1916 年考入国立武昌高等师范学校，被董必武称为"红色教育家"的钱亦石，是共产党湖北党部早期创始人；1923 年考入湖北省立医学专门学校的邹聘三，在其诊所内秘密从事党的地下工作；1923 年在国立武昌高师毕业留校任教的何子述，加入董必武、陈潭秋组织的共产主义小组，组织全校师生罢课、游行演讲，成为当时武汉地区反帝斗争的中坚力量；1927 年到国立武昌中山大学社会历史学系任教授的林可彝，成为该校党组织的负责人，从事学运和工运工作等。历史上武大因革命而牺牲的师生不胜枚举，武大档案馆中至今还保留着这群师生烈士的教学讲义、入学学籍表以及珍贵的照片。

(三) 重大历程的文献记录

武汉大学档案馆保存有丰富翔实的党史相关文献，为研究中国共产党的发展历史以及学校党组织的建设历史等奠定了坚实的基础。包括：抗战时期学校师生为抗战宣传发表的演讲稿、书稿，国立武汉大学学生救国会章程，师生为抗战军队捐款捐物的原始凭证，毅然从军参加抗战的学生名单等；1947 年学校师生在中共地下党的领导下参加全国范围内的"反饥饿、反内战、反迫害"运动过程中，发生震惊中外的"六一惨案"后，学校整理的反映惨案详细过程的文献《血债》；1958 年 9 月 12 日毛泽东主席视察武汉大学物理系和化学系工厂，以及与武汉大学、武汉水利电力学院、武汉测量制图学院、中南民族学院四校党政负责人及师生 13000 余人见面的照片，以及当时学校的报道《毛泽东在武大》宣传册等档案文献。

二、红色档案资源建设

(一) 实施红色档案的收集和抢救

做好红色文化档案资源挖掘工作，首先要做好红色文化档案的收集、整理和资源建设工作。档案部门可以采取与政府、学校、博物馆、其他档案馆合力采取征集红色文化档案的方式，鼓励珍贵档案持有者捐赠或寄存档案，防止珍贵红色文化档案资源的损毁、遗失，让更多的红色文化档案能被及时发现。同时，从馆内现存档案出发，将档案进行分类梳理，在此基础上再去挖掘相关的红色文化档案。如需挖掘某位烈士的生平，首先可以将这位烈士的现有的基本档案和资料率先进行整理，然后去采访可能了解情况的老前辈，在采访中尽可能获取烈士的故事和相关材料，如照片、使用物品、亲笔书信等资料，最后再进行系统地整理，将红色历史人物、重大历史事件、红色文物等系统地整合，实现各类档案与红色档案资源的互补，建立相应的红色档案资料。

(二) 整合共建共享红色档案资源

红色档案中记录的历史事件与人物往往是相互关联、不可分割的，红色文化档案形成时期的特殊性导致了其存在部分流失、分布地域广泛、保密性强的情况，档案部门对其收集往往存在缺失的部分，还可能存在不同档案机关彼此独立地征集、整理、保管红色档案的情况，打破了原有红色文化档案的完整性。档案部门需要发挥馆际合作整合红色文化档案资源中的作用。在开展红色档案征集、整理项目时，可以联系与所收集档案有关系的地方档案馆或者是博物馆，合理开展档案工作。以事件、人物、时间等为线索，将各个档案馆的红色文化档案资源进行系统化的整理编研，更好地整合红色文化档案资源。同时，也扩大了档案征集的范围，让更多的红色档案被收集、整理存档，形成完整、丰富、全面的红色档案汇编。

(三) 口述历史和民间红色档案征集

口述历史可以在现有红色文化档案缺失的情况下，由口述者来补充、提供相关的故事和资料。口述者往往是参与到革命的同志或者是其家属、亲戚，抑或者是革命经过地区的普通民众，他们手中可能会有保存下来的珍贵的档案、图书、照片等资料，通过口述，可以尽量补充对某一红色人物、红色事件的记录。口述者在一定程度上会带有主观意识，不能完全地从客观的角度去讲述"真正的史实"，需要档案工作者在后期对口述内容进行详细的考证，确认没有问题后方能将其整理入档。除此之外，对民间红色文化档案的征集也非常重要。为了保护党的文件等重要资料，有很多的红色档案被寄存在老百姓的家里。档案工作者就需要在挖掘红色文化资源工作的时候，去所涉及的地方进行实地走访，去地方图书馆、档案部门查档，或者是去采访村民来获得信息。

(四) 挖掘校史里的红色档案资源

从 1921 年到 2021 年，武汉大学的校史与中国共产党党史相互融合。从董必武、陈潭秋等人参加中共一大到抗战中无数的武大师生参与抗战，武汉大学始终与党同呼吸共命运。武汉大学档案馆藏历史档案保存了大量抗战时期武大师生的事迹、活动档案。作为民国四大名校之一的武汉大学，他本身带有深厚的红色烙印。若要深入挖掘武汉大学的红色文化档案资源，这就要求档案工作者从武汉大学校史出发，研究这个时间段武大师生的活动轨迹，从中找寻红色档案的线索，后根据人物或者是事件的线索来整理档案。在校史中挖掘红色文化档案，同时也能在挖掘红色档案的同时发现遗漏的校史档案。

让红色档案充分发挥其价值，让国人感受到历史的温度，是每一位档案从业者的职责。高校档案馆要做好红色文化档案资源建设工作，让更多的红色文化档案面世，用好用活红色档案资源，讲好党史故事、传承红色基因，为建设中国特色社会主义道路、实现中华民族伟大复兴的中国梦贡献档案的力量。

新《档案法》与高校档案工作现代化

武汉大学档案馆　　徐　莉

《档案法》是档案工作的基本法，自 1987 年颁布施行以后，经历了两次修订。十三届全国人大常委会第十九次会议于 2020 年 6 月 20 日通过新修订的档案法，是档案法治建设进程中的重要里程碑。这次修订是档案工作适应国家治理体系和治理能力现代化要求的重要标志，是贯彻落实习近平总书记关于档案工作"三个走向"重要指示的集中体现，为高校档案工作走向现代化指明了方向、提供了遵循。

一、新《档案法》体现了鲜明的现代化取向

一是体现了档案治理体系现代化的要求。推进国家治理体系和治理能力现代化，首要的是坚持和完善党的领导制度体系。新《档案法》明确提出"坚持中国共产党对档案工作的领导"，以法律形式固化档案工作政治定位，进一步健全党对档案工作的领导制度，为推进档案治理体系现代化提供坚强政治保障。在此基础上，新《档案法》发挥立法在国家治理体系和治理能力现代化中的引领和保障作用，重点强化了档案主管部门和档案馆的职责任务。新《档案法》新增一章"监督检查"，明确规定了档案主管部门开展监督检查的内容范围、程序方法、违法行为线索处置和纪律要求等作出了具体规定，发挥档案主管部门在推动档案治理体系现代化中的主管作用，进一步提高档案治理效能。在第二十六条、三十三条、三十四条等增设内容，明确档案馆在突发事件档案管理、档案研究和档案宣传教育等方面的新职责，发挥档案馆在推进档案治理体系现代化中的主体作用，进一步扩大档案治理效益。

二是体现了档案管理能力现代化的要求。信息时代环境下，档案工作的内外环境发生了深刻变化，新的档案记录形式和管理方式不断产生，档案工作面临从传统载体管理向数字管理转型升级的重大挑战。新《档案法》以法律形式回应了这些挑战，新增了"档案的信息化建设"专章，以信息化为核心，从三个方面推动实现档案管理现代化。①规定了各类主体的档案信息化责任，各级人民政府应当将档案信息化纳入信息化发展规划，档案馆和

机关、团体、企业事业单位以及其他组织应当加强档案信息化建设，并采取措施保障档案信息安全，档案馆负责档案数字资源的收集、保存和提供利用。②规定了电子档案与传统载体档案具有同等效力，电子档案可以以电子形式作为凭证使用，应当通过适当的介质向档案馆移交，首次明确电子档案的法律效力和凭证作用。③规定了档案信息化内容，机关、团体、企业事业和其他组织应当积极推进电子档案管理信息系统建设，与办公自动化、业务系统等相互衔接，国家鼓励和支持推进传统载体档案数字化，推动档案数字资源跨区域、跨部门共享利用。

三是体现了档案服务水平现代化的要求。新《档案法》秉持服务经济社会发展、让人民群众共享档案事业发展成果的价值取向，推动档案服务向现代化迈进。如第二十七条在扩大档案开发方面迈出了新步伐，将档案向社会开放的期限由三十年缩短为二十五年。第二十八条要求档案馆不断完善利用规则，创新服务形式，强化服务功能，提高服务水平，第三十三条要求档案馆为国家机关制定法律、法规、政策为开展有关问题研究提供支持和便利。第三十四条鼓励档案馆开发利用馆藏档案，通过开展专题展览、公益讲座、媒体宣传等活动，进行爱国主义、集体主义、中国特色社会主义教育，传承发展中华优秀传统文化，继承革命文化，发展社会主义先进文化，增强文化自信，弘扬社会主义核心价值观。这些要求是档案工作坚持与时俱进、积极回应社会关切、着力建设现代档案馆的重要体现。

二、新《档案法》对于高校档案工作现代化的意义

一是为完善高校档案治理体系发挥了引领作用。新《档案法》从根本上回答了档案"为谁而管、为谁所用"的问题，贯穿了"为党管档、为国守史、为民服务"的神圣职责，有利于高校充分发挥党管档案工作的体制优势，确保档案事业沿着正确的方向前进。新《档案法》理顺了各类档案活动主体的职责，对于企事业单位、档案馆、档案工作人员提出了具体要求，有利于高校进一步完善档案工作管理体制，建立上下贯通、执行有力的档案工作治理体系。新《档案法》补齐原有法律制度的不足和短板，从法律层面对档案治理体系进行了系统性的完善，随着高校深入贯彻落实新《档案法》，将使高校档案治理体系更加科学、更加高效。

二是为强化高校档案管理能力指明了方向。新《档案法》新增了档案科技创新、宣传教育、交流合作、社会力量参与、人才队伍、档案工作责任制、归档范围、安全风险管理等具体规定，这些新规定既是长期以来档案工作经验的积累和固化，也是推进对未来档案工作的新起点，体现了党和国家对档案工作不断走向现代化的新要求，为高校加强档案工作管理指明了前进的方向。特别是新《档案法》突出强调了对档案信息化建设的要求，与当前

高校推进"智慧校园"建设进程高度契合，切实提升档案信息化建设水平，对于高校实现信息化、数字化起着基础性保障作用，是当前增强高校档案管理能力的重要方面。

三是为提升高校档案服务水平提供了遵循。新《档案法》坚持人民立场，进一步推动档案的开放和利用，也是档案工作现代化的重要内涵。高校档案部门管理着丰富的档案资源，推动档案有序开放、有效利用，让高校档案库房中沉睡的档案"醒过来、活起来、用起来"，积极响应政府各单位、社会各机构、学校各部门以及师生校友的查阅利用需求，也是其题中之义。新档案法对于档案的利用和公布做出了明确而具体的规定，对于高校档案部门规范地提供档案服务供给，有效保障各类机构和公民享有的依法利用档案的权利，提出了明确的要求，也为提高高校档案服务水平提供了法律规范。

三、新《档案法》背景下推进高校档案工作现代化的措施

一是要做好新《档案法》的宣传和解读工作。高校档案工作需要全社会的参与，需要档案形成者、档案保护的参与者、档案的利用者等各类主体切实提高档案意识，新《档案法》颁布实施是提高档案意识的良好契机。高校应抓住机会，做好新《档案法》的普及宣传工作，通过组织学习宣讲、开展专题培训、借助新媒体等方式，开展有针对性的宣传和解读，帮助学校各部门、全体师生及相关人员掌握档案法律知识，强化档案意识，提高对档案工作的认知。高校档案馆工作者要把掌握和运用档案法作为必备素质和能力，在档案工作中持之以恒地加以普及和宣传，促进校园内外形成知晓档案法、遵守档案法进而有效运用档案法的氛围。

二是要推进高校档案工作规章制度体系建设。高校要深入贯彻落实新《档案法》要求，积极稳妥地推进高校档案工作相关的规章制度体系"重塑""再造"。教育主管部门要根据新《档案法》，与时俱进，及时修订《高等学校档案管理办法》等与高校档案工作有关的部门规章和规范性文件。各高校应进一步理顺档案工作机制，将档案工作纳入学校发展规划，将与档案工作发展有关的重大事项纳入学校党委议事范围，将高校档案工作管理办法纳入高校基本制度范畴，建立健全档案工作责任制、档案安全机制等工作机制。高校档案馆应围绕档案工作"三个走向"的要求，不断完善以"收、管、存、用"为中心的档案业务管理制度，促进档案管理的现代化，便于对档案的利用。

三是要完善高校档案工作投入保障机制。新《档案法》在档案人才队伍建设、档案安全、先进技术运用、档案信息化等方面做出了明确规定，并鼓励建设数字档案馆。高校要落实新《档案法》的这些要求，不断推进档案工作现代化，人、财、物等要素的投入保障至关重要。要树立高校档案工作者作为"资源管理者""数据管理者""知识管理者"的意识，建立健全高校档案人才队伍培养、使用、约束、激励等政策措施，培养一支忠于职守、遵

纪守法、专业过硬的档案工作队伍。要完善经费投入机制和硬件保障机制，按照规定将高校档案基础设施配备和维护经费、档案日常管理经费、档案信息化建设等档案事业发展所需经费列入年度预算，按照档案"九防"要求配置适宜档案保存的库房和必要的环境设施、安防设施、消防设施、信息化设施和各类管理设备。

四是要提高高校档案开放和利用的服务水平。高校档案馆要从档案的鉴定、开放、查阅等方面着力，积极对接社会需求，加大档案开发和利用的工作力度。要坚持通过其网站等方式定期公布开放档案的目录，创新服务形式，优化异地查档、跨馆服务等档案利用协作机制，积极为高校档案的利用创造条件，简化手续，提供便利。要加强与博物馆、图书馆、纪念馆等单位在档案利用方面的互相协作，通过相互交换重复件、复制件或目录，联合举办展览，共同研究、编辑出版有关史料等形式，提高对文献、史料的编研水平。要积极开发利用馆藏档案，通过开展专题展览、公益讲座、媒体宣传等活动进行爱国主义、集体主义、中国特色社会主义教育，逐步形成在社会上有一定影响力的档案公共服务品牌。

◎ 参考文献

[1]中华人民共和国档案法[N].中国档案报，2020-06-25(001).

[2]陆国强.为新时代档案事业高质量发展提供坚强法治保障[N].人民日报，2020-06-24(010).

[3]郑金月.走向档案治理体系与治理能力现代化——《档案法》发展历程综述[N].中国档案报，2020-07-13(001).

[4]书生.提升四种能力 全面推进档案治理体系建设[N].中国档案报，2020-12-28(001).

新《档案法》对高校档案信息化建设的指导意义

武汉大学档案馆　袁丽玲

2020 年 6 月，十三届全国人大常委会第十九次会议审议通过了新修订的《中华人民共和国档案法》(以下简称《档案法》)，并于 2021 年 1 月 1 日起施行。新修订的《档案法》，由原来的六章二十七条扩展到八章五十三条，主要新增了"档案信息化建设"和"监督检查"两个专章。笔者主要结合高校档案信息化建设实践，通过对《档案法》中的第五章"档案信息化建设"内容的深入学习和探讨，认为其对高校档案信息化建设具有现实的指导意义。

一、档案信息化建设的概念及内容

档案信息化建设是指运用信息技术提高档案工作现代化水平，重新思考档案管理的新情况、新原则与新理论，确立网络环境中档案管理与档案服务的基本框架与基本方法，实现档案信息的社会化服务。即档案信息化建设是指应用信息技术生成、管理、开发利用档案的过程。档案信息化建设包含以下内容：

1. 档案信息管理系统的开发，档案信息管理系统是通过建立统一的标准，规范整个文件管理，包括规范各业务系统的文件管理；构建完整的档案资源信息共享服务平台，支持档案管理全过程的信息化处理，包括：采集、移交接收、归档、存储管理、借阅利用和编研发布等，同时逐步将业务管理模式转换为服务化管理模式，以服务模型为业务管理基础，业务流和数据流建立在以服务为模型的系统平台之上。

2. 档案信息的数字化，是指利用数据库技术、数据压缩技术、高速扫描技术等技术手段，将纸质文件、声像文件等传统介质文件和已归档保存的电子档案，系统组织成具有有序结构的档案信息库。档案信息数字化的原则：规范性原则、安全性原则、效益性原则。档案信息数字化的内容有两个不同层次：一是档案目录信息的数字化，二是档案全文信息的数字化。

3. 档案网站建设，档案网站是档案机构在公共信息服务网站上建立的站点，它一般是以主页方式提供相关档案服务和开展档案宣传。档案网站建设是档案信息化建设的重要步骤，是档案部门联系社会的重要窗口。档案网站的功能有：服务功能、宣传功能、交流功能。档案网站的主要内容：档案工作信息、档案机构信息、档案资源信息、档案利用服务信息。

4. 数字档案馆建设。数字档案馆是利用电子网络远程获取档案文件信息的一种方式，它强调的是在数字化档案馆环境下用户开发利用档案信息资源的便利。数字档案馆的主要特点：其一，存在方式是一种无形的信息组织与利用环境；其二，运行方式是存取档案信息的网络化；其三，功能定位是以存取为中心。现行实体档案馆的馆藏档案是数字档案馆形成的基础，数字档案馆的出现对现行实体档案馆的馆藏建设提出了新的要求，数字档案馆为现行实体档案馆提供了新的管理和服务机制。两者不是替代关系，而是相互依赖、相互促进的关系。

二、高校档案信息化建设的现状

1. 档案信息的数字化进程缓慢。以武汉大学档案馆为例，其馆藏档案的数字化工作起步于 2008 年，以外包加工的方式首先对馆藏的部分学籍档案（本科成绩单）进行了数字化扫描加工，涉及案卷 1840 余卷，87000 余件，之后 10 余年又陆续向学校申报了档案信息数字化专项，截至 2020 年，馆藏档案数字化率才达到 25% 左右。因为每年新进馆的档案还是以传统纸质档案为主，无形增加了馆藏档案数字化的总量，严重影响了档案信息数字化的进程。

2. 电子档案的收集范围小且数量少。我馆现开发使用的档案信息管理系统已经与学校的办公自动化系统（即 OA 系统）实现了数据衔接，OA 系统的电子文件可以通过档案信息管理系统中全流程整理过程转换成电子档案归档。但 OA 系统产生的电子文件只涉及上级来文、学校及校内各单位发文，作为高校，以教学和科研为主，教学和科研产生的档案占全校档案的 80% 左右，大量的教学和科研档案还是以传统纸质的方式归档。本科生学籍档案和研究生学位档案只能从他们的学籍学位管理系统中提取有关数据推送到档案信息管理系统中，实现档案目录信息的在线归档。而目前科研项目档案的目录信息还只能用手工录入的方式添加到档案信息管理系统中，还有基建档案、招投标档案、审计档案等等，这些项目形成的文件材料多，整理录入工作花费大量人力物力，工作效率低。

3. 档案馆网站中可查阅的档案信息资源有限。在大部分高校档案馆的主页上，档案信息资源利用这一块，目录信息多于原文信息。如我校教职员工可以通过授权的档案管理信息系统查询馆藏档案目录信息和 OA 系统产生的电子档案原文信息，而异地毕业生查询自己的学籍和学位档案，如高考录检表、成绩单、学位记载、论文评阅书、答辩决议等档案，只能通过电话、邮箱联系方式查询，或委托方式查询，最后将查询结果复印盖上档案证明章，再用快递的方式邮寄给查阅者，其用时长效率低，而且这部分档案的利用率占到全部对外利用的 80% 以上。高校数字档案馆的建设还处于起步阶段，南京大学档案馆的档案信息化建设走在全国高校前列，在其官网上，设置有"在线查询"专区，可以查询各类学生学籍、毕业合影、职称评审、科研成果、专利档案等信息，但仅限于目录信息，只有"南大新闻"可以检索到全文，利用者查阅档案原文或开具有关档案证明还需要到档案馆办理或邮寄。

三、新《档案法》对高校档案信息化建设的指导意义

1. 促进高校档案信息化建设。新《档案法》第五章档案信息化建设，共包含七条具体规定。首先从档案信息化建设的总体规划的角度规定："各级人民政府应当将档案信息化纳入信息化发展规划，保障电子档案、传统载体档案数字化成果等档案数字资源的安全保存和有效利用。"明确指出了各级人民政府对档案信息化发展的责任，并且指出了档案信息化建设的主要工作对象和工作任务，为档案信息化工作的具体开展提出了指导思想。第三十六条规定，机关、团体、企业事业单位和其他组织应当积极推进电子档案管理信息系统建设，与办公自动化系统、业务系统等相互衔接。这些规定，可以促使高校将档案信息化纳入学校信息化建设的总体规划之中，从资源建设、基础设施建设、应用体系建设等多个方面进行统筹规划，并协调各单位业务管理信息系统与档案管理信息系统的数据衔接，加快馆藏档案数字化的进程，从而促进高校档案信息化的建设。

2. 电子档案的合法性将改变高校档案传统管理服务方式。新《档案法》首次明确了电子档案的规范要求和法律效力。在第三十七条规定，电子档案应当来源可靠、程序规范、要素合规。电子档案与传统载体档案具有同等效力，可以以电子形式作为凭证使用。强调了电子档案不应因载体形式的约束而失去其法律效力，这说明了电子档案一旦确定了法律效力是可以充分发挥其凭证参考价值的。其中"来源可靠"是指电子档案由经过授权和确认的法定形成者，在既定的业务活动中，在特定时间，使用安全可靠的系统形成。"程序规范"是指电子文件形成、归档、保存和利用服务的过程遵循一定的制度规范要求，符合国家相关法规标准的规定。"要素合规"是指电子档案构成要素合乎规范要求。关于电子档案构成要素，国际档案理事会电子文件委员会于 1997 年在《电子文件管理指南》中提出的"三要素观"最为普及，即电子文件由内容（content）、结构（structure）和背景（context）构成。

我馆新开发运行的档案管理信息系统与学校现行的 OA 系统进行了数据衔接，OA 系统形成的电子文件及全过程材料信息，可以直接推送到档案管理系统归档，保证了电子档案"来源可靠、程序规范、要素合规"的法定要求，并很大程度提高了档案材料的完整准确

率和归档的效率。鉴于"电子档案与传统载体档案具有同等效力，可以以电子形式作为凭证使用"的法律规定，学校实行的"纸质档案与电子档案同步归档"的双套制模式，可以逐步过渡到以电子档案归档的单套制模式，实现真正意义上的无纸化办公。

学校档案是以教学类和科研类档案为主，每年形成的教学科研档案占全部档案的80%左右，库房存放占有率更高达85%以上。特别是研究生学位档案，每人形成一卷，其形成的材料多，涉及盖章的部门多，收集整理难度大，出错率也高。如果研究生院能开发学籍管理信息系统，将学生从进校到毕业答辩及授予学位整个过程信息化，能生成有授权电子印章和电子签名的电子文件材料信息（如入学登记表、学位申请表、开题报告、毕业生登记表、毕业论文、授予学位记载等），并与档案管理信息系统相互衔接，最终形成电子档案归档。这将打破传统的纸质档案归档方式，大大减轻教学秘书对档案整理工作的压力，从而节约纸张资源，并很大程度缓解了学校档案馆对库房扩容的需求，同时也能实现档案信息的远程利用，大大提高档案的利用效率。随着高校档案信息化工作的不断推进与发展，数字资源的大量涌现对传统的档案工作造成冲击，以纸质档案为主要工作对象的工作内容与工作形式都需要进行极大的改变，电子档案将会逐步代替纸质档案保存。学校各类业务管理软件的开发与功能强化，必须与档案管理信息系统相互衔接，保证电子档案的法定要求。

3. 为高校电子档案的收集、移交与接管、档案数字资源的保管利用提供了法律保障，指明了高校档案信息化建设的发展方向。新《档案法》对档案信息化建设的工作内容加以明确和总结。第三十八条到第四十条分别对电子档案的移交与接管、档案数字资源的保管利用与跨区域共享等电子档案的管理作出了具体规定。将档案信息化的各项要求与工作内容纳入《档案法》中，用法律的手段对其约束限制，这是《档案法》符合时代发展而不断完善的现实需求。高等学校档案馆应顺应时代发展的需求，积极推进传统载体档案数字化，妥善保管档案原件；档案馆应当对接收的电子档案进行检测，确保电子档案的真实性、完整性、可用性和安全性，对重要的电子档案进行异地备份保管；档案信息资源丰富的高校档案馆，可以考虑在档案网站上设置系列档案资源板块，打造为获取学校相关信息的咨询平台，帮助学校师生和社会公众利用档案，解决有关问题，了解学校的发展历程，利用者依据自身需求快速定位、获取所需信息。在此基础之上，可考虑利用远程技术建设数字档案馆，通过授权、验证提供档案原文的远程利用服务，这将是高校档案信息化建设的目标。

我心目中的武汉大学档案馆

武汉大学离退休工作处　胡　珊

位于樱顶的武汉大学档案（校史）馆，一直是我心目中重要的地标建筑。每次有朋友从外地来武大，我总要领他们去樱顶转一转，到档案（校史）馆看一看。在这里，既可以远眺东湖珞珈山秀丽山水，更可以直接感受武汉大学百年办学的历史和厚重的文化底蕴。承载着130年办学历史的武汉大学档案馆，以其丰富的馆藏、悠久的历史、档案信息化服务，践行着"对历史负责，为现实服务，替未来着想"的目标，服务着学校的建设和发展。

一、学校历史的馆藏中心，浓缩百卅年办学成就

武汉大学档案馆是武汉大学百卅年办学历史的馆藏中心，馆藏档案超过50万卷，包含国立武汉大学、私立文华图书馆学专科学校、武汉大学、武汉水利电力大学、武汉测绘科技大学、湖北省立医学院、湖北医科大学、武汉大学（新）等8个全宗。

这些档案，静默地躺在档案库房的密集架上，许多案卷已泛黄，看起来朴实无华、毫不起眼，但他们是鲜活的，有着无声的力量和巨大的价值。从乾隆十五年（公元1750年）的校园所在地地契，到1893年张之洞奏请光绪皇帝创办自强学堂的奏折；从抗战时期周恩来、邓颖超在珞珈山接见文化要人的照片和给武大学生的亲笔签名，到1958年毛泽东来校视察的照片；从江泽民、李鹏等为武大校庆的题词，到武汉大学早期建筑图纸；从武汉大学前身——湖北方言学堂的毕业文凭、武昌高等师范第一届毕业证书，到全校所有学生的学籍档案；从著名空间物理学家桂质廷教授1943年创办亚洲第一个天空电离层观测站的历年记录，到全球首颗专业夜光遥感卫星珞珈1号模型……所有这些珍贵的档案，承载着学校历史与岁月的痕迹，记录着武汉大学建校130年的创立、变迁、发展的过程，展现了学校人才培养、科学研究、社会服务等多方面的发展成就，浓缩着学校建设和发展的全过程。

二、校史文化的主要载体，爱国爱校的宣传阵地

在武汉大学发展的整个进程中，各个不同历史时期都有其独特的办学体制、文化特征、发展轨迹，逐渐形成深厚的历史文化。收藏着海量信息的档案馆，以文字、图表、图片、实物、声像等形式，记录了学校领导和广大师生员工各个层面、各个时期的活动轨迹，是学校师生实践经验和智慧的结晶，是学校文化和精神的重要载体，赋予了广大师生理想和人生观教育、爱国与爱校教育以及科研能力与爱岗敬业教育等文化教育功能。

如今，由武汉大学档案馆建设、管理的武汉大学校史馆和周恩来旧居，已经成为校园独具特色的美丽风景，是学校教学、科研与管理成果的荣誉展示厅，也是学校优良传统与校园文化集中表现的载体，更是德育教育和人文教育的重要基地，它用自己丰富的文化资源滋养着广大师生和每一个来访者。陈列着的一张张老照片、一个个老物件、一座座奖杯和一枚枚奖章，就像一个又一个历史记忆碎片，还原了130年办学历程中学校一次次的高光时刻和一个个的辉煌成就。通过微黄的纸张、漂亮的手写字迹、略带年代感的照片，仿佛看见了一代又一代武大人在珞珈山上奉献青春、热血和汗水，呕心沥血、孜孜求索的过程。许多大学新生在这里上开学第一课，青年人才和青年学子在这里开展"知校、爱校、荣校"教育和四史学习教育，在这里接受校园文化熏陶，从而不断培养积淀大学精神，不断传承和发扬学校的优良传统。

不仅如此，校史馆更成为武汉大学对外宣传、扩大影响、增强认同的展示窗口。在领导视察、国内外友人来访、举办大型活动时，校史馆是重要的参观场所。很多企业家或校友，通过参观校史馆，志愿交流合作或捐资助学。在招生方面，校史馆也是学生家长参观学校、了解学校的必到之地。

三、校园文化的重要元素，承载校园文化和大学精神

校园文化，是直接影响学校师生的软环境，对于创造浓郁人文氛围、提升人的精神境界、形成优良的教风学风以及激发人的创造力、增强凝聚力、弘扬主旋律，都发挥着不可替代的积极作用；校园文化，是大学精神和大学品牌的重要体现，蕴含着教育与文化价值，影响了师生的人格气质和情感心理。

档案承载了学校发展的历史信息，蕴含着深厚的文化内涵，在学校空间文化建设中，发挥了重要的档案溯源追本作用。

利用档案资料举办校史、院史、学科发展史等文化展览和宣传橱窗，设计名人大家故居旧址，创作学校历史名人的雕塑，建设独具特色的校园人文景观，营造学校特色文化氛

围，是档案馆参与传承校园文化和大学精神展现的重要方式。校园中的李达雕像、王世杰雕像、闻一多雕像等名人雕像，可以激发学生树立远大理想和抱负，有利于培养学生优秀的思想品德以及刻苦钻研、勇于创新的精神；九一二操场、珞珈山18栋别墅、校门牌坊等，这些"用石头写成的史书""凝固的艺术"，蕴含着学校的历史和办学理念，折射出武汉大学独特的校园文化；周恩来旧居、李四光骑驴选校址、六一纪念亭等纪念建筑，透过空间感染力，在师生心田中播种，寻找文化的根源……

四、档案资料的开发利用，学校文化传播的重要窗口

学校档案是学校历史的真实记录，生动多样，博大精深，是学校历史发展的结晶，是取之不尽、用之不竭的宝贵财富。但保存在档案馆的档案是分散的、零散的、孤立的，缺乏完整性、系统性和深入性。开发利用档案信息资源，极大地发挥档案价值的作用，意义重大。

武汉大学档案馆在档案资源开发编研方面，处于全国领先地位，是学校文化传播的重要窗口。档案馆通过原始编研、基础编研和深度编研三种方式相结合，全员、全年、全方位地开展档案资料编研工作，出版研究成果位居全国高校前列，多部编研成果获得各级学会编研成果奖。

"青灯黄卷，皓首穷经"，武汉大学档案馆近年来出版了《珞珈风云——寻找十八栋别墅里的名人名师》《武汉大学历史人物选录》《大学文化与档案建设》《武汉大学历史探究（第一辑）》《珞珈风云——武汉大学校园史迹探微》《武汉大学图史》《抗战烽火中的武汉大学》《武汉大学校长的办学理念》等一批编研成果，宣传了武汉大学，宣传了武汉大学悠久的历史文化。通过对档案资料的编研开发，把"死"档案变成了"活"资源，让浩如烟海的馆藏档案，能够更好地供人研究总结、汲取借鉴、查考论证、追根寻源，更深入地传递档案的历史价值和现实意义。

习近平总书记曾说："档案工作存史资政育人，是一项利国利民、惠及千秋万代的崇高事业。"一个国家、一座城市、一所大学，要有一座博物馆、一座图书馆、一座档案馆。博物馆是魂，民族的积淀、繁衍在这里游弋穿梭；图书馆是气，昌盛与繁荣、前景与未来在这里孕育、培养、升华；而档案馆是根，整个文化和历史都由档案溯源追本。

期待武汉大学档案馆越办越好，更加散发出档案独特的魅力。

高校涉密档案管理工作泄密风险及对策研究

武汉大学离退休工作处　李雪莉

一、引　言

高校是国家高层次人才培养和"高、精、尖"前沿科技研究基地，也是国家重要的知识产权创造与传承地，拥有具有极其重要的战略意义。随着社会科技水平不断提高和信息化快速发展，高校涉密档案管理的重要性愈加凸显。在新时期下，高校涉密档案管理工作不仅关系到学校秩序稳定还是促进教育事业发展的基础，同时也是国家提高军事、经济、科技、教育、文化等方面核心竞争力的有力保障。

二、加强涉密档案管理工作的重要性

（一）维护国家安全和校园秩序稳定

高校涉密档案中往往包含了一些重要的国家涉密信息，如军事、政治等方面的资料，具有很强的前瞻性和创新性。其中一部分敏感档案是一些不法分子或非法组织，甚至国外情报机构长期监视并想要获得的内容。如果涉密档案泄密将会给国家造成巨大的经济损失和安全风险，同时也会给学校带来不稳定因素。

（二）保障科研项目高质量发展

高校是教学科研的重要场所，在各个学术领域很多教授和科研人员开展了重大科研项目，在日常教学和科研过程中产生了大量有价值的文字、图像等数据。这些数据档案资料发生泄密直接影响本专业领域内各种理论技术水平和科研项目正常发展，造成巨大的科技成果和经济损失。

(三) 为人才培养提供良好环境

高校是积极响应国家人才战略的主战场, 其主要目的是为国家和社会培养高层次人才。学生档案是涉密档案的重要组成部分。档案中不光详细记录了学生的个人隐私和在校期间的日常表现、学习成绩, 还记录了教师对学生的生活以及学习状态的评价, 从这些档案中可以充分了解到学生各个方面的情况, 这是人才培养的重要依据。涉密档案泄密会给高校工作、学习的人员带来恐慌情绪并基于此对高校管理层产生怀疑和不信任, 降低学校信誉度, 影响学校发展。因此, 只有加强涉密档案管理, 才能防止学生、教职工隐私泄露, 为高校发展和人才培养打下坚实基础。

三、高校涉密档案泄密风险及原因分析

(一) 管理制度缺陷

高校涉密档案管理工作必须有完善的档案法律体系作为保障。然而我国档案管理法律体系缺乏系统性和可操作性, 针对不同地区、不同高校出现的不同问题和情况缺乏细化规定。许多高校由于对档案管理的不重视, 一直沿用老旧的管理制度, 没有制定与时俱进的政策和管理措施, 很多管理细则未能覆盖所有敏感涉密信息, 或者存在模糊的条款和规定, 这使得涉密档案在实际工作中造成泄密。

(二) 人为因素

高校涉密档案管理工作中最大的泄密威胁是人为因素。涉密档案管理工作需要专业的档案管理人员, 而高校管理人员岗位流动性大, 校内轮岗或职务变迁都会影响档案管理队伍素质。一是对新进入涉密档案管理岗位人员没有及时进行专业的业务培训, 使新入职人员缺乏档案保密意识, 或存在不当操作, 导致人员在工作中存在操作失误、口头泄密或故意泄密等情况。二是未及时对涉密档案人员签署保密责任书, 特别是数字化系统开发的第三方外包公司, 如没有进行保密监管, 缺乏法律约束从而恶意泄密。

(三) 技术安全漏洞

由于信息技术的不断发展, 档案管理也实现了从原始数据保管向数字化信息技术发展, 这也使涉密档案管理工作出现了新的风险点。例如那些想要窃取高校涉密信息的未经授权的第三方通过病毒传播、恶意软件攻击等, 如在信息化技术上未能设置强大的防火墙或泄密预警装置, 将会导致涉密档案泄露。

（四）物理安全漏洞

涉密档案库房作为涉密档案资料存放的重点区域，需要安排在相对封闭、便于安全管理的地方。可是有些高校由于涉密档案保存库房硬件设施滞后，库房设置不符合安保要求，如设在一楼，或与办公室、借阅室共用，未实现库房、阅览、办公三室分开。对于库房管理也没有设置门禁系统、警戒标识、未安装先进的监控设备和报警装置，使得涉密档案库房管理存在不安全隐患。

（五）部门组织协调能力欠缺

高校涉密档案往往需要多部门紧密配合才能在数据收集、存储、上传、移交、查阅等环节不出现泄密。可在实际情况中由于档案部门宣传力度不到位，流程不明，组织协调能力欠佳，使各部门各单位沟通困难甚至内耗加剧，导致涉密档案数据缺失和泄密。

四、防止涉密档案泄密的对策

（一）法律体系的完善

2021 年 1 月 1 日开始实施的《中华人民共和国档案法》，增加了"档案信息化建设"专章，对加强档案信息化建设，电子档案安全保存和有效利用等提出了新的要求和规定。高校档案部门应该积极跟进，深入政策研究，根据学校档案管理工作的具体实施情况及时更新和完善档案管理制度，在逐步细化完善的基础上增强政策前瞻性和透明性。

（二）制定严格的保密制度

1. 制定泄密风险评估机制：对涉密档案进行全面评估，了解不同涉密档案的泄密风险及其可能造成的影响。围绕重要风险点加强管控，及时发现问题，及时整改，排除泄密风险隐患，提升保密防控能力。

2. 抓好保密意识教育培训：定期开展保密意识教育培训，加强档案管理人员对保密工作的认识，充分了解涉密档案管理工作的重要性，强化保密意识，提高对涉密档案的重视程度。时刻绷紧保密这根弦。

3. 定期进行保密检查和审核：制定定期保密检查和审核计划，围绕涉密人员、涉密档案场所、计算机、相关载体等环节按制度要求进行安全保密检查。确保涉密档案管理工作不留死角，及时消除安全隐患。

4. 签订保密协议：一是对参与涉密档案管理工作的人员做好身份审核、登记工作。

应进行严格的专业培训后再上岗，并对涉密档案管理工作签订保密责任书或保密协议并送档案部门备案，确保后续监管工作的可查性。二是对档案系统维护和数字化软件开发需要第三方公司介入的，按照国家档案局印发的《档案数字化外包安全管理规范》要求，慎重选择第三方外包公司，做好公司资质、背景审查。签署保密协议。并在专门的场所开展工作，须全程监控，全程专人监管。

5. 落实涉密档案保密责任制。建立健全涉密档案保密管理责任制，明确落实各级领导的责任、涉密档案管理人员的职责、保密工作的标准和要求等，从源头上加强涉密档案管理工作。

(三)完善涉密档案管理监督体系

建立健全涉密档案监督机制，严格开展检查、抽查和评估工作，严格按照规章制度办事，严格涉密档案管理工作程序。一旦出现泄密问题及时向上级领导及有关部门汇报，并及时启动泄密事件应急处置机制进行补救。根据涉密档案泄密性质及时成立专项工作审查小组查明泄密原因。

(四)严格访问权限及访问流程

高校档案管理部门应该设置相应的权限管理机制，严格限制各部门、人员对涉密档案的访问和使用权限，根据涉密档案的秘密等级及其相关要求，确定访问权限和访问流程，制定访问规程。确保涉密档案使用范围内控。

(五)加强涉密档案存储和保管

1. 加强涉密档案库房建设。高校应当建立相应的涉密档案存储设备，如涉密库房、密集柜、密码锁等保密设备，确保涉密档案的安全存储。

2. 加强涉密档案库安保措施。定期维护升级库房门禁系统、防盗系统，确保涉密档案储存、传输和处理过程中的物理安全。

3. 制定严格的库房管理制度。合理选择存放涉密档案存放区域，做好明显标识和警戒线，选用责任心强、原则性强的专职工作人员担任库房管理工作，专人专管，严格按照规章制度进行涉密档案管理工作。

(六)加强技术保障措施

1. 强化网络安全防护。采取数据加密、身份认证、防火墙等技术手段，确保涉密档案在传输和处理过程中的网络安全。

2. 定期系统检测。运用专业查杀软件工具进行系统检查，如病毒、木马检测工具、电子档案"四性"检测工具等，全面提升涉密电子档案管理水平。

（七）加大宣传力度和沟通协作

档案管理部门应加大宣传力度，通过校内网单位网站、OA 系统向各部门宣传档案管理工作相关政策、法律法规、工作流程、实施细则等。还可以通过知识讲座、知识竞赛、评优评先、档案日庆祝活动等渠道广泛宣传档案管理工作。定期开展多部门的工作交流会、碰头会，加强沟通协作，确保涉密档案管理工作顺利开展。

五、结　　论

综上所述，高校应该高度重视涉密档案管理工作，依托国家相关政策和法规，建立健全涉密档案管理制度，同时采取多种方式加强技术手段和管理措施，加大宣传力度，加强学校相关部门协调沟通力度，确保涉密档案管理工作的安全性，避免档案泄密事件的发生。

◎ **参考文献**

[1] 魏卓 . 高校档案管理中保密工作的特点及建议[J]. 保密科学技术，2018（6）：58-60.

[2] 胡淑英 . 浅析保密档案管理工作中存在的问题及对策[J]. 保密工作，总 2018，297（8）.

[3] 李继真 . 新时期机关事业单位档案管理工作发展路径分析[J]. 潍坊学院学报，2021，21（4）.

信息化时代高校档案管理路径优化策略

武汉大学离退休工作处　吴　仪

近年来，随着在校生人数的逐年攀升以及各项繁杂事务日益增加，高校档案管理工作面临的任务和压力越来越重，借助信息化技术开展档案管理工作，既有助于档案管理工作的数字化转型，又减少了重复劳动、提升了工作精确性和工作效率。

一、高校档案管理工作信息化建设的意义

(一) 提升档案管理工作水平

随着各级对档案工作越来越重视，现如今越来越多的内容都被纳入档案工作范畴，除传统意义上的纸质档案之外，还有更多的视频档案、电子档案等，这些数据资源的存在形式较为复杂，如果沿用已有的管理方式，不仅耗时耗力，而且也不会起到应有效果。借助信息技术，可以对各类档案进行更为精确的整合、分类，提高了档案管理水平。

(二) 提升高校档案资源利用率

在信息化普及之前，高校档案管理工作主要凭借人工，耗时较长且流程繁琐，而且纸质档案在长期保存、多次查询利用之后磨损严重，也容易损坏和丢失，导致档案利用效率不高。在信息化时代，大量档案数据被存放在数据库中，使用者只需借助网络便可以对档案进行浏览、查阅，既提高了档案利用效率，也减少了磨损、节省了人力。

(三) 推动高校档案服务便捷化

基于信息化技术，高校档案管理工作更加主动、积极，相关人员借助线上线下相融合的方式，在拓宽服务渠道的同时，各项流程也进一步简化，提升了档案资源的共享性、便捷性。尤其在面临疫情等极端形势下，院校临时性封闭，但档案查询、浏览等各项工作却有条不紊地进行，真正为用户提供了便捷服务，打破了时空要素对档案管理工作的限制。

二、高校档案管理信息化时代建设面临的问题

高校档案管理与信息化融合是时代大势，目前各院校结合自身实际在这一方面建设中也取得一定成效，但与此同时也暴露出一部分问题，可以归结为如下几点：

(一) 档案管理人员信息化素养亟待提升

信息化建设相对复杂、涉及面广、专业性强、技术性高，这要求从业人员既要掌握基本技能和理论，还要能够在不同场合运用适当的方法和措施，以取得最佳管理效果。但因档案管理工作任务重、种类多、数量大，很多院校聘请了兼职人员，加之又没能对兼职人员开展有针对性的业务培训，导致其信息素养不高、专业技能受限，这些因素都在一定程度上影响了信息化建设进程。

(二) 档案管理信息化建设投入不足

很多院校的整体信息化建设成效显著，但在档案管理工作方面的投入则相对不足，其原因在于档案信息化对软硬件提出了更高要求，需要投入的资金更多。一方面，硬件设施对存储容量、传输速度以及宽带覆盖等都提出了较高要求；另一方面，软件要做到及时更新。这两方面工作都需要大量资金，因此，很多院校在软硬件建设方面相对滞后。

(三) 档案管理信息化存在安全隐患

信息化建设是一把"双刃剑"，在提升效率、增强便捷性的同时，也隐藏着一定的安全隐患，高校档案内部存储有大量秘密资料，如不按规定程序操作，或在操作过程中出现失误，都会面临数据泄露的危险。此外，信息化系统还面临硬件损坏、系统不稳定、人为篡改信息以及病毒攻击等不利因素，这都对高校档案管理的信息化建设提出了严峻考验。

(四) 档案管理信息化制度需要完善

虽然各高校在档案管理信息化建设方面有了一定成绩，但整体仍处于探索阶段，尚未形成科学、系统、完善、统一的管理制度，这在很大程度上降低了档案管理工作的规范化水平，其重要原因在于档案管理信息化制度的出台制定，需要多部门协同参与、配合、借鉴，但目前这一工作进展缓慢。此外，在具体工作开展中，档案管理人员从业水平、能力、素质参差不齐，这也降低了工作质量和效率。

三、高校档案管理信息化建设路径探索

尽管在档案管理信息化建设中仍面临不少问题，但这一趋势无法阻挡、潮流无法改变，各院校要结合信息技术、数字技术特点，针对自身档案管理工作实际，因地制宜就提升信息化建设，探索有效路径。

(一)打造高素质档案管理信息化队伍

人才是各项工作能否取得成效的关键性因素，对于高校档案信息化建设也不例外，各院校需审时度势、因校制宜，构建一支业务精、素质全面、能力过硬的人才队伍，为档案管理信息化建设提供人才保障。其一，有针对性地提升从业人员信息素养，定期开展教育培训，通过线上线下相结合的方式，掌握档案信息化建设技术，提升人员的整体素养。其二，完善评价激励机制，要结合高校档案管理工作特点和从业人员实际，以提升档案工作信息化水平为目的，设定相应的激励考核机制，调动大家主动学习、全面提升的积极性和主动性，增强从业人员的职业荣誉感和认同感。其三，开展定期考核评估。要针对岗位需求和从而以人员知识结构，因地制宜制定评价标准、考核体系，对表现突出、创新性强、有引领示范带动作用的优秀人员进行重点培养，并对不能够满足岗位工作需求的人员进行动态调整，保证从业人员的职业素养和能力素质。

(二)加大档案管理设施软硬件投入力度

信息化水平的提升要以完善、先进的软硬件设施作为保证和依托，因此，各院校要将设备完善、更新摆在重要位置，持续加大投入，以适应档案管理信息化建设需求。其一，院校要积极加大对上争取力度。信息化设施建设需要大量资金，但院校关于档案工作的预算又十分有限，因此，要加大对上争取力度，例如，申报院校信息化专项、中央修购专项资金，借助各项政策、资金进一步完善信息化建设力度。其二，配备专业信息化硬件设施。信息化设施是开展档案信息化建设的必备要素，各校可以结合自身需求不间断完善各类信息化设备，例如数码复印机、档案胶装机、自助查询触摸屏、高速扫描仪等设施，提升档案信息化水平。其三，持续完善更新软件系统。软件是档案管理信息化建设的灵魂，只有软件先进、科学，硬件的作用才能得到最大限度发挥，因此，要结合自身硬件配置和长远发展规划，科学匹配软件系统。例如，可以引入行业先进的多媒体档案网络管理系统，该系统集数字签名、数字水印、SSL 数字加密技术于一体，在提升查询使用便捷度的同时，也提升了系统安全性。

(三) 加强档案信息化安全建设

任何事物都具有两面性，信息化技术与档案管理工作融合也不例外，在带来诸多优越性的同时，也存在安全漏洞和隐患，因此，院校在信息化建设过程中要注重加强安全建设。其一，档案管理从业人员树牢安全保密意识。要注重通过各种培训、学习等活动，强化职业道德修养，严格把控使用权限和操作流程，禁止访问危险网站，树牢安全意识。例如，非工作需要禁止上传和发送档案数据和文件，非开放信息不得上网，禁止打开不明来历的邮件和链接。其二，及时开展各种检查。针对信息化系统定期进行维护、管理、检查，将专项检查、年度检查和日常检查相结合，一旦发现问题、隐患，要及时更换、维修，确保硬件和系统安全。其三，优化档案管理系统加密技术。加强密钥管理和身份认证，对访问人员的身份进行多重验证，提高接入门槛，确保档案信息的真实性，防止档案泄密事件发生，并利用防火墙等技术强化安全等级。

(四) 完善档案信息化管理制度

院校要结合档案工作特点、流程，针对当前工作中的隐患，制定完善的管理制度、操作规范、技术要求和实施标准，以制度确保档案管理信息化建设的规范化、科学化。其一，制订详细的档案信息化建设方案。结合信息技术特点和当前档案管理工作现状，围绕数字化中心建设、人员培训、宣传工作等确定档案信息化建设任务、目标和切实可行的举措，指导"互联网＋"背景下高校档案信息化建设工作。其二，制订详细透彻的高校档案安全标准。要在国家颁布的各项档案法规的基础上，建立科学档案保密和档案信息安全体系，例如，在制度中明确规定秘密级档案利用和销毁、档案工作人员的职责等，提升重要档案的安全保密强度。其三，建立电子档案管理规范。依照国家档案局颁布的电子文件相关规定，制定适合自身的电子档案管理办法，指导办公自动化过程中形成的电子文件归档与管理工作，切实维护电子文件真实性、完整性、可用性、安全性。

四、结　　语

档案管理工作信息化建设是大势所趋，也适应新时代高校档案管理工作实际，本文针对当前高校在档案管理信息化建设中面临的问题和困境，从打造高素质档案管理信息化队伍、加大档案管理设施软硬件投入力度、加强档案信息化安全建设、完善档案信息化管理制度等方面，就如何实现二者深度融合、发挥信息化在档案管理中的作用探索了有效路径。

◎ **参考文献**

[1]朱家芳.数字信息化背景下高校办公室档案管理工作效能提升路径分析[J].网络安全和信息化,2023(4):12-15.

[2]段新宇.信息化背景下高校人事档案信息资源共享问题探究[J].赤峰学院学报(自然科学版),2023,39(3):64-67.

[3]周玮,季玲玉.高校档案服务信息化的探索与思考——以同济大学为例[J].办公室业务,2023(4):110-111.

[4]李晶,陈颖.大数据时代下高校人事档案管理信息化发展的路径探寻[J].兰台内外,2021(25):4-6.

提升高校档案数字化管理水平的探究

武汉大学离退休工作处　叶　骏

"数字化"从学术视角看，是指借助计算机技术，以二进制代码"0"与"1"为载体，以网络技术为基础，将语言、声音、文字、图像等信息加工转换为"数字"形式，再以数字形式进行信息交流与交互的过程。数字化技术的应用对于档案的收集和储存形式产生很大改变，使其逐渐由传统纸质档案转变为电子信息档案，这就对档案管理人员的思维模式、技术要求及计算机网络技术的信息安全等提出了更高的要求。高校档案数字化管理建设是一种比较高效且科学的档案管理方式，它能够保障档案管理更加科学规范，将原有纸质档案通过信息技术进行数字化管理，可以快速将原有档案资料进行重组和管理，提高档案信息的提取和利用效率，还能够保证档案资料及时更新、存储及实时维护，对高校更好地开展工作有着重要的影响和作用。

一、高校档案数字化管理存在的问题

虽然高校档案数字化进程正在不断加快，但是依然不能忽视其中存在的现实梗阻，例如管理理念落后，数字化基础设施不完善，以及制度、人才等要素的保障措施滞后等问题，限制了高校档案数字化管理的进一步发展。

(一) 档案管理的数字化理念明显缺乏

一是部门领导重视不够。一些部门领导认为实现档案数字化，数据档案工程的数字化记录和纸质档案的数字化扫描在档案信息管理难以实现。

二是中层管理人员对档案数字化管理的建设重视不够。大多数中层管理人员更注重办公系统和财务管理系统的建设，而忽视了档案管理的数字化建设。

(二) 档案管理人才结构急需优化

目前，很多高校从事档案管理的人员年龄偏大，业务知识陈旧，对于数字化管理系统的接受度和认可度偏低，更愿意手动整理和归档，真正了解和熟悉现代档案管理知识的人才较少，限制了高校档案数字化管理的发展。一些档案管理人员对数据库的应用能力和水平较低，无法结合更加先进的区块链技术，云计算、智能系统等对档案数据进行全方位的分析，处理和归纳，不利于后期档案数字化管理的推进。

(三) 数据资源综合利用能力不强

目前我国许多高校在这方面还存在着软硬件建设不够、设备建设不完善等问题，导致电子文件档案管理质量下降，大量信息资源没有得到充分利用，一些高校的档案数字化管理还存在滞后的问题。

二、提升高校档案数字化管理水平的措施

为提高档案管理效率，高校应将档案信息数字化管理建设列入主管领导的议事日程，要把数字档案管理建设作为推进高校档案管理建设的重要技术内容载体，明确档案部门领导和相关档案管理人员在数字档案管理建设中的主体责任，在使用人、财、物方面，要给予大力支持。

(一) 加强高校档案数字化管理标准建设

一是明确高校档案数字化管理标准。科学、规范的数字化管理标准能够推动档案信息的收集、分类、整理、归档等各个环节有序运转，提高档案管理的实效性。具体应明确高校档案数字化的管理性规范要求、业务性规范要求和技术指导性规范要求，保障档案数字资源的规范化，推进档案业务处理的一致性，避免档案技术操作不当引起不必要的问题。

二是加快馆藏档案数字化。应对馆藏档案根据重要性进行划分，率先完成对珍贵、具有特殊价值馆藏档案的数字化。此外，加强对那些具有重要历史意义的馆藏档案的数字化整理，还要对处于受损状态的馆藏档案数据通过专业技术进行还原和修复。

三是创设高校档案数字化服务平台。图书馆或者档案管理部门要在全面完成档案资料和馆藏档案数字化的基础上，将校园的档案管理系统、教务系统、科研系统、办公自动化系统等进行有机联结，创设一个档案数字化服务平台。通过这个平台对校内所有部门的数据信息、研究成果、档案资源实现共建共享，提升各部门的工作效率。

(二) 加大对档案数字化管理的资金投入

高校档案数字化管理发展，需要有相应的资金投入。资金是加强高校档案管理的重要保障。要充分考虑高校档案管理管理工作的重要性，持续更新档案管理部门的设备和设施

基础，从而为档案数字化管理形成基础保障。同时，高校档案管理部门还应当结合新时代的数字化管理实践需求，逐步完善自身的设备和制度基础，促使设备的更新能够与管理实践需求相结合。为促进高校档案数字化管理的持续顺利发展，应当将所需的各项经费列入部门预算，增加档案数字化管理专项资金，配备各类计算机、扫描仪、防磁柜、光盘、移动硬盘、系统软件等配套设备。根据实际需要，对系统进行更新升级，满足档案管理数字化建设的实际需要，还要通过争取政策支持，确保档案数字化工程建设的顺利进行。

（三）加强档案数字化管理的安全监督

有效防范档案管理上数字化工作过程中的各种风险问题，可以从以下四个方面加强管理：一是保障数字档案管理的物理环境安全。主要包括计算机设备和空间环境的安全。如对档案数字化管理区域内的通风、电路、防磁、防火系统的维护等。在日常管理中应对档案数字化管理库房进行全面的核查，消除物理安全隐患。同时，还要妥善保管电子档案储存介质，及时备份，定期对档案信息存储服务系统进行维修、检测，保障设备及系统正常运转。

二是优化信息加密技术。根据档案保密级别不同，设置不同级别的档案提取密码或加密方式，同时访问档案系统页面需要用户进行身份验证。以不同部门为分类依据，设置不同部门、层级工作人员的档案查找权限，以此保障档案信息安全性。

三是升级网络攻击防治技术。定期修复和升级计算机系统中的防火墙等安全防御软件，修补安全漏洞，提高防御计算机病毒的能力。相关技术人员应及时处理检测出的计算机病毒，最大化降低安全风险，避免遭受黑客攻击。

四是制定风险防范和预警管理制度，使得档案管理工作有章可循、有法可依。设置数字化档案管理系统中的日志记录功能，对于用户的整个访问过程进行详细记录，以便日后安全危机处理时的查询。同时，要进一步加强对网络安全系统的监督、维护和管理，发现系统中可能存在的安全漏洞及时修复，保证档案数字化管理和网络资源的稳定性和安全性。还可以利用计算机功能将档案信息进行备份，确保档案信息安全。

（四）培养档案数字化管理的专业人才

人才队伍体系建设是保证档案数字化管理顺利开展的重要前提。高校档案管理人员要不断学习，提高专业技能，学会充分利用信息技术进行存储、检索、研究，实时开发和综合利用部门档案管理信息。积极组织和参加档案管理知识应用培训班，认真学习国家档案信息数字化规章制度，确保国有档案信息数字化管理工作的顺利展。档案数字化管理工作质量与档案管理人员的职业素养和专业水平密切相关，要制定考评制度，多角度对档案管理人员实行综合评价，促进其个人能力和素养的提升，提高工作积极性，以提高档案管理工作质量，要重视人才引进。认真对待人才引进工作，利于为部门注入新的活力，利于组建专业性强、高素质的档案管理人才队伍。

　　总之，高校档案管理数字化是一项复杂的系统工程，需要在长期的档案管理实践中不断探索、发展、创新和完善，要始终坚持统筹规划、循序渐进、安全可靠的基本原则，制定和优化档案管理数字化工作的方案和计划，用档案管理数字化建设的新优势助推高校档案管理工作出成果、增效益，进而全面提升档案数字化管理水平。

◎ **参考文献**

[1]胡峥艳．档案数字化建设的风险及其防控机制构建[J]．文化产业，2022(10)．

[2]杨江，王强．大数据背景下高校智慧校园建设探索[J]．福建电脑，2022(4)．

[3]胡晓丽．论数字化不动产档案的保护与利用——以浙江省东阳市不动产登记中心为例[J]．办公室业务，2021(21)．

[4]陈利民，辛后林，袁升飞．文物勘探档案数字化管理与应用——以郑州市文物勘探档案综合管理信息系统为例[J]．中国档案，2021(10)．

珞珈山下的烽火岁月

——记武汉大学周恩来旧居纪念馆

武汉大学党委宣传部　宋　薇

在郁郁葱葱的珞珈山下，有这样一座设计精美的英式二层别墅，红瓦青砖，地基开阔，庭前屋后被参天大树环绕，它就是曾经的珞珈山一区 27 号教工宿舍，现今的武汉大学周恩来旧居纪念馆。在 1938 年国共合作联合抗日期间，周恩来夫妇曾经在此居住，在珞珈山寓所中会见国民政府要员和国际友人，与他们共商抗日大计，同奏抗日救亡主旋律。

一、生死存亡、风云际会

1937 年"七七事变"后，日军大举进犯，华北华东告急，上海失守、南京沦陷，中华民族到了最危险的时候，值此生死存亡之际，国共两党不计前嫌携手抗日，积极开展第二次国共合作，共谋民族大义。1937 年冬，国民政府各机关从南京转移到武汉，武汉成为了全国抗日的领导中心。时任中共中央革命军事委员会副主席、国民政府军事委员会政治部副主任的周恩来也来到了武汉，巩固和发展抗日民族统一战线，广泛团结社会各界人士，努力推动国共合作抗战，特别是感召和动员了大量青年学生积极投身抗日救亡运动。

在 1937 年 12 月 18 日抵达武汉后，周恩来先是在位于汉口日租界大石洋行的八路军驻武汉办事处工作和生活。1937 年 12 月 31 日，周恩来应武汉大学抗战问题研究会的邀请来到武汉大学讲演《现阶段青年运动的性质和任务》，动员青年学生到军队去、到战地去、到乡村去、到被敌人占领了的地方去，号召青年朋友努力争取抗战的最后胜利。周恩来说："不说近二十年，就是近百年来，也没有过像这次这样的动员全中国的兵力，进行各党派各个阶层一致对外的抗战。这个抗战是非常神圣的，这个抗战使我们中华民族在世界上矗立起来了"。

1938 年 5 月，周恩来和邓颖超从汉口搬到了珞珈山一区 27 号教工宿舍居住。在珞珈山寓所中，周恩来和邓颖超经常同爱国民主人士、抗日将领谈心，共商抗日大计，巩固了抗日民族统一战线；热情接待了美国记者埃德加·斯诺等国际友人，向外国友人宣传中国的抗日策略，扩大了国际影响。周恩来寓所也因此获得了"国共合作抗日小客厅"的美誉。在27号教工宿舍居住期间，在晚间散步时，周恩来夫妇常和此时同住在珞珈山的蒋介石夫妇相遇，彼此互致问候。国共两党的高级官员共同营造了精诚合作、亲切友好的合作氛围，促进了抗日民族统一战线的形成，推动了抗日救亡斗争。1938年10月25日，日军进攻葛店，国共要员撤离珞珈山。周恩来作为八路军办事处最后一批撤离的人员之一，在《新华日报》发表了《告别武汉父老》一书，郑重宣告："我们只是暂时离开武汉，我们是一定要回来的，武汉终究要回到中国人民的手中！"

二、精诚合作、金石为开

在抗日战争初期，国共两党要员聚集武大珞珈山，居住半年左右，共谋抗日救亡大计，共筑民族统一战线，这在我国高校中是绝无仅有的。这是一段特殊的烽火岁月，它充分展现了中华民族"精诚合作、金石为开"的美好品德，而武汉大学周恩来旧居纪念馆这一栋二层小别墅就是这段烽火岁月与美好品德的见证。毫无疑问，团结合作始终是我们这个民族不断向前的力量源泉。

《论语·为政》有云："君子周而不比，小人比而不周。"周恩来同志作为一名伟大的无产阶级革命家同时也是一位周而不比的谦谦君子。他出身书香门第在文化界颇有声望，同时又是坚定的无产阶级的一分子，他既是我党的高级干部又曾任黄埔军校政治部主任。他的特殊出身与特殊经历使其在领导统一战线工作中成就斐然，筑牢了中华民族统一战线，画出了建设社会主义的最大同心圆。在抗日战争时期，他坚持国共合作，积极团结民主党派、进步知识分子、爱国人士和国际友好人士，制止反共逆流，塑造了我党以诚相待、团结合作的友好形象。抗日战争胜利后，陪同毛泽东同志赴重庆与国民党进行和平谈判。解放战争时期，协助毛泽东同志指挥三大战役、筹备召开政协会议、主持起草《共同纲领》。新中国成立后，先后担任政务院总理、国务院总理长达26年，积极探索符合我国国情的社会主义建设道路，在新中国的政治、经济、外交、统战、文化等各领域均作出了奠基性的贡献，是"人民的好总理"。

周恩来同志的一生是光辉的一生，是始终践行团结合作的一生。团结一切可以团结的力量，精诚合作、金石为开。"大贤秉高见，公烛无私光。"周恩来同志之所以能够在团结合作上取得如此成就，就在于他始终秉持着天下为公的高尚理想，没有一点私心。他身后没有留下任何个人财产，连自己的骨灰也不让保留，撒进了祖国的大海之中。习近平总书记指出："周恩来同志是近代以来中华民族的一颗璀璨巨星，是中国共产党人的一面不朽旗帜。周恩来同志的崇高精神、高尚品德、伟大风范，感召和哺育着一代又一代中国共产党人。"

三、精神永存、砥砺后人

周恩来同志是一座不朽的丰碑，永远矗立在中国人民心中，他的无私精神和团结精神永存于世，砥砺后人。武汉大学精心修缮周恩来旧居纪念馆，为的就是在珞珈山下、在武大学子心中点燃一盏不灭的明灯，教育他们曾经在这里有过这样一位崇高与伟大的人物，发生过这样一段团结合作的佳话，激励他们向周恩来同志学习、向革命先烈学习、不畏浮云、勇毅前行。

据武汉大学校史记载，在 1941 年至 1945 年，学校有多位爱国青年参加远征军奔赴缅甸抗击日寇。1944 年"武汉大学学生运动核心组织"动员和选送了 20 多位进步青年参加新四军，进入中原解放区李先念部队。还有些学生自发到抗日前线工作。无论他们是否在 1937 年或 1938 年在现场聆听过周恩来同志在武大的演讲，但我想这些投笔从戎的年轻人一定是受到了周恩来同志的无私精神的感召才会这样义无反顾。王星拱校长在抗日动员讲演时指出："我们这一次的抗战，是为着保护民族生存而抗战，是为着维持世界公理及人道而抗战，这就是至善"。有人投笔从戎，有人学习报国。1938 年武汉沦陷后，武汉大学西迁乐山，正是在西迁乐山的 8 年间，武大先后培养出了 12 位后来为新中国建设作出重大贡献的知名院士。这份沉甸甸的教育成就让人惊叹。历史进入新时期，武汉大学以文化人、以文育人的教育工作取得了更大成就，为国家和社会培养了一批又一批的学术翘楚、实业精英、政界名人和社会楷模。

虽然周恩来同志已经离开我们很多年了，那段风云际会的烽火岁月也尘封在历史的硝烟之中了，但周恩来同志的精神永存。今天我们在珞珈山下拾级而上，探访"十八栋"的历史建筑，踏入周恩来旧居纪念馆，瞻仰馆中的各类图片报纸，听取讲解员的讲解，缅怀抗战的烽火岁月，为的就是继承和发扬周恩来同志的无私精神和团结精神，给思想补钙、给精神充能，用伟大精神滋养我们正在进行的理论研究、科技创新、人才培养和学科建设，面向世界科技前沿、面向经济主战场、面向国家重大需求、面向人民生命健康，实现高水平科技自立自强，建设文化强国，为党和国家的现代化事业作出更大贡献。

学批示见行动

——新时代我校档案工作的传承与创新

武汉大学学生工作部　彭国娥

档案记录历史，传承方知未来。在习近平总书记重要批示指导下，我校档案工作者笃行不怠，一如既往地严谨务实、主动服务；踔厉奋发，开展数字档案馆建设、党史校史育人等创新性工作，在传承与创新中使档案充分发挥存史资政育人的重要作用。

一、档案工作在高校发展中的重要作用

前事不忘后事师，自来坟典萃先知。档案是历史的接续传承，是现实一丝不苟地摹刻，是未来不掺水的史料。珞珈山兰台之上，一代代档案工作者不忘初心，铭刻了先辈筚路蓝缕的建校历史，笔耕不辍，记录着百卅年来珞珈山上发生的件件要事，开拓创新，将档案成果转化为学校发展的新助力，在学校管理、学生培养、对外交流等方面做出了重要贡献。

(一) 高校管理方面

高校的管理是个繁琐的复杂系统问题，而记录了学校工作的档案信息，可以帮助工作人员对学校的工作进行总结分析。我校档案馆、各立卷单位通过对工作事务的真实记录与整理编撰形成的武汉大学年鉴，信息容量大、知识密集、板块清晰、可读性强，并以调整体例、强调变量等多种方式不断打磨年鉴质量，为学校管理工作的评价与发展提供重要参考资料。

(二) 学生培养方面

我校一向秉持"以学生为本"的理念，档案作为记录学生学习历程和日常生活的载体，不仅可以客观记载学生的成绩、医疗、消费情况，还可以在此基础上进行分析，为奖助学金管理、精细化资助、个性化学业帮扶、就业指导等提供可靠依据。同时，校史作为档案

的一部分，在赓续武大红色血脉、创业精神、人文精神的过程中处于无可替代的地位，是我校档案存史育人的主体内容，是知校爱校情怀的培养基、学生自豪感与使命感的补给站。

(三) 对外交流方面

校史馆展示了学校的发展历程、学科建设、科研攻关、社会服务、留学交流等方方面面的情况，是展示学校深厚人文底蕴和办学成就的重要窗口，是学校重大接待和国际交流的重要平台，也是校友与母校间的情感纽带之一；另一方面，基于档案资源编研形成的书籍著作，也充分发挥了展示武汉大学深厚人文底蕴、弘扬优秀校园文化的重要功能。

二、我校档案工作的不断积淀

三尺兰台大世界，半宗档案晓春秋。武大作为百卅老校，积累了丰富的档案资源，沉淀了档案工作者代代相传的工作经验。如何在老档案的基础上实现创新发展，是习近平总书记的重要指示内容，也是我校档案工作者孜孜以求的奋斗目标。

近年来，我校档案工作者兢兢业业，把档案工作越做越好。连续开展档案日纪念活动、周恩来故居和李达故居展陈工作，在档案编研方面取得了相当成绩。在档案日纪念活动中，组织了线上专题档案知识竞赛，创新性地与清华大学档案馆联合举办了线上专家讲座；在故居展陈方面，不断完善周恩来故居展陈内容，紧锣密鼓筹备李达故居展陈工作，积累了翔实厚重的展陈资料，形成了完备的展陈方案；在档案编研方面，2009 年以来已编研出版书籍共计 55 本，其中《武汉大学年鉴 (2017)》荣获 2018 年第六届全国年鉴评审一等奖，而由档案馆馆长涂上飙研究院主编的《中南高校档案文化资源开发综合研究》《珞珈风云——寻找十八栋别墅里的名人名师》等书相继出版，以更生动的形式展现了档案和档案工作内容。

三、新时代下我校档案工作的创新做法

新时代，档案工作已不再仅仅是"分肌擘理，鉴貌辨色；规圆矩方，依时顺序"，如何把红色档案保管好利用好、实现档案数字化，成为新的档案命题。在传承的基础上，我校档案工作者不断钻研，开展了数字档案馆建设、党史融入校史开展新生教育、党史中的武汉大学专题展等创新性工作。

我校档案工作者始终坚持"档案工作姓党"原则，切实履行政治责任与国家担当。把党史融入校史中，开展新生教育，帮助新生认识武大历史、畅想大学生活、坚定理想信念，

引导新生扣好大学的第一颗纽扣；举办"百年武大 初心如磐——党史中的武汉大学"专题展，系统筹划、精心布展，充分挖掘了档案馆馆藏的党史校史资源，设立了"足迹追寻：中共'一大'代表与武汉大学""团结抗战：周恩来在武汉大学""光辉一页：毛主席视察武汉大学""前赴后继：武汉大学培养的革命青年""思珈意浓：红色人物的珞珈情怀"共5大板块。用宏大的叙事方式表述校史，在武大校园的变迁中让学生身临其境地学习党史，把党史学习教育作为主线贯穿其中，与校史教育互为补充、相得益彰。

档案数字化进展迅速。我校档案系统不断优化，持续推进数字档案馆相关建设项目。我校于2019年就已将档案系统更新换代，形成了更高效的归档流程、更集约的保存方式、更便利的查档方式。2022年10月，档案馆提出了数字档案馆建设总体思路、基础设施现状及计划开展建设的项目情况，成功申报武汉大学数字档案馆相关建设项目，在数字档案馆建设的创新路上稳步前行。

四、未来展望

上林春讯人间满，剪出红梅花万枝。习近平总书记指出，档案工作存史资政育人，是一项利国利民、惠及千秋万代的崇高事业。在高校工作中，档案作为重要的信息载体与管理工具，起着不可替代的作用，武大档案工作者心系兰台、热诚服务，接续传承、开拓创新，在档案编研、档案数字化、红色档案方面不断创新进取，取得了诸多成绩和奖项。在批示精神指导下，在新时代科技进步的浪潮中，我校档案工作者将紧扣档案管理的新技术、新观念，不断创新和发展，实现档案管理的高效化、专业化，为学校的发展提供有力保障和新生活力。

奋发珞珈山，蹈厉在兰台

——记机关党委档案工作

武汉大学机关与直属单位党委　陈利华

1948 年 6 月 9—11 日，巴黎召开了一场影响深远的会议。世界各地的学者来到巴黎，战后的百废待兴中，这场会议指向了一个重要的概念："档案"。正是在这个 6 月 9 日，联合国教科文组织成立了国际档案理事会——致力于"为了全人类"保护好档案，开展鉴定并提供利用，这一天也就成为后来的"国际档案日"。

"档案"何以如此重要，以至于关涉着全人类的发展？在新时代，我们又该如何做好档案工作？时值第 16 个国际档案日，自当进而奋发，退而反躬，在珞珈山角，总结既往工作，给出满意答案。

一、守定青山：坚持为党管档神圣职责

个体的记忆可以通过日记、照片得以保存，而无数个体的记忆，就汇集成为集体的记忆。无数滴水汇成浩瀚江河，档案，正是国家与社会记忆的留存，是时代的切面与叠合，是宝贵的凝固的时间和历史。

同时，在人际联系逐渐紧密、社会管理水平不断进步的今天，档案还是社会成员身份的记录和证明，是现代社会信息化治理的基石。通过提供人类行为和交易的证据，档案支持着行政管理，并成为个人、组织和国家权利的基础；通过保障公民获得官方信息和了解其历史的权利，档案在身份、民主、问责制和良好治理等方面起着至关重要的作用。

机关党委一直高度重视档案工作。党员的入党材料、入党程序中形成的相应材料、党员档案的转入与转出等重要工作都有机关党委的参与，机关各单位党支部的党建工作所形成的资料，也有相当部分由机关党委备案保存。机关党委一直认真履行工作职责，夯实党建责任，确保相关档案完整、安全，组织专门工作人员，确保相关材料规范归档、统一管理。在工作方法上，机关党委坚持不断完善档案工作体制机制，在实践过程中反思反省总结经验，坚持档案工作的政治定位。"为党管档、为国守史、为民服务"是档案工作的神圣

职责，也是档案工作"姓党"的政治属性所在。

对于党和人民的事业来说，档案工作是维护党和国家历史真实面貌、保障人民群众根本利益的重要事业。做好档案工作，是党和国家布置给各层机关组织的重要任务。就像党的十九大闭幕后，习近平总书记带领新一届中央政治局常委瞻仰中共一大会址和嘉兴南湖红船时指出的——我们是为了不忘初心、坚持真理而来，我们的初心、真理就蕴含在这些档案之中。

二、寻根护基：用心用情服务同志

有时，档案材料仅仅是薄薄的一沓纸，然而其中承载的，是一段历史、一生奋斗和满腔情谊。建立完善档案的过程很艰辛繁琐，收获也是很让人幸福满满。

记得在 2016 年中央组织部召开了落实基层党建重点任务推进会，对党员组织关系集中排查、基层党组织按期换届专项检查、党费收缴工作专项检查。当时正值暑假期间，机关党委多次召开会议，讨论研究组织关系排查工作的实施，对机关所有类别的党员进行了一次全面的梳理排查，主要核实党员身份、入党时间、转正时间以及流动党员的去向等信息。对所有在职党员，要求支部作为第一责任人，对本支部的党员进行认真排查，对组织关系、党费收缴、党员档案等进行了全面的摸排。针对离退休干部，成立了以各区离退休工作联系人为责任人的排查小组，负责对离退休人员理顺组织关系，查找党员，清理党费，并到档案馆查阅党员档案。对与组织长期失去联系的 33 名党员，根据现存的信息，通过采取同事、朋友、亲人及一切能联系到的社会关系，查人社局养老保险、查派出所户籍信息、查社区居民信息等多种方式，通过市公安局、区政府、街道办、社区委员会层层联系，已经全部找到，并针不同情况进行了处置。对其中 19 人做了自动脱党除名，7 人出国(境)取得了长期居留权，补办了停止党籍手续。7 人能讲明失联原因、态度端正、愿意留在党内，经核实，纳入组织关系办理。在核查过程中，有些党员没有档案或档案不完整的，党员组织关系排查工作要求按程序进行补充归档。虽然整体暑假都没有休息，但是厘清了机关党员的信息和党内档案，大家都觉得成就感满满。

2021 年，党中央决定首次颁发"光荣在党 50 年"纪念章。这项工作是中国共产党成立100 周年庆祝活动的重要组成部分。50 年峥嵘岁月，50 年光荣见证，纪念章的颁发对于增强党员的荣誉感、归属感、使命感，汇聚全党为实现"十四五"规划和 2035 年远景目标持续奋斗的磅礴力量，具有十分重要的意义。

纪念章颁发给健在的党龄达到 50 周年、一贯表现良好的党员。时间跨度大、内容多、变化复杂，要确认纪念章颁发的人员和资格，这就对党员身份确认、党龄统计、履历调查等一系列环节提出了要求，也成为了对机关党委档案工作负责的同志的一次考验。机关党委对这项工作高度重视，积极响应上级号召，认真做好统计、组织颁发等工作，努力确保每名符合条件的老党员及时、顺利地获颁纪念章，深切体会以习近平同志为核心的党中央尊重、关心、爱护老党员的鲜明立场，感受到党中央的关怀和温暖。机关党委组成核查工作组，以极高的工作热情投入到档案的查找、确认和统计工作中。

原信息学部的老党员王丽芳老师，在原武汉测绘科技大学教务处上坚持发光发热30余年，她1960年入党后对待工作兢兢业业，对待同志、学生热情真诚，始终严格以党员标准严格要求自身，老骥伏枥，退而不休。在核查过程中，老人的党员信息并不清晰，在有关数据里也没找到她的名字。接到老人和支部的反馈后，机关党委的负责同志立刻着手核查工作，在浩如烟海的材料中，按照资料目录整理相关材料，为老同志确定在党时间做出了关键性支持。档案材料清晰地保存了老人爱国敬业、奉献无悔的经历，白纸黑字地确认了老人为国家和人民所做出的杰出贡献，呈现了老人自青春而至白首始终初心不改的赤诚。对老同志的在党时间的确认，不仅体现了档案工作的重要性，体现了新档案法所强调的"走向依法治理、走向开放、走向现代化"的精神，也让老党员感受到党和人民没有忘记自己，档案资料记载着她对党与祖国的忠诚之心。这令老人十分感动。她表达了对相关人员的认真工作、热情服务的感谢，更表达了始终心向党，心系党，不忘初心的情怀与斗志。

最终，"光荣在党50年"纪念章颁发工作连续两年顺利进行，2021年和2022年，共有245名老党员顺利获得"光荣在党50年"纪念章。这样的感人故事，在机关党委的档案工作中屡屡出现；而更多的则是日复一日看似枯燥的扎实工作。坚守岗位"为党管档"，是机关党委档案工作的神圣职责；用心用情服务同志，是机关党委人的热情与担当。

三、展望未来：建立健全机制制度

从重大行政决策、大型工程建设到个人学业、工作与生活，档案始终默默记录着，保存着各个领域、各个层级的变化变迁，它与每个人、每个组织都息息相关。社会生活中的所有主体，都被档案平等地注视着，都是档案资料的形成者、档案保护的参与者和档案的利用者。

随着经济社会发展和信息时代的到来，档案工作的内外环境发生了深刻变化。新的组织和治理形态不断催生新的档案记录形式和管理方式，档案工作面临从传统载体管理向数字管理转型升级的巨大挑战。

在第十六个"国际档案日"即将到来之际，回首既往工作，汗水与收获并存；展望未来蓝图，希望与奋进齐飞。机关党委将积极响应党中央与学校号召，建立健全档案工作责任制，加强风险和应急管理水平、创新开发档案资源、依法合规利用档案，谱写新时代档案工作的新篇章。

以党的二十大精神引领新时代高校档案事业高质量发展

武汉大学党政办公室　　于艳蕾

2022年10月16日至22日，举世瞩目的中国共产党第二十次全国代表大会在北京胜利召开，为实现中华民族伟大复兴的中国梦擘画了一幅波澜壮阔的新图景。10月30日，中共中央发出《关于认真学习宣传贯彻党的二十大精神的决定》。习近平总书记指出："档案工作存史资政育人，是一项利国利民、惠及千秋万代的崇高事业。"作为高校档案工作者，为落实这一要求，将以学习宣传贯彻党的二十大精神为契机，坚持学习好、领会好、贯彻好党的二十大精神。在全面深入学习党的二十大精神中践行新思想，谋划新作为，研究高校档案工作特点和规律，不断提升高校档案工作迈上新台阶，实现高校档案事业高质量发展。

一、坚持党的领导，深入学习践行党的二十大精神

任何一项事业的胜利推进，离不开正确思想的引领。高校档案工作者在思想上政治上行动上同党中央保持高度一致，不断提高政治判断力、政治领悟力、政治执行力，确保党中央权威和集中统一领导，确保党发挥总揽全局、协调各方的领导核心作用。党的二十大报告高屋建瓴，着眼战略全局，吹响了社会主义现代化建设新征程的前进号角。用习近平新时代中国特色社会主义思想凝心聚魂，深刻领会丰富内涵和实践要求，全面掌握世界观和方法论，用以武装头脑、指导实践、推动工作。深刻认识到党的二十大对新时代新征程档案工作提出的新要求，围绕习近平总书记提出的档案工作"走向依法治理、走向开放、走向现代化"的重要论述深入研究，努力实践，切实把学习成效转化为推动工作的强大动力，奋力书写档案事业现代化和高质量发展的新篇章。

二、坚持改革创新引领，实现高校档案现代化管理

党的二十大报告提出，全面深化改革要敢于面对新矛盾新挑战，冲破思想观念束缚。要坚持和深化依法管档治档，一体推进立法、执法、普法工作，完善配套制度。近年来，国家和湖北省发布实施了一系列档案工作标准规范和工作要求，高校档案工作可结合实际修订档案管理制度，重点做好档案分类方案、文件材料归档范围和档案保管期限表即"三合一"制度的编制审查工作。管理模式标准化，是档案管理现代化的主要基础与保障。规范高校档案管理工作，是实现档案管理现代化的必要环节。高校在制定和实施各项标准规范时，必须要设定统一的标准，然后进行合理的分工，确保各项工作能够有机衔接，通过规范化制度化的操作来实现科学化档案管理的目标。

高校档案的标准化管理，包含了档案收集、归档整理以及归纳保管等环节的规范化操作，如对档案目录的设置、档案编号的标记、档案载体的分类、档案特征的描述、档案内容的检索和对档案资源的利用等使用统一标准。档案管理工作规范化是标准化的前提。参考档案管理标准与规范，如国家标准《档案分类标引规则》、行业标准《档案著录规则》等、坚持统一性原则，注重标准化体系建设各类标准的相互关联，结合档案工作客观实际，从具体业务环节进行研究，制订适用于本单位的档案管理办法，形成档案收集整理、编目检索、鉴定保密、利用统计、销毁实施等细则，满足档案管理标准化建设的现实需求。比如，在文件的立卷归档中注意统一规范形式，页码标记、页面大小、标题记录、编码形式等，明确归档时限，确保归档档案的标准性、统一化。进一步加强档案台账管理，建立完善档案借阅台账，做好档案流转管理，建立跟踪查询机制，保证档案流转各环节衔接紧密，避免档案丢失，体现适时性原则，实现标准化建设的程序化、秩序化；档案管理工作标准化，要求在一定的体制下协调档案存档的规范性及信息建设的科学化管理，逐步推进档案的现代化管理。以武汉大学档案管理工作为例，他们借鉴先进经验，制定了合理的规章制度，在档案信息收集、保管和利用等方面有规可依，取得了显著的成效。

三、坚持技术创新引领，实现高校档案信息化战略转型

资源数字化，是促进档案管理现代化的根本条件与基础。高校档案管理数字化，是现代信息社会下对档案管理工作的最新需求，也是中国档案管理事业发展的必然走向。实现信息数字化管理必须要通过以下几点来实现，首先是对档案材料进行数字化加工，对已有的纸质文档、图片等通过扫描进行信息化处理或直接录入电子档案信息，将重要文件完整地存储在各种专题数据库当中。其次打造信息共享模式，利用高校档案馆存储档案信息，

以此为基础，构建高校档案信息中心。只有不断提升档案管理的信息化水平，才能实现高质量的档案服务。

网络化是高校档案现代化管理的技术支持和重要标志。利用现代计算机科学和信息通信技术手段，把已有的馆藏资料与正在产生的档案资料统一起来，以进行档案信息的采集、保存、分类、传播和数字化利用，并不断创新。目前，高校办公自动化系统（OA）的普遍应用和推行无纸化办公，纸质文档正逐渐代替电子文档，高校档案馆的文档管理工作已逐渐发展为全文扫描记录、全文电子存档、光盘保存等。同时，高校档案馆也在校园网上开设了自己的主页，促进了档案网络管理的发展。未来，数字文件信息将形成海量的档案信息网络，档案信息将在互联网上更高效、更快速地被收集、传递、检索和使用，数字档案馆的建设势在必行。

四、以服务方式创新为引领，践行高校档案工作"以人为本"服务理念

倡导"以人为本""人本管理"是现代管理学的重要理论。"以人为本"中的"人"，对于高校档案管理工作而言，包括两个方面的内容：即作为主体的档案工作者和作为客体的档案用户。作为主体的档案工作者是最基本、最重要的因素，是联系档案实体与档案利用者的桥梁。档案工作者的业务水平、工作能力、文化素养、创新意识、敬业精神越强，则高校档案管理的整体水平越高。要加强档案工作者能力建设，结合基层调研等实践活动，通过教育培训、岗位练兵、工作实训等方式，不断提高档案工作者的专业精神和专业能力。

武汉大学档案馆推行"服务方式零距离、服务受理零推诿、服务质量零差错、服务结果零投诉"的承诺服务制度，依托新的档案信息管理系统，推出了"掌上查档，远程查档"服务。近三年来，档案馆查档利用1.1万人次/年。武汉大学档案馆工作人员和学校各部门保持密切联系，随时为各立卷单位提供上门指导服务，真正做到手把手指导，细致入微。学校各部门如果有查档需求，办理手续简便，获取查档结果快捷，让用户体会到档案馆在为让档案"活起来"做出的努力。

五、以宣传方式创新为引领，实现高校档案工作育人本质

党的二十大报告指出要繁荣发展文化事业和文化产业，坚持以人民为中心的创作导向，推出更多增强人民精神力量的优秀作品。档案事业是文化事业的重要组成部分，高校是为社会培养高素质人才的重要基地，肩负着为当代大学生培根、铸魂、启智、育心的重任。高校档案应"充分发挥档案的文化教育功能"，使学生不断增强个人文化修养、提高学术文化水平、坚定理想信念。高校档案记录了教学名师、专家学者致力于教育事业的感人

事迹，再现了一代代校友奔赴于祖国各地的成长历程。我们应该合理利用档案，适时开展专题宣讲，用这些贴近学生生活的素材，与学生共情，为他们在困难和挫折中指明方向。另外，我们还可以利用档案编纂校史、编制名人档案、设立校史馆、举办校园文化展、优秀毕业生成果展等，展现校园风采。用最原始、最客观、最真实的事例可以让学生体验学校的文化底蕴，增强其对学校的认同感和荣誉感，激发学生的爱国情怀，引导学生形成正确的三观，传播正能量，弘扬主旋律，实现以档化人，以档育人，这同党的十二大报告提出的全面贯彻党的教育方针，落实立德树人根本任务，培养德智体美劳全面发展的社会主义建设者和接班人是一致的。武汉大学档案馆利用所藏设立校史馆，周恩来旧居纪念馆等，通过原始编研、基础编研和深度编研三种层次，全员、全年、全方位地开展校史编研工作，编研出版校史研究成果位居全国高校前列，让档案在各种宣传载体上"活起来"，把以档育人作为神圣使命，武汉大学档案馆一直在路上。

大数据时代高校档案事业高质量发展的问题与对策探讨

武汉大学人文社会科学研究院　谭珊娜

2013 年起，我国就迈入了以数据战略资源深入挖掘数据关系的大数据时代。随着云计算、物联网等技术的兴起，数据正以海量的速度增长和积累。为使档案事业的发展适应国家治理体系和治理能力现代化的要求，中共中央办公厅、国务院联合印发《"十四五"全国档案事业发展规划》（后文简称《规划》），对高校档案管理提出了"智能化"的发展理念，提出要加快档案资源数字转型，在信息化建设中深度融合互联网、大数据、人工智能等新一代技术，实施科技兴档工程与人才强档工程。我国高校由于人员规模较大而成为数据生产大户，随着智慧校园的建设，办公自动化的普及，教学、科研、党政管理等活动中产出的数据资源逐年飞增，传统的档案馆运行模式已难以适应高校发展的需求，急需升级转型。

一、高校档案事业数字化转型发展现状

我国高校档案管理对象大概经历纸质档案、纸质档案与电子档案共存、电子档案等三个阶段。当前，多数高校主要处于第二发展阶段，全程电子化为特征的第三阶段尚处于摸索发展过程。《2021 年我国高校档案工作发展报告》（后文简称《报告》）对来自 18 个省市 178 所涵盖了双一流、普通高校、高职院校等不同办学层次的高校进行了高校档案事业数字化智能化转型进度的问卷调查。《报告》显示：在数据存量方面，高校存量档案数字化率平均为 48.9%，约半数能实现全文检索；在数据类型多样化方面，约 1/3 高校的档案管理系统对接了学校其他业务系统，约 25% 对元数据进行了采集；在数据资源开发利用方面，仅有 9.55% 的高校建设了档案知识库，5.62% 建设了知识检索系统；在服务便利化智能化方面，50% 以上能实现类检索及远程在线办理，7.87% 实现全流程无纸化管理和在线审批，仅有 2.81% 的高校完全实现在线远程服务；在数据安全保障方面，约 1/4 的高校电子档案利用实现权限与隐私控制，约半数能自动备份档案数据，31.46% 实现了异质备份，仅

14.61%实现了异地备份。

从上述数据可知高校档案事业在数字化转型和数字化建设中取得了一定的成绩,如专题档案资源不断丰富、档案服务不断延伸到远程、档案收集归档自动化、建设虚拟校史馆等,但在数据化智能化建设上进展缓慢,弱化了档案的知识和信息属性。

二、大数据时代高校档案事业高质量发展面临的问题

(一)档案资源体系覆盖范围不全

档案收集是档案的源头工作,当前高校的档案工作是以立卷部门为基础,对归档范围因人而异的理解造成档案资源未能"应收尽收"。尤其是在智慧校园的建设中,汇聚大量数字资源的信息化管理平台中存在有价值的存档数据流失现象。

(二)新增档案归档分类体系不完善

高校在机构改革、机制变革背景和信息技术发展过程中,衍生出了许多未纳入原档案分类体系的档案资源,例如高校内部部门信息化工作平台应用产生的大量有保存价值的数据资源。而归档分类体系并未随之实时动态调整与完善。

(三)档案利用服务体系不高效

可快速精准查询并便捷获取档案,同时通过智能化关联获得相关性数据是提升高校档案资源利用率、充分挖掘其利用价值的关键指标。而我国大部分高校的档案馆网站主要以发布信息及业务介绍为主,网站中的馆藏资源或精品档案专题也大多数以文件目录的方式呈现,有价值的原文信息少,检索不便。

(四)智慧档案馆的智能化管理与智慧服务效率低

智慧档案馆的建设需要充分协同管理档案实体、物联网、互联网、设备、人员、业务以及技术支持等环节,推动馆藏数字化资源与智能化技术手段的深度融合,实现档案收集整理与保管利用智能化。而目前高校智慧档案馆的建设重心尚停留在硬件设施的建设上,对于需要定期升级维护的智慧软件建设重视度不高。

(五)档案资源安全面临更多风险因素

数字化档案最大的安全风险来自计算机与互联网,受现阶段信息技术的限制,电子档案在收集、归档、查档的过程中增大了黑客侵扰、病毒攻击的风险,档案很容易被恶意损

坏、窃取或者修改，真实性和保密性受到威胁。

(六) 信息化技术型专业人才匮缺

随着高校档案事业的数据化发展，信息化技术问题越来越频繁地出现在档案管理工作中，急需专业技术或复合型人才协助建设。

(七) 社会档案意识急需提升

高校档案资源的收集需要每一位成员的积极参与，大众需要了解并接受档案工作的价值内涵来提升档案的影响力。目前高效开展全方位多渠道的宣传工作不足，利用新媒体、网络平台对档案知识和信息资源的宣传策略缺乏，公众对档案工作的印象不深，积极性和参与度不高。

三、大数据时代高校档案事业高质量发展的方法对策探讨

(一) 建立健全档案管理工作机制

随着新修订《中华人民共和国档案法》《规划》等的颁布实施，高校档案工作迫切需要调适以符合大数据时代的要素。需要从完善和优化规章制度、工作流程、岗位职责体系、考核激励机制等改进现有的管理工作机制，提高立卷部门的工作效能，从源头把控档案资源的质量。同时建立健全馆库智慧权限审批与安防管理机制，推动大数据、人工智能等新技术在档案资源收集中的应用。

(二) 实时修订档案归档分类体系

大数据时代高校产生的新生事物、新生业务越来越多，生产的数据越来越庞杂，超出归档范围的档案日益增多，需要更加个性化、精细化的归档分类来实时分析归档价值，疏通大数据背景下的档案收集和整理，从被动的"给什么，要什么"，变为主动的"要什么，给什么"，从源头规范档案管理工作，实现"应收尽收"。同时，完善的档案分类体系有助于后期档案资源的高效检索与利用。

(三) 加快推进档案资源数字转型

一是推动增量档案电子化。大力推进档案管理系统与各归档部门业务系统的对接，提高电子档案归档效率，逐步推进档案收集、分类、著录、归档移交工作的智能化建设。二是推进馆藏纸质档案存量增量数字化。做好存量增量档案的数字化统筹规划工作，加大数

字化档案全文识别、全文编辑力度的技术支持，特别是永久档案要通过数字化加工达到全文检索的要求。三是构建档案工作一体化智能体系。建设智慧档案馆应用系统，集档案信息采集、资源管理、信息发布、知识服务于一体，启动数字档案馆认证，推动大数据和人工智能技术在数字档案整理和服务上的深度融合，构建数字赋能、融会贯通、高效协同的一体化档案工作局面。

(四)优化升级智慧档案馆信息平台

加快智慧档案馆在软硬件设施信息化建设上的升级，优化数字档案资源收集分类与检索利用智能化。与校内大数据研发平台合作，共同推进智慧档案馆的信息平台建设。在合法依规前提下，积极与其他高校建立联盟，推动高校间的档案信息平台的链接；积极参与数字治理工作，聚合共享资源，推进多元共治。

(五)完善健全档案安全管理体系

从档案监管机制、人员保密意识、资料存储安全、系统安全防护四个方面入手进行档案安全体系建设。结合各单位现行数据现状，划分档案数据密级与知悉权限；利用传统的网关安全防控，结合哈希值技术、区块链技术等先进技术，针对数据泄露、数据加密、数字权限保护、数据存储等建立健全技术防护手段；同时，对档案管理系统进行监测与预警。

(六)积极优化队伍知识结构

适当引进或兼职聘用高端技术人才，助推高校档案大数据时代的资源建设；加强档案部门专兼职管理人员对大数据、人工智能等信息化专业技能的培训。通过外引内培，提升智能化档案管理和服务水平。

(七)积极宣传档案工作价值

综合利用多媒体、网络、专题展览等方式传播档案知识。从大众工作生活视角切入，利用馆藏数字化档案信息资源，制作优质宣传作品反映学校特色与发展历程；以沉浸式的体验方式体现档案工作内涵，提升社会档案意识。

◎ 参考文献

[1]中办国办印发《"十四五"全国档案事业发展规划》[J]. 中国档案，2021(6)：18-23.
[2]张朝晖，郑川，向禹，杨桂明，吴玫. 2021年我国高校档案工作发展报告[J]. 山西档案，2022(3)：5-18.

［3］肖婷．新形势下高校档案管理发展变革路径——基于《"十四五"全国档案事业发展规划》的思考［J］．办公室业务，2022（21）：145-147.

［4］Benil T，Jasper J．Cloud based security on outsourcing using blockchain in E-health systems［J］．Computer Networks，2020（178）．

专业型研究生学位档案的管理探索

——以临床医学专业学位研究生为例

武汉大学研究生院　刘屹颖　孙　晶

当前，我国研究生教育中学术学位研究生教育和专业学位研究生教育并存，二者处于同一层次，但是在培养目标和定位上存在差异。学术学位研究生教育旨在培养学术研究型人才；专业学位研究生教育以培养解决实际问题的高层次应用型人才为主要目标，旨在培养具有较强的专业能力和职业素养，能够创造性地从事实际工作的应用型人才。以医学为例，我国临床医学专业研究生分为以培养科研能力为主的学术型研究生和以培养临床能力为主的专业型研究生。在推进医教协同的背景下，从 2015 年开始，临床医学专业型研究生培养和住院医师规范化培训实现并轨，合格毕业生可获得"四证"（毕业证、学位证、执业医师资格证、住院医师规范化培训合格证）。这意味着学术型研究生和专业型研究生的学位档案收集的内容不同，学位档案的管理也存在差异。

学位档案是高校在培养和授予博士、硕士学位等活动中形成的具有保存和利用价值的文字、图表、声像等文件材料，是学位授予单位审核申请者学位水平的重要依据。对于临床医学专业型研究生来说，学位档案完整地记录了临床医学研究生在校期间学习、基础、科研及临床实践的全过程，也反映着研究生学位申请与审批的情况。

一、临床医学专业学位研究生学位档案的特点

1. 形成周期长。一般专业学位硕士研究生的学制为 2~3 年，博士学位研究生的基本学制是 3 年，本硕博一贯制的临床医学研究生学制为 8 年。该类型的研究生在校期间产生的资料较复杂、涉及内容多、范围广，整个学习研究要先进行理论学习，然后在大量专业文献研究的基础上确定选题，再开展基础实验进行原始数据采集、动物实验验证、图表分析、反复临床或基础实验等多个环节才能完成。以武汉大学为例，临床医学八年制学生的培养包括 1 年通识教育，3 年医学模块化课程，1 年通科实习，3 年二级学科轮转和医学科学研究及论文答辩，培养的整个过程周期较长。

2. 专业性强。临床医学专业型研究生八年制的培养包括了通识教育、生物医学、医学、科学研究和实习实践，需要全面、系统和规范的临床技能，需要将医患沟通、病史采集、病历书写、基本临床操作和常见多发病的常规诊疗纳入毕业考核中。这就意味着，除了一般研究生学位档案中需要收集的学位申请书、成绩单、入学登记表、开题报告、学位课程综合考试表、毕业登记表及学位论文以外，还应收集临床病例分析、临床工作总结等专业性的档案材料。

3. 阶段性及连续性。根据临床医学研究生的培养特点，形成档案材料有一定的阶段性，第一阶段是基础课及专业课学习阶段，第二阶段是二级学科实习阶段，研究生从入学进行通识教育集中学习开始，经过教学能力训练、医学实践、科研能力和临床能力培养，直到最后完成学位论文、获得学位，针对每个阶段学习特点都会产生学位档案材料，具有明显的阶段性。同时。每个阶段形成的档案材料又是有联系的，有的材料的形成甚至贯穿整个培养过程，它反映出了研究生的培养有广度、有深度，是一个由浅入深、从基础理论到专业知识和技能的连续培养过程。

二、学位档案管理中存在的问题

1. 周期性档案保管的限制。学位档案是在研究生完成整个培养过程后才逐渐形成的，特别是八年制的临床医学专业学位研究生，在校时间长，一份完整的学位档案材料需要完成八年的临床医学研究生培养的整个过程才会形成。很多原始的档案材料很容易因保管不善出现丢失现象。而学位档案材料之间是互相衔接的，缺少任何一个环节，都会对学位档案的真实性产生不良影响。为了完成学位档案的归档工作，有时会出现因为丢失而不断补充材料的情况，造成数据的真实性缺失。

2. 归档材料模板的约束。一般学校对学位档案的卷内目录都会明确要求，统一归档材料。这就容易忽视不同学位类型、不同专业之间的差异性。就临床医学专业研究生学位档案来说，它不仅有一般研究生学位档案中的学位申请表、开题报告、成绩单等材料，还应当收集研究生在培养过程中形成的病例分析报告、临床工作总结等专业化档案材料。

3. 档案材料形成主体的分散性。研究生学位档案材料是由研究生学位管理部门、研究生培养管理部门、培养单位及研究生本人分别形成。由于档案材料形成主体的分散性，容易导致学位档案的立卷整体质量参差不齐。有的主体档案意识不强，不按规范填写，大大降低了档案质量。

4. 档案开发利用不足。由于历史以及传统的影响，档案一直以来都不为大多数人所认知和了解，同时档案管理者也多注重档案的保密，使得档案的价值得不到应有的开发和利用，阻碍了档案发展的步伐，"重藏轻用"现象普遍存在。

三、做好研究生学位档案管理的建议

1. 加强档案宣传，提高全员档案意识。利用各种渠道，通过多种形式，加强《档案法》《高校档案管理办法》等法律法规的宣传，既要提高档案管理人员的责任意识，更要面向研究生和导师开展档案管理的专题教育，使他们重视研究生培养过程中档案材料的积累和收集，保证研究生学位档案材料的真实性和完整性。

2. 针对不同类型研究生，确定档案收集范围。档案管理部门需与研究生管理部门及培养单位沟通，确定研究生学位档案的内容，明确哪些材料应归档，哪些材料不应归档，做到因专业而宜。以临床医学专业研究生为例，他们在轮转科室时的临床技能、实践能力、教学能力的考核内容都应纳入学位档案收集内容之中。

3. 不断开发研究生学位档案资源，加强学位档案的利用。研究生学位档案内容丰富，具有很高的利用、开发和传播价值。学位档案中所记载的科研成果和技术信息是研究生经过艰苦努力创造出来的，具有重要的实用价值和理论意义，有的研究成果可直接应用于临床医疗实践，提供新的诊治方法。因此学位档案不能仅仅作为授予学位的依据束之高阁，应加强学位档案资源的共享和有效利用，提高产、学、研的效果，创造出经济效益和社会效益。

研究生学位档案是研究生学习期间的真实记录，是证明研究生获得学位的重要材料，研究生学位档案管理也是研究生教学管理的一项重要工作。研究生学位档案对于总结研究生培养经验、指导学位与研究生教育工作具有很大的利用价值。因此，在研究生学位档案归档过程中，为进一步提高研究生的管理水平、保证学位授予的质量，要针对不同学位类型及学科特点，采取个性化的措施，促进档案管理规范化、制度化。

档案工作的意义在于"存凭、留史、资政、育人"，档案工作是一项崇高事业，除了保存历史资料，事关国家大事、事关后续发展，档案工作人员要深刻领悟、认真体会，高度重视档案工作。他向学校档案馆和档案工作者提出两点要求：一是提高政治站位，深入学习贯彻党的二十大精神，认真研读档案工作规章制度，从收、管、用三个环节，做好档案的收集、立卷归档、管理、开发利用等工作；二是提高管档用档能力，推进档案信息化建设，使档案工作更好地服务于学校工作和发展。

武汉大学研究生学位档案管理经验及展望

武汉大学研究生院 孙 晶

研究生是高等教育的最高层次，研究生教育的主要任务是培养拔尖创新人才，研究生档案管理直接反映立德树人地开展与落实情况。武汉大学作为综合性大学，目前在 59 个一级学科，39 个专业学位类别有学位授予权，每年授予硕士和博士研究生学位约 8000 人，具有涉及学科门类广、研究生数量多的特点，因此，研究生学位档案管理任务艰巨而复杂。武汉大学档案馆多年来，一直重视研究生学位档案的管理与保存，建立了一套科学有效的管理模式，为广大毕业生、用人单位及相关部门提供了很多有价值的研究生档案材料，为广大研究生的成才和发展提供了重要保障，也为武汉大学赢得了良好的校友评价和社会声誉。

一、武汉大学研究生学位档案的范围及特点

高校研究生学位档案是研究生培养过程中形成的各类文档的原始记载，取得学位的研究生，其学位档案按人组卷，即每位研究生的学位材料组成一卷。学位档案包含了研究生从招生、培养到学位授予整个培养过程相关重要节点的记载，客观反映了研究生的学术能力、水平与成果。

从研究生学位档案的内容可以看出，研究生学位档案具有以下特点：

1. 学位档案形成周期长。2000 年至今我校硕士研究生实行以 3 年学制为基础的弹性学制，研究生从入学到完成学业、部分研究生因转专业、休学、出国联合培养等各种原因延长学制，最后获得学位，一般需要三年甚至更长时间。博士研究生学制一般 3 年，最长不超过 6 年。由于博士研究生个性化的发展需要，部分博士研究生试图发表高质量的科研论文，会有意延长学习年限。在攻读学位期间，学位档案内容涉及研究生课程计划的制定和实施、中期考核、论文的开题报告直到申请学位、学位授予等。因此可以说学位档案贯穿于整个研究生个人培养的全过程。它是研究生政治素质、科研能力、学术水平的见证。

2. 学位档案形成主体涉及范围广。一份完整的研究生档案需要导师、研究生、论文

评阅人、答辩人、教学秘书和从事思想政治教育的工作者的共同合作才能完成。其间还涉及论文的推荐人、评阅人、答辩委员会、学位评定委员会等人员或职能部门的工作。由此可见，学位档案的形成比较复杂，来源也比较广泛。

3. 学位档案的个性化特点。研究生学位档案是以每一位研究生为单位进行立卷，每位研究生的学术兴趣、研究方向因人而异，导师对研究生的评价、学位论文的评阅都有个性化特征，学位档案记录研究生从入校、接受培养、授予其硕士、博士学位等过程中的各个方面的内容，是研究生成长、成才过程的重要佐证和记录。

二、武汉大学研究生学位档案管理取得的成绩

(一) 建立规范的管理机制，高质量地开展归档工作

档案馆于 2001 年制定了专门的研究生教育档案管理规定，《武汉大学文件材料归档范围和档案保管期限表》(武大档字[2001]2 号文)，根据各部门职能范围，规定了研究生学位档案收集标准和范围。这份文件注明了该标准是依照各部门现有机构职能、职责所形成的文件材料类型制定而成，在实施过程中档案馆会随着各部门职责的变化作相应的调整。仅在目前公布的研究生教育相关档案目录就包含了 55 项需要移交档案馆存档的材料。依据研究生培养类别分别制定了研究生档案目录，科学体现不同类型的研究生特点。

研究生分为博士和硕士两个层次，按培养类型则可细分为全日制学术学位博(硕)士、港澳台学术学位博(硕)士、非全日制学术学位博(硕)士、硕博连读生、专业学位硕博连读生，同等学力申请博(硕)士学位、在职医师申请专业学位(硕)博士。在档案馆专职老师指导下，研究生院从学位档案最高管理者角色出发，依据不同类型研究生的培养特点，制作了档案袋和学位档案申请表，档案袋是档案员整理档案的依据和标准。例如同样是硕士学位档案袋，但专业学位硕士档案袋与学术学位硕士档案袋相比，多了一份专业学位研究生实践手册。专业学位研究生侧重于研究生职业能力的培养，这份实践手册详细记录了专业学位研究生实践能力发展情况，体现了专业学位研究生培养的特点。总之，研究生学位档案具有规范性和特殊性的特点，需要管理人员从实际出发制定归档指南。

(二) 健全两级管理体系，建立专职档案管理队伍

武汉大学档案馆有一批政治站位高，踏实负责的档案管理工作人员，他们细化了整个研究生培养过程，力求学位档案管理的科学化、完整化。在档案馆的推动下，各培养单位也建立了一支稳定的档案管理队伍。档案馆与研究生院联动，制定了整个研究生学位论文及评审材料立卷归档操作流程和标准，定期开展对培养单位档案员的培训、检查和督导，

并将流程公布在档案馆主页，供档案员随时查阅学习，以此保证研究生学位档案工作的规范性、连续性和稳定性。

（三）主动创新管理模式，推进学位档案管理的信息化

研究生培养有时代性和创新性的特点，档案馆从实际出发，根据研究生教育的改革需求，及时更新学位档案的目录，通知培养单位档案员根据新要求进行学位档案的归档。档案馆与研究生院联动，直接从研究生信息管理系统将需要立卷的研究生档案名单及基本信息推送给培养单位，这一举措，大大简化了档案员的工作量。

以前，研究生学位档案含学位论文纸质版，研究生学位论文字数在 10 万~25 万，一年有 8000 名左右的研究生毕业，会占用大量空间来储存学位论文纸质版，档案馆与研究生院、图书馆联动，将硕士学位论文电子版本提交图书馆保存。过去，学位档案需要保存研究生发表的科研成果，目前，研究生发表论文可通过数据库检索，档案馆根据实际情况，将以前必须收录在学位档案的研究生发表的科研论文删去，减少了归档范围，节约了储存空间。档案馆还开发了档案管理系统，用于各类研究生档案的整理和归档，给每位研究生档案制作了电子检索目录（如图 1 所示）。经过电子化整理，可以提供更便捷的服务。

图 1　研究生档案电子检索目录

（四）不断优化管理流程，提供优质服务

近年来，随着国家对档案工作的重视，对干部档案、干部任用、研究生入职等档案核查越来越严格，研究生院接到了大量国家各级机关、企事业单位、毕业研究生个人查阅档案材料的申请。档案馆公布了清晰的查档流程，为不同单位和个人提供查档服务。对于不符合查档资格的申请，予以坚决拒绝，保证了学位档案的安全性和保密性。由于工作需要，研究生院需要到档案馆查阅各类研究生学位档案，每年要接到 60 份左右的查档申请，几乎所有需要查阅的材料，档案馆保存的学位档案都能提供，为广大研究生就业、晋升、成长和成才提供了重要职称和良好保障，也提高了武汉大学的社会影响力。

三、研究生学位档案工作的展望

1. 进一步做好研究生档案的信息化工作。信息化社会背景下，信息化必将融入研究生培养全过程，数字化赋能为研究生学位档案的下一步工作指明了方向，全面开展学位档案的数据化处理和储存将是未来档案工作的趋势。

2. 加强职能部门间的沟通和联动，实时调整研究生学位档案内容。随着国民经济和社会发展，研究生教育改革是不断深化的过程，研究生教育面临着学科调整、学制改革、培养模式改革，这些都将影响研究生学位档案的改变，档案馆应加强与其他职能部门的联系，根据实际情况和国家政策调整归档内容。

◎ 参考文献

[1]武汉大学档案馆. 研究生院文件材料归档范围和保管期限表[EB/OL]. http：//archive. whu. edu. cn/index/forwardView/46/367.

[2]武汉大学档案馆. 研究生学位论文及评审材料立卷归档操作流程[EB/OL]. http：//archive. whu. edu. cn/index/forwardView/47/141.

[3]施建腾，来越富，谢超凡，俞琳. 数字赋能高校"三全育人"机制研究与实践探索[J]. 现代商贸工业，2023(9)：113-115.

高校档案管理工作优化策略研究

武汉大学研究生院　　叶玲利

　　档案是国家机构、社会组织或个人在社会活动中直接形成的有价值的各种形式的历史记录。高校档案是学校办学历史、教学、科研、管理成果真实且客观的记录，积累了深厚的文化价值，是国家档案的重要组成部分，对高校发展有着重要的借鉴和参考价值。档案管理工作是高校管理工作的重要组成部分。本文旨在通过分析高校档案管理工作中存在的问题和不足之处，提出改进档案管理工作的可行性建议，以期促进高校档案管理工作良性发展。

一、高校档案管理工作中存在的问题

(一) 各单位对档案管理工作不够重视

　　高校肩负着人才培养、科学研究、社会服务、文化传承创新、国际交流合作的重要使命，各项工作千头万绪，对档案管理工作难免存在疏忽，认为学校有专门的档案管理工作处，主要工作职责在档案管理工作处。但高校档案管理是一项复杂细致的工作，要依赖全校各单位积极配合，仅凭档案管理处工作人员无法收集归档数量庞大的档案资料。由于各单位日常工作已纷繁复杂，工作人员各司其职，往往由一位老师兼职档案管理工作，大多数单位未制定档案管理工作制度规章和工作办法，没有明确的问责制度，有时甚至出现有些工作人员对档案管理工作极其不配合，造成原始文件遗失事故。另有些单位随意指派档案管理人员，这些档案管理人员甚至日常工作不接触文件，对于本单位年度发文和与外单位文件往来情况并不清楚，文件由谁起草，由谁发布根本不知情，哪些文件有着承前启后的因果关系更不清楚，给文件归档工作带来极大的不便。离职或岗位变动造成档案管理人员流动性也比较大，有时人员之间工作也没有交接，工作没有延续性，造成档案整理工作落后甚至停滞。种种现象都表明各单位对档案管理工作的不重视。

(二) 档案管理工作人员专业化程度不够

各单位虽指定了专人进行档案管理工作，但均为兼职，平时还有各项其他工作需处理。大部分单位档案管理人员并不是档案管理专业毕业，未接受过系统化的专业培训，档案管理专业知识匮乏，有时甚至连档案管理系统实际操作培训都未参加过，就直接上岗。工作人员一边摸索，一边学习系统操作，在不断的试错过程中艰难开展档案归档工作。如此开展工作，效率低下不说，遇到责任心不强的档案管理工作人员，文件遗失、错漏在所难免。

(三) 归档程序繁琐，档案管理系统操作复杂

进入信息化时代，学校各项工作都在进行信息化和数字化转型升级，各高校虽已与时俱进采取纸质档案与电子档案并存的形式进行档案归档保存，但仍存在以下几方面的问题。一是校内发文全部是通过 OA 系统进行，所有电子文件红头、电子印章一应俱全，发文都可以通过 OA 系统直接推送给档案馆，由档案馆进行统一归档存档。但现在的实际情况是，OA 系统并未完全发挥其信息自动化功能，仍需要各单位自行整理发文，进行纸质和电子文档归档整理工作。二是有些数据资料无须进行纸质存档，比如《发放博士学位证书登记表》，该数据信息在每位学生的档案中均有记载，证书编号也可以在中国高等教育学生信息网(学信网)和研究生院综合服务系统中查询，其实无须另外保存纸质文件。或者也可由研究生院将数据信息直接推送给档案馆，保存电子档案即可。这样既可避免浪费，也保存了资料，便于查询。三是现行档案信息管理系统操作流程复杂，除了参加专门培训，还需进行实际操作以熟悉流程，否则要贸然进行归档工作，往往错漏百出。档案整理是一项十分细致的工作，往往一个文件归档错误或者遗漏，会影响其他案卷的归档，拆卷、合卷过程十分烦琐复杂，往往要推倒重来，重新整理。

二、高校档案管理人员管理工作改进建议

(一) 重视档案管理工作

各单位应该从上至下重视档案管理工作，在工作人员配置、政策等方面给予支持，建立健全工作机制，完善追责机制，提升工作人员的职业素养，革新工作方法，以便更好地开展档案管理工作。

(二) 提升档案管理人员专业素养

做好档案管理工作不仅要求工作人员耐心细致，还要具备档案学方面的专业知识。档

案管理工作人员需要定期参加专门培训、开展座谈会交流工作经验，提升自身专业素养。个人要具备分析问题解决问题的能力，在档案整理工作中遇到问题能探索解决问题的方法，善于总结工作经验，提出改进工作的办法。

(三) 推动档案管理信息化建设

学校各单位都应参与到档案管理信息化建设中来。首先，加快数字化办公进程，充分利用 OA 系统提升工作效率。目前，高校普遍采用了 OA 系统办公，但应用不充分，工作人员仍需耗费大量的时间和精力去手工处理那些繁杂、重复的文件打印、盖章工作。实现数字化办公是历史的必然趋势，高校应进一步充分利用 OA 系统功能，实现无纸化办公，加快各部门之间数据库资源共享，档案管理向数字化、标准化发展。其次，各单位档案管理人员也应参与到档案信息管理系统的开发和测试过程中来，各单位档案管理人员也是档案信息管理系统的直接用户，在实际使用过程中更能提出实用的可行性建议和意见，以改进系统。

习近平总书记曾指出："档案工作是一项非常重要的工作，经验得以总结，规律得以认识，历史得以延续，各项事业得以发展，都离不开档案。"高校的档案具有"存凭、留史、资政、育人"的特殊作用，新时期我们更需要不断改革与创新档案管理工作，建立健全档案管理工作机制，认真解决档案管理工作中遭遇的瓶颈问题，早日实现档案馆数字化建设，持续推进高校档案管理工作助力学校"双一流"建设。

◎ 参考文献

[1] 李鹏，于宝莲．档案数字化管理应注意的问题[J]．山东档案，2021(6)：58．

[2] 陈颖，李晶．新时代高校档案馆档案信息数字化建设现状与策略[J]．兰台内外，2023(1)：10-12．

[3] 赵梅娟．高校档案工作规范化、标准化管理思考[J]．图书档案信息，2019(258)：53．

档案工作在高度数字化背景下的新挑战

武汉大学国际交流部　马　婧

我国目前正处于数字化高速发展阶段，2022 年国家发改委正式发布《"十四五"数字经济发展规划》，文件指出数字经济正推动生产方式、生活方式和治理方式深刻变革，成为重组全球要素资源、重塑全球经济结构、改变全球竞争格局的关键力量。

在中国共产党执政兴国的伟大实践中，档案作为鉴古知今、启迪当下、洞察未来的基础和关键，发挥着十分重要的作用。同样，档案数字化工作也成为我国数字化进程中必不可少的一环。高校的档案工作始终服务于学校成为世界一流大学的宏伟目标，而世界一流的大学必然不能在数字化建设方面慢下脚步。

一个相当规模的高校的传统档案工作向数字化档案演变发展的难度非同小可——在人力方面要求各个环节的工作者转变多年固有的工作模式；操作层面上档案的数字化过程中各要素的管理、处置都要比以往更难把握。

在人力方面，基层档案工作者数量庞大，更换频繁，高效准确地将正确的工作观念和方式教授给每位档案工作者面临着巨大的挑战和难度。这或许就意味着学校统筹档案工作时，无论在人员配置、奖励机制、业务培训以及工作理念的宣传引导上要下更大的功夫。而其中最关键的问题还是观念的转变，如何让大家不排斥甚至积极地配合推进档案的数字化工作，或许可以尝试以目标为导向，档案始终是为建设做服务，那么如果让归档者从数字化档案中获得更多"收益"而非"为归档而归档"，这必然是一个有效途径。换句话说，如果每个进行归档工作的人都非常习惯且善于通过档案系统随时调取自己日常工作中所需要的资料，既不需要翻动手头品类繁杂的纸质文件，也不需要囤积厚重的资料册，90% 以上的信息均可在档案系统中得到数字化支撑，那势必能够提高该人员归档的积极性和流程的顺畅度。即使是档案工作也要注重用户体验，让"输出"效果成为"输入"的动力。也就是说与其苦口婆心地劝说大家实现档案信息化，注重输入质量，不如优先引导各单位人员有效利用档案系统输出的数据，优秀的档案系统必然兼具输出的有效性以及输入的便利性，能够让这两个过程良性运作，形成闭环。

在操作层面，数字化与互联网传播有着不可忽视的关联性，而传统纸质档案在人员配置和管理办法完善的体制下，归档过程中几乎不会受到保密问题的困扰，但数字化档案却并非如此，而在我所处理的外事工作档案中，问题也更加具体以及复杂化。比如分类问题的严谨度是否还算妥当？一个敏感但又不涉密的档案是否应该被数字化？对于一个临时敏感化的案卷是否需要临时调整密级？诸如此类对于数字化程度的把握难题。数字化信息更容易获取和保存，但同时也有着更容易被攻击和窃取利用的风险。它对相关的管理办法严谨度、形成的及时性以及决策层都提出了更高要求。

"大数据"时代的高速信息化和高度数字化需求已经不可避免，如何完成档案工作的华丽转身是档案工作者需要一起攻克的大命题。

关于外事档案工作的几点思考

武汉大学国际交流部　缪　爽

外事档案是高校与国外高校、组织或个人交流形成的、具备保存价值的书面或影像资料，是高校外事工作的见证，是高校对外合作交流的重要凭证。当前，随着我国教育国际化水平的不断提高，高校的开放办学力度不断加大，高校外事档案管理也需要与时俱进。新形势下，如何优化外事档案管理和服务值得每一个档案工作者的深入思考。

一、高校外事档案的特点

高校外事档案作为高校信息资源的重要组成部分，是针对外事活动与交流的真实记录，是外事工作开展的重要依据。由于外事活动的开展具有一定的政策要求，因此外事档案管理人员需要严格根据高校的具体规章制度来确保外事档案管理工作的有序开展。同时，高校外事档案管理工作服务于科研工作，能够为科研工作人员提供重要的信息参考，积极促进研发速度，为我国科学技术的进步奠定良好的基础。高校档案管理工作流程相对复杂，在高校档案管理工作中，需要各部门的共同配合，才能保证档案管理工作的顺利开展。由于高校外事档案是涉外工作中具有保存价值的材料，其不仅是涉外交流活动的真实写照，同时也是外事工作的历史记录。做好外事档案管理工作是外事工作的核心和基础。

近年来随着外事活动的增多，高校外事档案数量日益增多，内容也更加多样化和专业化，档案载体表现出多元化的特点，来源更为复杂。因此，需要在外事档案管理工作中重视信息化手段的运用，针对外事档案信息进行整合，实现外事档案管理的信息化和网络化，并通过安全和快捷的途径来提供外事档案服务，这样可以进一步扩大科研院所的国际知名度和社会影响力，增强国内外科研机构之间的横向联合，为科研水平的提高起到积极的推动作用。通过开展更为便捷的外事档案信息服务，还能够更好地发挥出外事档案的服务功能，为科研院所外事工作的有序开展提供重要的信息保障。

二、高校外事档案存在的问题

随着高校教育国际化日益频繁，教师、研究人员交往增多，留学生增加，教材交流与协作增强，高校教育的封闭与孤立状况得到极大改变，这就要求大力提升高校外事工作水平。在此背景下，重视并努力解决高校外事档案管理服务中存在的问题，成为推进高校教育国际化发展的迫切需要。就高校普遍现状而言，缺乏外事档案建设及管理意识，档案工作制度化和管理化水平低，是高校外事档案工作存在的普遍问题。具体而言，当前高校外事档案管理服务高等教育国际化存在着以下几方面的问题：

管理人员缺乏外事档案管理意识。目前各高校均有外事管理部门，负责校际外事联络及管理等相关工作，但对外事档案的存档、归档意识仍有待提高。一是对归档内容、材料界定不准。大多数高校对外事访问、中外校际合作等重大外事活动较为重视，相关材料记录详细，但是对较为"小众"的外事活动却只有新闻报道或一带而过，不利于后续全面的了解与查阅。因此，外事档案归档的内容除大事件外，国际科研交流、文化交流、留学生管理等方面均应具备相关的记载并存档。二是管理人员存在"重收集轻整理"的现象。高校外事档案是记录学校相关外事活动的信息，不仅要保存，更要分门别类，形成访问交流、科研交流、教学交流等类别。

档案管理人员欠缺专业知识技能。高校外事档案管理不仅需要档案专业知识，对外语技能也有较高的要求。目前大部分高校存在非专业人士从事档案管理的现象，甚至不少地方高校在外事档案管理方面人员分配随意。大部分档案管理工作人员没有经过系统的专业培训，对档案的纸张规格、书写、归档编号等不了解，导致查询档案效率低下、信息缺漏、管理混乱等。此外，外事相关档案不可避免会接触到含有外国语言、文字的资料，这也对档案管理人员提出了更高的外事专业要求，如掌握多门外语、逻辑思路清晰等。

外事档案管理信息化程度弱。目前大多数高校仍然使用档案软件、表格统计数据，外事档案管理信息化程度较低。过往档案大多仍以纸质版为主，不但占用存储空间、调取档案信息难度大，并且纸质化管理也不利于档案信息的长久保存。若保护不当，纸质档案还可能存在不同程度的损伤，影响数据运用。随着中外交往交流范围的扩展，外事档案复杂程度加深，外事档案管理应依靠飞速进步的网络信息技术，如运用大数据计算可以更好地、更有效地探寻历年来的外事活动规律，从而加强中外高校友好互鉴。

三、高校外事档案的优化策略

加强档案管理人员的专业化培训。注重档案管理人员的培养，提高工作人员的专业素养与职业素质。首先，档案管理人员需建立现代化管理思想观念，对档案的整理、管理、利用等采用现代化思维方式，以全局的眼光整理、管理外事档案，将外事档案的作用发挥到最好。其次，管理人员需接受专业化的培训，学习档案管理相关知识，掌握相应信息技术，熟练运用档案整理、管理等电脑办公软件，有助于档案信息化、体系化、条理化。最后，作为外事档案管理者还应具备相应的外语、交流等技能，当然学校也应完善外事档案管理的相应管理设备硬件。

合理运用大数据提高档案信息化。类进入信息时代以来，信息技术便利了生活与工作。正确、合理地利用大数据技术对外事档案的管理与高效利用显得尤为重要。要充分利用网络技术，将来华留学生、外籍教师、中外合作教学等资料档案化、信息化，一方面方便外籍人才学术资料查询，另一方面有利于收集相应数据，构建较为完整全面的高校外事档案网。同时，要利用大数据计算与分析技术，筛选整理具有高校独特历史风貌特点的外事档案资料，对其进行合理开发与加工，形成系统的、全新的知识产品，从而促进高校外事活动的长足发展。国外各高校也可通过信息化的外事档案对国内高校的外事活动组织、学术成果、科研水平等有更好的了解，扩大国内高校的海外知名度与国际影响力。

新时期做好我校档案工作的几点思考

武汉大学国际交流部　彭　赏

习近平总书记曾指出，历史是最好的教科书，中国革命历史是最好的营养剂。档案是党和国家各项工作和人民群众生产生活情况的真实记录，是历史的可信材料。2021年7月6日，在中国第一历史档案馆新馆开馆之际，习近平总书记作出了重要批示："要把蕴含党的初心使命的红色档案保管好、利用好，把新时代党领导人民推进实现中华民族伟大复兴的奋斗历史记录好、留存好，更好地服务党和国家工作大局、服务人民群众。"习近平总书记四个"好"、两个"服务"的批示，为做好新时代档案工作提供了根本遵循。

高校档案既是高校历史的真实写照，也体现着国家的发展历史，因为高校的发展历程本身就是社会整体发展历程的一部分。因此，高校档案也是党领导人民推进实现中华民族伟大复兴的奋斗历史档案的重要组成部分，应记录好、留存好、利用好。

高校档案内容丰富，种类繁多，包含有教育、教学、科研、招生、实践、毕业、就业、国际交流等各个方面的内容。高校档案对高校开展各项工作具有重要的指导、借鉴和参考作用，因此对高校档案进行全方位、多层次的整理和分析，可以充分发挥高校档案的资源，掌握学校教育、教学、研究等方面的进程和发展，为学校以后的发展提供新的思路与参考，推动学校的教育发展，提升学校的综合实力，推动学校自身形象的建设。

因此，新时期如何做好高校档案的管理工作，以及如何让档案资源更好地服务学校的发展、服务党和国家工作大局、服务人民群众是高校档案工作者需要不断探索的。为更好地做好新时期我校档案工作，进一步推进档案工作创新发展，本人有以下几点思考。

一、深入学习相关理论知识

档案管理人员应深入学习习近平总书记关于做好新时代档案工作重要指示精神、新修订实施的《中华人民共和国档案法》《"十四五"全国档案事业发展规划》《高等学校档案管理办法》、新修订的《武汉大学档案管理办法》等重要的关于档案工作的批示、法律、法规和文件等，为做好学校档案储备充分的理论知识。

二、提高档案意识，培养档案管理人才

学校可通过开展培训、知识讲座、知识竞赛、征文比赛、实地参访考察等形式多样的活动，提高广大教职工的档案管理意识。学校应定期开展学习和培训活动，引导档案管理人员积极参与其中，提供档案业务知识进修学习的机会，并充分激发档案管理人员的工作热情，确保他们的档案信息化管理技能、安全观念与保密意识等各方面能力得到提升，为档案管理水平的提升创造有利条件。我校档案馆近年来举办了多场档案宣传、征文、业务培训活动，并多次深入各单位进行有针对性的业务指导，有效提高了教职工的档案管理意识，档案管理人员的能力也得到了很大的提升。

三、做好档案数字化、信息化建设

学校应紧密围绕国务院 2022 年《"十四五"数字经济发展规划》，在新的社会发展形势下，积极进行档案数字化、信息化建设，大力推动高校档案数字化转型。改变传统的手工查档的服务方式，使信息化、数字化、远程化的服务方式逐步成为主流，真正实现"让信息多跑路，让师生少跑腿"。近年来，我校大力推动档案的数字化、信息化建设，建设了武汉大学档案信息管理系统、武汉大学国际合作资源信息平台等重要的系统和平台，让档案发挥应有的价值和作用，让全体师生获益。

"兰台传后世，鉴古照千秋"。档案工作是一项非常重要的工作，经验得以总结，规律得以认识，历史得以延续，各项事业得以发展，都离不开档案。档案工作应贯穿我校各项工作的始终，档案管理人员应与时俱进，遵照习近平总书记四个"好"、两个"服务"的批示精神，顺应新时期高校发展的需求，促进我校档案管理工作的可持续发展。

关于做好高校设备档案工作的思考

武汉大学实验室与设备管理处　何　珊

档案工作作为高校管理工作的重要组成部分，是高校发展历程的真实写照，是高校校园文化和校园精神建立的重要源泉，是高等教育水平和管理水平的重要体现。设备档案作为高校档案工作的重要组成部分，反映了设备管理从购置到报废的全过程。通过建立完整的设备档案，不仅可以清楚反映高校设备保有状态，更是对高校设备购置、验收、调试安装、使用、技术管理、故障处理、报废等全过程的监督。随着高等教育的不断发展，重大仪器设备进入校园，成为高校开展教育教学、科研的基础支撑，高校设备的数量和质量发生了较大变化，也给设备档案工作带来了新的挑战。因此，思考和探索高校设备档案管理工作具有十分重要的意义。

一、高校设备档案工作的重要性

(一) 是学校发展的历史凭证和智慧结晶

经过不断的发展和积累，高校设备档案工作已由原来的档案记录、服务功能，拓展开发出文化传承的功能，并逐渐成为高校文化传播的重要载体。高校在运行和发展过程中会形成特有的校园文化和校园精神，档案正是记载和传承这些文化和精神的重要工具。而设备档案以及设备本身都是学校运行和发展的原始记录，是第一手资料，是高校的宝贵财富，它以特有的形式记录学校、学科的发展历程，成为校园文化和精神建设的重要凭证，实现校园文化和校园精神的进一步凝聚和升华。设备档案不仅是学校前辈们的教学、科研工作的智慧结晶和精神所在，更应将其作为高校重要的教育资源，发挥其在人才培养中的积极作用，以引领校园风尚。

(二) 是后期设备购置决策的重要依据

设备购置关系到高校的教学和科学研究工作的开展，如何统筹规划、科学配置，才能将有限的经费用在刀刃上，更好地发挥设备价值，一直是个重要的命题。因此，在购入设备前，学校会花费大量的精力开展前期论证，分析采购设备的必要性、可行性，形成充分的采购依据，以防止重复购买、盲目投资导致的资产闲置；或者因信息滞后、市场调研不完全导致采购到型号老旧的设备，造成的浪费。完备的设备档案则是前期论证最重要的依据。通过查阅已有设备档案，可以明确同类设备保有量，从而合理安排设备购置，确保学校办学经费效益的最大化。同时，设备档案也是了解设备指标、性能、价格、使用情况等的直接材料，在购置设备前查考同类设备档案，在掌握已有设备性能的基础上，可帮助老师们选择配置、价格更加合理的设备，从而确保设备购置的质量。

(三) 是现有设备使用、处置必不可少的凭证

设备的稳定运行直接影响高校教学、科研工作的开展，因此设备的安装使用说明、图纸介绍等方面的资料非常重要。完备的设备档案不仅包括以上资料，还涵盖设备的采购情况、运行情况、保管情况、维修记录、调拨情况等。设备档案不仅可以保障设备的顺利安装和规范使用，对设备的高效运行和二次开发利用也是有力的支撑。同时，设备档案作为设备的操作指南，也是设备保管、操作人员的重要学习资料，对工作人员操作技能的培养和提升起到了至关重要的作用。

随着高等教育的快速发展，高校教学、科研工作不断迈上新台阶，原有设备随之不断淘汰，无法满足当前教学、科研工作的需要。于是，老旧设备面临处置的问题。然而，高校设备均属国有资产，国有资产的处置有着严格的规定，这些不适应当前教学科研需求的设备亦然。设备档案就是老旧设备处置的重要依据，通过对设备档案的分析，能够了解对设备进行更新、转让或者报废涉及的具体成本和收益，从而作出最优决策。

二、高校设备档案工作难度大

(一) 多单位协同

一台教学、科研设备从厂家到校园，需经过设备使用单位的论证购置、采购手续、到货安装、验收入账、使用维护、报废处置等多个环节，这些环节中涉及了设备使用部门、经费管理部门、设备资产管理部门、招投标部门、财务部门、档案管理部门等多个部门，在设备申报、采购、使用的各环节工作中都会产生各种类型的记录，这些记录的集合形成了该设备的档案。因此，做好设备档案工作需要多方协同合作，各司其职，才能确保设备档案工作落到实处。

(二)时间跨度大

设备档案是伴随设备的全生命周期的。一台设备在不同时期,它的价值也呈现不断减弱的态势,到最后失去功能,完成使命。因此,面对设备档案的长周期,需要档案管理部门和设备使用部门的工作人员进一步解放思想,提高自己的设备档案管理能力,做好设备档案的管理工作,坚持在设备的漫长生命周期中收集到全面的、内容丰富的设备档案,做到不遗漏、不缺项。

(三)工作量庞杂

随着国家队高等教育的投入不断累积,高等教育进入了快速发展的通道,针对社会的各类人才需要,各高校开办了很多新专业,形成了新学科,随着专业学科的更新、学生规模的扩大,对设备的需求也逐年增强。再加上科学技术的不断进步,设备种类的日益增加,高校设备管理工作越来越繁重,其产生的设备档案也越来越多,面对繁重的工作任务,高校档案管理一定要加强与设备使用单位的联系,加强对设备使用人员的档案技能培训,为做好设备档案的收集整理工作奠定基础。

三、做好高校设备档案工作的建议

(一)提升设备档案工作重视程度

长期以来高校都比较重视教学科研工作,而在设备档案工作方面的重视程度还远远不够。但设备档案工作是高校管理工作的重要组成部分,直接关系到能否发挥设备最大效益,能否更好地支撑教学科研工作,能否更加有益于提升人才培养质量。要做好设备档案工作,必须在思想上足够重视,应加强对设备档案工作的重视程度。将设备档案工作作为高校档案工作的重要内容,宣传档案工作知识,提升档案工作理念,强化档案工作要求,为做好设备档案工作创造必要的条件。

(二)驱动设备档案工作与时俱进

随着科技的不断进步、信息化水平的不断提升,新兴技术的广泛应用大大提升了工作效率,高校设备档案工作的方式方法也应与时俱进。各高校都有档案管理平台、设备管理平台,如何顺应信息化发展的重大机遇,推进设备档案工作信息化、数字化,应注意三个方面问题。一是,档案管理平台应实现与其他业务系统的无缝对接,包括设备管理平台,这将充分发掘档案的潜在功能,实现档案在教学科研工作中的精准服务功能,具有十分重要的意义。二是，应依托设备管理平台，强化设备档案相关信息的收集和管理，提高设备档案的收集效率。三是，应借助数字化技术手段，搭建更加便捷的设备档案信息管理平台，提升设备档案的数字化管理水平。

(三)提升设备档案工作人员业务水平

高校设备管理队伍严重不足，专职设备档案管理人员更加缺乏。由于目前高校招聘制度，现有队伍普遍具有较高的专业素质、相当的实践能力和一定的理论水平。但由于缺乏系统的培训，部分兼职设备档案管理人员缺乏档案相关知识和技能，根据工作经验开展设备档案工作，缺乏科学性和系统性。因此，加强对现有人员的培训，增强他们的档案知识和能力，强化制度约束、规范流程管理，是提高他们设备档案工作能力的有效途径。为进一步提高他们对设备档案的认识，提高业务工作能力，可以将设备档案管理工作纳入岗位职责，在职称评审、评先选优、年度考核等方面提出相关要求，激励大家更好地开展设备档案工作，提高设备档案管理质量。

四、结　语

总而言之，随着高校的不断发展，对高校设备档案工作提出了更高的要求。设备档案工作作为高校管理工作的重要组成部分，直接影响高校办学水平。高校档案管理部门、设备管理部门等相关部门应积极行动起来，通过提升重视程度、驱动与时俱进、提升业务水平，不断优化设备档案工作办法，让高校设备档案工作更上一层楼，为高校整体管理水平的提升贡献力量。

谨慎下注　肆意狂欢

武汉大学实验室与设备管理处　梁偲偲

我在做档案之前，是一名实验师。

2014 年我就上班了，对于我的第一份工作，我是期待的，我是热情的。我喜欢和学生交流，上课很辛苦，但是也很充实。那些漫漫的岁月里，我全心全意地研究电子实验，和学生一起熬夜，讨论，尝试各种不同的电路，在那个二楼的三个实验室里，春夏秋冬，不知疲惫，孜孜不倦。我后来结婚了，怀孕了，那一年我一个人管三个实验室，整整一个学期的实验，我最先担心的是我的实验室，大着肚子，天天跑实验室，天天晚上上班到 9 点多。12 月底，实验课终于结束了，在实验课全部上完后的那个双休，我生下了我的孩子。对于我的工作我全身心付出，可是有的时候我并不开心，或者说我虽然忙碌却不知道自己的心在哪里。虽然我很想带学生好好研究实验，但我始终觉得自己有点力不从心，在这样一个环境里，我距离前辈们所走的路越来越远，他们忙着做项目搞科研，研究项目才能有所突破，不突破意味着失败。认认真真代课在他们看来不切实际，那个浮躁、嘈杂的环境让我很不安心，没办法专心做自己想做的事情。这时，有个同事说，你走吧，别在这里了。我当时没听进去，心里很不理解，我还想带实验，我喜欢和学生交流，领导对我也不错，我没想过要离开。又过了一年，我觉得更加疲惫了，我自己出钱去做各种实验，前前后后花了一万多，可是还是很焦虑，那个同事还是跟我说，快点走吧，怎么还不走？我突然有一种梦中惊醒的感觉，最终提交了换工作的申请。后来经过半年的应聘和考察，我终于到了实验室与设备管理处，负责办公室设备的档案管理。

我突然觉得我活过来了。我 2020 年开始做档案，一下就入迷了。我知道我在档案工作上各个方面还差得很远，但是，我自己从一个心气高傲、浮躁不安的状态中解脱出来，成长为耐得住寂静、不骄不躁、不懈追求的人。我对于档案工作是真心喜欢的。我喜欢在档案室里与一盒盒一页一页档案轻轻对话，那些斑驳的一卷卷纸张透露着另一种美感；我也喜欢用装订机器装订出自己整理的档案，一针一线，都让人心理安静，专注而不迷茫。做一名普通的档案工作者，我觉得前所未有的幸福，档案工作对于我心理的熏陶和进化让我对生活充满期待和信心。我想到了冯唐的一句话："谨慎下注，肆意狂欢"。在承担档案工作前，我其实不知道自己庸庸碌碌到底去哪里，做什么，怎么办，我犹豫不决，虚度光阴，惴惴不安，不知所从，更不敢和自己的心对话。但我选择做档案后真的不后悔，档案室的收集、分类、整理、编目、查阅、编研对我而言不正是另一种形式的心性磨砺和狂欢吗？我在档案工作中追求人生的价值，日复一日，年复一年，平凡的，不平凡的，浅吟低唱。在实际工作中，我通过日积月累，总结出一套务实、高效、优质的思路方法。服务于机关，服务于基层，让我怎么不热爱我的工作呢？

感谢档案，让我生活工作有了活力，同时我也想承诺，我要在档案事业中忠于职守，一丝不苟，任劳任怨，让规范有序的档案为单位提供更加便捷的服务；让每一份档案和现在的我一样，为工作目标绽放流光溢彩；让档案工作的魅力深入到单位的每个角落，热情融化平凡的生活。

坚持不懈地努力实践，每一年多学一点，每一年离心目中的"宁静以致远"更近一点点，我自豪，我是一名档案工作者，我光荣，我是一名档案工作者！

兰台奋进谱新篇　服务"三全育新人"

武汉大学实验室与设备管理处　王　芬

档案有个清新雅韵的别称叫"兰台"，兰台，在中国汉代意为中央档案、典籍库，用以收藏地图、户籍等档案及图书，也是当时名儒著述的地方，在现代则成为泛指档案保管机构和档案工作的代名词。习近平总书记在2021年7月6日中国第一历史档案馆新馆开馆之际对档案工作的批示中，将新时代档案工作的价值作用概括为三个方面6个字："存史""资政""育人"。存史是资政、育人的基础和依据，资政、育人是存史的延续和升华。高校档案工作是高等学校重要的基础性工作，档案服务育人是高校档案工作的本质要求，因此高校档案工作与"三全育人"的深度结合，是新时代高校建设的必然要求，也是新时代高校落实"三全育人"根本任务的重要途径。

近年来，武汉大学档案工作坚持以习近平新时代中国特色社会主义思想为指导，聚焦"立德树人"根本任务，积极拓展高校档案的服务育人的功能。全校档案工作者也始终坚持将"三全育人"贯彻学校档案工作全过程，为思想政治教育工作默默贡献，认真履行着"兰台人"的无上使命与荣耀。

一、优化档案服务，贯彻"三全育人"理念

服务是档案工作的立身之本，档案服务是学校档案馆贯彻落实"三全育人"理念的主要窗口，用于满足师生群体各方面需求、传承"立德树人"文化具有重要意义。

1. 校院两级协同合作，实现全员服务育人。实现"三全育人"是高校每一个职能部门和教职工的工作职责和工作目标。学校档案馆围绕"三全育人"开展实践探索与研究，以创特色、求新意、争一流为目标，不断调动全校档案工作者参与全员育人工作的积极性和创造性，加强档案管理人员服务育人理念，营造档案工作中浓厚的全员育人氛围。全校建立的档案分级管理体系，使各部门之间协同育人配合有序，切实做到应时而动、有求必应；校院两级档案管理人员始终坚守高度的历史责任感和使命感，不断提高档案服务育人意识，用无比的耐心、细心、诚心和爱心对着这项默默无闻和平平淡淡的工作，为广大师生

提供准确高效的档案信息服务，保障畅通育人目标的"最后一公里"。

很多人觉得档案工作单调、枯燥、乏味，缺乏生气，没有活力，但是别看它平时不起眼，档案工作虽然平凡渺小却意义重大，它反映一个单位部门的管理水平，到了关键时刻却能发挥出它的重大作用。

2. 不断完善档案资源，践行全程全境育人。随着高等教育事业的不断改革和发展，高校档案数量不断增加，很多学校都构建起了一整套覆盖教学、科研、党建、人事、财务等各方面档案资源体系，这些庞大的档案信息反映着高校在各方面取得丰硕成果，具有宝贵的育人价值，也成为学校立德树人文化传承的重要载体。高校的档案管理工作也结合学校发展新形势，以学校思政教育需求为导向开展档案建设工作，更多地挖掘高校档案德育价值，充分发挥档案的服务育人功能，不断提升档案工作影响力。例如在学生培养全过程档案方面不断完善和细化档案归档范围，加大对学生管理、社团活动、学生会、学生活动中形成文件材料的收集，积极配合学校相关职能部门，做好与学生相关的重大活动类声像、实物等特殊载体档案收集，实现学生培养过程档案资源"应收尽收、应归尽归"。通过不断提高高校档案工作水平，使档案工作更好地在学校教学、科研、管理、"三全育人"等各项工作中发挥服务作用。

二、打造校史育人场域，探索"三全育人"路径

"三全育人"强调的是全过程、全方位育人，而高校校史档案中蕴含着丰富的育人元素，因此，学校将校史教育与"四史教育"相结合，具体、生动、鲜活地讲好校史，有助于培养爱校荣校、开拓进取等思想品格。

1. 利用档案资源，理清历史脉络。档案资源作为一种特殊的文化教育资源，对于积淀传统文化、提高学生整体素质具有十分重要的作用，充分发挥校史"立德树人"的功能和作用，是学校长期坚持的重要文化育人工程。在"三全育人"工作中，学校充分发挥档案工作公共服务、文化教育和资政服务等作用和价值，积极整理档案资料，理清学校发展历史脉络，通过对学校的辉煌历程的收集整理，为学生提供了了解和认知学校的实践平台，使学生们能够尽快熟悉和理解学校的历史面貌和发展变化，传承校园的文化精神，感悟育人的初心使命、积蓄奋进的动力源泉。

2. 校史档案编研，宣传奋斗历程。档案记载不仅传承着学校办校治学的光辉历程，更传承着学校格物致知的精神源泉和文化血脉。作为档案工作的重要功能，把学校艰苦创业的奋斗历程全数记载是重要的工作任务。在档案管理中，学校十分注重校史档案的服务育人功能，编研了各种能够反映学校特色、有较高利用价值的专题材料。近年来学校档案馆非常重视学校年鉴编研与宣传工作，通过深入挖掘工作中的"重点工作""重要事件""突

出成绩",展示了我校近年来办学成就,将学校与伟大中国梦同频共振的发展历程有机结合起来,发挥历史影响的辐射作用,让档案和校史成为鲜活的育人资源。

三、拓展档案育人空间,发挥"三全育人"资源潜力

学校档案馆在发掘档案资源潜力的基础上,积极拓展档案育人空间,以实现"三全育人"功能,助推学校"双一流"建设。

1. 依托网络平台,拓展档案育人渠道。在融媒体时代背景下,学校档案馆结合媒体发展,以网络平台为载体,加大档案文化推广力度,进一步拓展档案文化宣传途径,彰显档案育人独特魅力。微信公众号在高校师生中的利用率与关注度越来越高,校档案馆开通了自己的微信公众号,利用平台全方位展示了学校办学历史、师生风貌、校园文化等方面内容,用这种贴近学生生活、传播快捷简便的形式,来吸引学生更好地了解母校历史,铭记校训,继承母校文化,激发拼搏奋斗精神,成为档案馆宣传档案文化、贯彻落实"三全育人"根本任务的重要载体。

2. 举办文化展览,打造多维育人平台。档案馆作为对大学生进行素质教育的重要资源和场所,发挥着特殊的服务育人功能。学校档案馆近年来以校庆、国际档案日为契机,通过举办档案工作专展、交流研学、纪念活动等形式,多渠道、分层次、有重点地深入宣传档案工作、普及档案知识、展示档案文化,提升学校师生档案法治意识,扩大档案工作社会影响力。通过宣传活动,用直观形象、极具感染力的形式,展示学校办学和广大师生风采,在潜移默化中培育学生荣校爱校情感理念与价值认同,为学校"三全育人"工作的顺利实施营造良好氛围。

新时代背景下,高校档案工作要牢记"档案管理、档案服务、文化传承"之职责使命,打破学校的育人界限,紧扣学校"十四五"事业发展需要,深入探寻档案工作融合思政工作的新路径,不断完善和丰富馆藏资源,继续夯实档案管理基础,准确把握档案管理发展趋势,加强档案编研能力建设,努力提高为师生服务水平,推动高校档案工作和德育工作的共同创新和发展。

高校非学历继续教育培训档案管理中存在的问题及建设思考

武汉大学继续教育学院　鲁　婧

习近平总书记在党的二十大报告中指出，"建设全民终身学习的学习型社会、学习型大国"。这一战略部署，对提高人民的思想道德素质、科学文化素质和身心健康素质，服务全面建设社会主义现代化国家战略任务，具有重大指导意义。在落实党的教育政策中，必然会产生许多有保存价值的文件资料档案。党中央对档案工作也是高度重视，习近平总书记对档案工作作了重要批示，为做好新时代档案工作进一步指明方向，切实加强了对档案工作的领导，为档案事业创新发展创造了良好环境和条件。各级档案部门都要按照党中央及各级党委（党组）的部署要求，坚持以习近平新时代中国特色社会主义思想为指导，紧紧围绕党的二十大主题主线，深入贯彻实施档案法和"十四五"档案事业发展规划，切实持续加强档案事业各项业务工作开展，真抓实干，继续促进档案事业发展取得新进展新成效。

一、高校非学历继续教育档案管理工作中存在的问题

近年来，国内部分高校开始从学历继续教育转型为非学历继续教育，在转型中产生了丰富的政策、文件、资料、研究成果等，加强非学历继续教育培训中档案工作的建设，是高校非学历继续教育管理工作中一个重要的环节，但总是受到这样那样的原因及干扰，高校非学历继续教育档案管理工作还没有得到足够的重视与发展，远远不能适应新时代高校事业的发展需求。主要存在以下几个问题：

1. 档案管理工作没有得到足够的重视，存在检查需要时就重视，暂时不需要就不重视的现象。高校非学历继续教育培训工作中，一般高校会分派培训指标、分派任务。面对沉重的办学经济压力，有部分继续教育学院、培训学院、培训中心等从领导到员工，主要精力都集中在市场开发、课程研发、师资开发、教学培训等前端工作中，档案管理工作是

后期收尾工作，往往得不到重视与理解，也很难与前端培训工作得到同等对待，所以相关文件、资料、档案的收集、整理等工作就无法提到议程上，也无法保证档案的收集齐全，最后的结果往往是培训办完，资料也失踪。一旦有上级来检查时，就重视档案工作，到处寻找档案或者资料，没有检查就不重视。

2. 档案配套设施没有得到足够的经费支持，存在无处存放，无法长期保存现象。高校一直是教学科研是排头兵，偏重教学科研工作，高校非学历继续教育一般是依托高校的优势学科开展各类培训。在高校的管理中，员工的办公面积参照国家相关标准执行，再加上档案管理岗位只是一般行政工作，不会多增加办公面积。随着高校非学历继续教育培训范围越来越广，培训业务越来越多，档案文件、资料收集也越来越多，没有单独的库房，存在档案库房越来越小，基础设施跟不上，导致档案材料发霉、虫咬现象，严重影响档案材料的完整性和良好性。

3. 管理体系没有得到正常的发展，存在明显的滞后现象。高校非学历继续教育培训模式是新的社会培训，与传统的高校档案管理模式有一些不一致。如高校以前是按学生学年进行档案收集与管理，而现行的非学历继续教育档案管理需按培训班进行收集与管理，前期没有现行的管理模式，只能一边做一边摸索一边总结一边实践，还没有形成科学的管理体系，相关制度不完善，对档案资料只是进行简单存放，没有进行及时分类归档，也没有时间来进行整理，没有充分认识档案材料的准确性与真实性，导致档案管理水平滞后。

4. 档案管理创新没有得到支持，存在明显的方法落实现象。在高校非学历继续教育工作中，有大部分人对档案管理工作还不够重视，甚至包括一些领导干部，认为此项工作既不能给单位带来经济效益，又不是主要工作，更不能带来政绩，认为只要不泄密，不遗失，保存好，能应付查档就可以了，不需要进行管理创新，没有创新，得不到支持，平时的管理方式方法比较落后，不能适应新时代新形势的发展。

5. 档案管理人员的综合素质水平不高。高校非学历继续教育的档案从业人员培训还需要加强。不仅从思想上高度重视档案工作，热爱档案工作，还需要加强档案业务管理、信息化、数字化等方面的培训。

二、高校非学历继续教育中档案管理工作的思考

为深入落实党的二十大报告关于"建设全民终身学习的学习型社会、学习型大国"的部署，必须遵循习近平总书记重要论述，建设全民终身学习的学习型社会、学习型大国的制度环境和实施条件，必须全面全方位开展各类继续教育，既需要纵向的继续教育类型，也需要横向的继续教育类型，在培训过程中会产生许多丰富的档案资料，作为高校继续教育工作者都要高度重视档案管理工作，能够为高校非学历继续教育工作体系中提供重要信息

支撑和史料支撑。高校非学历继续教育中档案管理包含教务档案、教学档案、培训档案、学员档案、教师档案、办学协议档案等部分。

1. 重视支持档案管理工作。随着高校非学历继续教育事业的不断发展，各级领导都要重视并支持档案工作，加强对档案管理工作的认同感，充分认识继续教育培训中档案工作的重要性，把档案管理工作作为一项经常性、基础性的工作常抓不懈，真正纳入议事日程，做到及时收集、定期检查，加强研究，不断改进和创新，不断进步。

2. 不断提高档案管理人员的管理水平。在档案建设工作中，要提升档案管理人员的工作能力建设，树立爱岗敬业精神，树立创新意识，提高服务意识，努力学习业务知识，明确服务方向，提高服务质量。

3. 基础设施配套到位，积极改善档案保管环境和物质条件，落实档案库房、办公用房和阅档室分开，全面配置防潮、防湿、防火、防虫等安全保护和设备保护。

4. 规范档案管理流程，提高档案质量。开展档案工作的规范管理，须建立良好的运行机制。建立高校非学历继续教育档案管理体系是一项非常重要的工作，所有文件和资料需要以资料的属性进行有明确分类和编号，形成专门的体系，规范档案管理的流程，形成专业化。严格按照各类档案管理要求进行整理，做到组卷合理、案卷内文件资料排列有序、案卷标题简明、保管期限准确、卷内文件目录、案卷装订结实美观。

5. 加强信息化管理与创新。随着科技的不断进步与发展，信息化、数字化已是社会发展的大趋势，这对档案管理人员提出了更高的要求。高校非学历继续教育的档案管理工作的更要不断提升管理水平和服务水平，要采取科学、有效的措施，积极研究、探索新的档案管理模式，规范科学的档案管理方法，提高工作效率，促进高校为党育人，为国育才的良好发展。

中国特色社会主义教育制度体系的主体框架基本确立，高校非学历继续教育不仅要强化教育系统合作，也要和社会各界通力合作，积极利用新一代信息技术和人工智能更新理念、变革模式、完善治理、提高质量、促进公平，开展面向每个人、适合每个人、更加开放灵活的教育体系和学习方式，协同推进教育强国和人才强国建设，为构建人人皆学、处处能学、时时可学的学习型社会作出贡献。

高校非学历继续教育档案员培训内容研究

武汉大学继续教育学院　　彭燕妮

今年是全面贯彻落实党的二十大精神的开局之年，教育战线必须坚持不懈把党的二十大精神和习近平总书记关于教育的重要论述学深悟透，确保党的二十大精神和习近平总书记关于教育的重要论述在教育系统落地生根、取得实效。高校非学历继续教育重点围绕贯彻落实党的二十大精神积极开展教育培训工作。在建设全民学习型社会的背景下，高校非学历教育培训依托学校优势学科开展各行各业教育培训，涉及高校、中小学、企事业单位、社会团体等，培训范围也越来越广，工作中会有丰富的档案资料产生。为进一步规范档案管理工作，提升档案归档水平，推进档案工作专业化、规范化建设，需对高校非学历继续教育档案员进行培训，培训内容主要包含工作中存在的问题及解决办法。

一、加强高校非学历继续教育档案员培训的重要意义

随着国家教育事业的不断发展，许多高校逐渐从学历继续教育转型到非学历继续教育，从不同的方面从事为党育人，为国育才的事业。高校非学历教育转型，不仅仅是开拓培训新市场新业务，还要加强对档案管理工作的培训，各级档案部门都要按照党中央及各级党委(党组)的部署要求，坚持以习近平新时代中国特色社会主义思想为指导，紧紧围绕党的二十大主题主线，深入贯彻实施档案法和"十四五"档案事业发展规划，需要从多方面对高校非学历继续教育档案从业人员进行培训，让他们能具备多方面的知识和技能，让他们能高效地做好档案管理工作，切实持续加强档案事业各项业务工作开展，真抓实干，不断提升档案从业人员的综合素质，继续促进高校非学历教育档案事业发展取得新进展新成效。

二、培训内容研究

近年来，随着国家教育事业的发展，许多高校从学历继续教育向非学历继续教育转

型，充分依托学校的优势学科和优势专业以及社会影响力，开展了面向学校、中小企业、事业单位、社会单位等的各项培训。在转型中产生了丰富的政策、文件、资料、研究成果等，加强非学历继续教育培训中档案工作的建设，是高校非学历继续教育管理工作中一个重要的环节。因受到多种因素干扰，高校非学历继续教育档案管理工作还没有得到足够的重视与发展，远远不能适应新时代高校非学历教育事业的发展需求。当务之急是要加强对高校非学历继续教育档案管理人员进行继续教育培训，提高档案管理人员的整体素质，打造一支高素质的档案管理人才队伍。培训内容应该从国家政策法规、档案实务实操、个人素养、学术经验交流等方面来进行。

1. 认真学习执行国家政策法规，依法治档。习近平法治思想是做好高校非学历继续教育档案工作的根本遵循和行动指南。习近平总书记在党的百年华诞之际对档案工作作出重要批示，为做好新时代高校非学历继续教育档案工作指明了方向。我们要认真贯彻落实习近平法治思想和习近平对档案工作重要指示批示精神，紧紧围绕档案"四个体系"建设，认真履行"为党管档、为国守史、为民服务"神圣职责，不断提升档案工作法治化水平，全面推动档案工作高质量发展。结合"12·4"国家宪法日、"6·9"国际档案日等重要节点，综合运用各类载体，学习宣传《宪法》《民法典》《档案法》等法律法规，营造浓厚的学习宣传氛围，强化档案法治意识，加强档案规范化管理工作，提高档案管理质量。

2. 加强理论与业务知识的培训，不断提高档案管理水平。高校非学历继续教育档案管理人员多数是兼职，没有经过正规、专业档案知识的培训和学习，档案工作人员一般是领导指派上岗，整体素质不齐，没有认同感和荣誉感，容易导致归档文件的收集、整理、分类和保管等方面出现问题，不能规范地做好档案，有时还出现文件材料丢失现象，所以加强理论与业务的学习至关重要。如学习《档案人员职业道德规范》《公文管理》《档案管理》《电子文件与电子档案管理》《科技档案管理》《档案利用与编研》《档案保护技术》《数据开放与档案服务创新》《数字档案馆建设》《电子文件管理与在线归档》《档案馆文化创意与服务》等。通过各种形式的针对性和实用性的培训学习，培训优秀的业务骨干和档案管理人员，让档案管理人员转变观念，主动学习，不断更新知识，提升理论水平和业务，开阔视野，善于总结，勇于创新，愿意付出，愿意精心细心做好档案管理工作，确保档案管理工作的持续性和稳定性，为高校非学历继续教育的发展提供真实有效数据支撑。

3. 加强个人素养修养，为高校非学历继续教育档案管理工作提供有力保障。高校非学历继续教育面向学校、中小企业、事业单位、社会单位等开展培训工作，培训内涵丰富，接触面广，涉及面也广，知识门类也多，档案收集整理是一项系统工程，每个行业都有自己的要求与规范，对档案管理人员的知识结构有较高要求，要求他们既要有高校非学历继续教育培训工作的知识，又要有档案专业管理知识，还要不断加强个人的素质修养，了解各行各业的相关知识，才能准确收集资料，才能确保档案工作的完整与规范。

4. 加强工作交流，大力开展档案研究学术活动。高校非学历继续教育部门应高度重视档案工作人员的素质培养，为本单位本系统档案管理人员创造良好的学术研究氛围，多方位开展档案学术活动以及同行交流活动，交流工作体会，学习先进的管理方法及先进的档案管理技术，让他们及时掌握新的知识和新的管理经验，不断充实和提高档案管理水平。

总之，高校非学历继续教育档案管理人员的培训课程设置，内容要丰富、形式要多样、理论培训与要操作实践相结合，要让档案员们深刻感受到档案管理工作重要性和复杂性的同时，还要掌握档案管理的基本技巧与归档方法，对他们以后的工作起到了帮助和指导作用。

培训结束后，档案部门负责人不仅要积极研究探索本单位档案工作，运用档案管理的新技术、新方法，结合本单位档案室的实际，增添必要的设施，确保档案安全。还要建立健全档案管理制度，如立卷归档制度、工作职责制度、岗位责任制度、保密制度、考核制度以及学习制度、工作流程、查阅档案登记等，形成档案管理制度化、规范化和科学化。

高校非学历继续教育工作是一项任重道远的工作，那么档案管理工作同样重要，各级各部门都要高度重视此项工作，心中记得档案工作，脑中关注档案工作，平时工作收集档案，方能确保高校非学历继续教育工作的顺利开展，为国家和社会培养更多高级人才。

落实西藏地区民族团结进步教育中档案管理初探

武汉大学继续教育学院　　万胜勇

民族团结进步教育工作是党中央、国务院着眼于加强少数民族地区人才队伍建设做出的重要决策和部署，是贯彻落实习近平总书记关于加强和改进民族工作重要思想的有力举措，是新疆、西藏、内蒙古自治区以及部分涉藏州县等地经济发展及人才工作的重要组成部分。"以铸牢中华民族共同体意识为主线"明确写入党代会工作报告，引领新时代党的民族工作，是习近平总书记关于加强和改进民族工作重要思想的一个重要体现。做好这项工作，对促进民族地区经济发展和社会进步，维护国家长治久安具有重大意义。民族团结进步教育工作实施过程中产生了丰富的文件、资料和调研报告，我们要高度重视档案工作，规范创新做好档案管理工作，这也是贯彻落实好西藏地区民族团结进步教育中不可缺少的工作。

一、充分认识西藏地区民族团结进步教育中加强档案管理工作的重要性

党的十八大以来，我们党强调中华民族大家庭、中华民族共同体、铸牢中华民族共同体意识等理念，习近平总书记在 2021 年的中央民族工作会议上阐明了由"十二个必须"构成的党关于加强和改进民族工作的重要思想，成为新时代民族工作的指南，在民族团结进步教育各项工作中会形成具有许多保存价值的历史记载，规范创新做好档案管理工作具有重要意义。

(一) 提高政治站位，确保项目实施有高度

西藏地区民族团结进步教育工作是党中央、国务院着眼于加强西藏人才队伍建设做出的重要决策和部署，是贯彻落实习近平总书记关于加强和改进民族工作重要思想的有力举措。我校党政领导班子高度重视西藏地区民族团结进步教育工作，不断提高参与人员的政治站位，把西藏民族团结进步工作当作一项重要的政治任务来抓。档案管理人员必须提高

政治站位，热心服务好每位学员，确保项目高质量实施。

(二)记录真实资料，为领导决策提供依据

为国家相关机关和领导决策提供真实、全面地反映民族人才培养工作的数据和资料，为国家民族人才培养工作起到积极的推动作用。国家对民族进步教育决策出台都要查找历史数据，进行同比分析或者方案对比分析，没有档案资料就无法进行下一步工作。档案管理工作做精做细，对领导作决策具有重要意义。

(三)加强档案管理，助力人才队伍建设

档案的收集与整理反映西藏地区民族团结进步教育工作发展的成长历程，是对历史工作提供参考的凭证。对档案进行高效高质量的管理，有益于促进国家人社部民族团结进步教育体系的建设，有益于推动社会人才队伍建设事业的持续发展。

(四)加强文化建设，促进民族交融

做好此项工作的档案管理工作，是民族团结进步教育的工作中诸多方面的真实反映，在学员培养期间创建出的文化，是对全体学员的价值观、人生观、行为规范真实体现，是先进事迹的代表总结，具有先进性、可行性及可复制性，文化建设就具有了生动的案例，文化建设内容就丰富了。

二、落实西藏地区民族团结进步教育档案管理工作的探索与实践

武汉大学从 2012 年开始参与西藏地区民族进步教育工作，11 年来已累计接收了三批 9 期 50 名西藏少数民族专业技术人才来校进修学习，这些学员分布在水利水电学院、城市设计学院、武汉大学中南医院、武汉大学口腔医院、国家文化发展研究院、教育科学学院、马克思主义学院等 20 个办学单位。其中水利水电学院培养的专技人才占比 30%。在人社部领导的亲切关怀下，在西藏人社厅的大力支持下，在全体西藏地区培训学员的密切配合下，我们较好地完成了各项培养工作，为促进西藏经济发展、社会稳定和民族团结贡献了武大力量。

该项目实行办学单位和继续教育学院双重管理，建立起一套包括申请、接收、跟踪、反馈等环节的全流程精细化管理制度。组织管理机构和培养单位协同合作，由继续教育学院负责项目日常管理，办学单位负责学习和科研活动，实行一对一导师负责制，各相关单位均明确了分管领导和具体工作人员，实现了各项工作高效运转。为做好此项工作的档案管理工作，具体实践中，可以从以下几个方面进行探索与实践。

(一)加强思想认识,高度重视档案管理工作

随着国家民族团结进步教育事业的不断发展,参与培养的学员与管理工作也越来越多,各级领导和工作人员都要重视并支持档案工作,加强对档案管理工作的认同感,充分认识民族团结进步教育培训中档案工作的重要性,把档案管理工作作为一项经常性、基础性的工作常抓不懈,真正纳入议事日程,做到及时收集、定期检查,加强研究,不断改进和创新,不断进步。

(二)制订档案工作体系,确定档案管理工作流程

第一部分工作体系包括西藏地区民族团结进步教育工作的流程、文件资料收集内容的确定。第二部分按他们的学习、科研、教学、文化建设等要求进行分类、组卷、录入卷目录、编写案卷题名、装订成册。第三部分制定档案借阅规定,为学员今后借阅利用和国家政策出台提供保障。

(三)及时准确收集资料,确保档案的完整性

档案材料收集与甄别,直接决定了档案的完整性和真实性,档案管理工作人员必须在材料收集、整理、利用时要有公道之心,公正之心,客观公正地耐心细致、及时地做好管理工作,做到一事一毕,一事一整理成卷。西藏地区民族学员在学校进行为期一年的学习与科研,要将他们在学校的申请表、考核表、科研成果、调研报告等所有资料收集,包括文字、图片、文件、相关的新闻报道、调研报告等全部收集齐全并集中保管,才能确保保存档案的价值。

(四)加强业务培训,加强档案规范化管理

随着科技的不断进步与发展,信息化、数字化已是社会发展的大趋势,这对档案管理人员提出了更高的要求。民族团结进步教育工作中,档案管理工作的更要不断提升管理水平和服务水平,要采取科学、有效的措施,积极研究、探索新的档案管理模式,规范科学的档案管理方法,提高工作效率,促进高校为党育人,为国育才的良好发展。

西藏地区民族工作已成为提升少数民族专业技术人才素质能力的有效手段和增进民族感情的重要途径,学员们也成功架起了武大和西藏沟通互联的桥梁。他们不仅将在武大学到的技能带回西藏,在各自专业领域发光发热,还将导师团队请到派出单位,为双方人才互访、经验共享提供了更多机会。我们也将一如既往地重视西藏人才队伍建设,不断创新培养方式和内容,提高认识、加强配合、做好服务,加强档案管理,帮助西藏培养造就更多靠得住、干得好、留得下的高素质科技人才。

讲档案故事　育珞珈新人

武汉大学医学部　　焦　露

作为一名珞珈人，学习于此，工作于此，生活于此，何其幸运见证了珞珈山一草一木、人来人往的日间烟火。因为学习历史，喜欢与过去对话，与陈年往事交流，尽管参观过无数次樱顶的校史馆，也阅读多本关于校史的书籍，仍会时常驻留在刊刻校史壁画前流连忘返、细细思索。想想那些躺在档案库房里的历史是否也期待看一次樱顶老图的天狗望月，听一场学术大咖激扬澎湃的专业讲座，唤一声您好，珞珈山的主人？常年伏耕在兰台故纸中，总想给武大说点啥，这份执念一直都在。一个偶然的机遇且把档案的故事说与你听。

一、偶然与必然

一天忙碌的工作间隙，微信群发来 2 条新消息，本想划过免打扰，迷离的眼神又被图片拉了回来。定睛一看，原来是一位老师分享的一张 1949 年 7 月 8 日的布告，拟稿人是许国经，大意是(湖北省)军管会卫生处决定把湖北省立医学院移交给湖北军区管理。因湖北军区指派的接收人员已经到校，所以定于当日下午三点在大饭厅举行接交典礼，全体师生员工务须准时出席参加。最后署名院长朱裕璧、军事代表胡辉、沈思泽。泛黄的纸张、隽秀的行草字体、规整的红格栏线、方正的藏书印映入眼帘。布告用的是湖北省立医学院的稿纸，钤盖有"湖北省立医学院之印"朱文长方印。众所周知，1949 年 5 月 16 日武汉解放，人民解放军进驻武汉。党对公立或私立医学院校进行接管改造，武汉军事管制委员会委托人民解放军四野卫生部接管湖北省立医学院。7 月 8 日，根据上级安排，进一步明确把湖北省立医学院移交给湖北军区卫生部接管。这次偶然的相遇，让我走进历史深处，置身档案其间，重新认识了湖北省立医学院和院长朱裕璧先生。

1937 年抗日战争全面爆发，灾难深重的中华民族和深受战乱之苦的同胞们奋起抗击，挺起民族脊梁，救人民于水生火热之中。1939 年朱裕璧先生投笔从戎，从江西赣州同济大学辞职，应聘到贵州安顺军医学校担任外科教官。途经广西桂林阳朔时，登上碧莲峰，刻下《登临好》。2019年，在全国大力开展文化遗产清查和保护背景下，经自治区政府和桂林市的不懈努力，使摩崖石刻时隔80载重见天日。朱裕璧先生的题字不仅承载着武汉大学一段鲜为人知的抗战故事，更凸显出武大人天下兴亡、匹夫有责的家国情怀。

看似平常却崎岖，成如容易却艰辛。1943年5月14日，湖北省立医学院在湖北战时省会恩施沙湾成立，宣告了湖北省没有高等医学教育历史的结束。10月12日举行开学典礼，并将这一天确定为建校纪念日。创立之初仅有瓦房草房各两栋、朱裕璧院长从德国带回来的一台显微镜、图书资料不过百册，生活极其艰苦，朱裕璧院长带头自力更生，挖了两口水井，加以设计，方便了师生和周围的群众，时人取名为"双清"。如今这两口水井成为湖北省立医学院的历史印迹，见证了那段筚路蓝缕、艰苦办学的岁月和朱裕璧等先贤医心报国的初心和使命。

朱裕璧（1903—1986），字楚珍，湖北宜都人。1926年6月毕业于上海同德医学专门学校，1929年赴德留学哥廷根大学，1934年获医学博士学位。归国后在广州中山大学医学院、北平协和医院等校任教授。1941年冬回省筹建医学院。1943年湖北省立医学院在恩施成立，被（国民政府）教育部任命为院长。由1983级校友捐建的朱裕璧雕像静静地伫立在武汉大学医学部行政楼和图书馆医学分馆之间的广场上，纪念这位武汉大学医学创始人。在杏林体育馆和医学部行政楼交会处，一块"琢玉成璧"的石头醒目地矗立着，时刻激励着武大杏林学子奋发图强、励志成才。

二、历史与未来

从创建到现在，湖北省立医学院走过了极不平凡的发展之路。1945年8月，抗日战争胜利后，朱裕璧院长带领全体师生开启了东迁武昌的艰难之旅。从栖身破败的古德寺到武昌府圣公会教堂，几经波折，最终在两湖书院的旧址上扎根下来，继续开办教育。解放战争期间，朱裕璧支持进步青年开展反美暴行活动，声援"六一惨案"死难烈士，多次冒着风险为中共地下党组织掩护，坚决抵制国民党反动派在校内搞破坏，团结全体师生，向着光明向着新民主革命胜利前进。这也印证了文中开头的那一份布告，这份布告见证了湖北省立医学院回归党的领导，坚持走正确的办学道路，继续为祖国医学教育事业发展做出新贡献。1949年11月，湖北省立医学院更名为湖北省医学院，1950年8月，湖北省人民政府任命朱裕璧为湖北省医学院院长。1953年再次更名为湖北医学院。1993年经湖北省批准更名为湖北医科大学（1996年国家教委批复）。在党的坚强领导下，学校走过了探索前进、克艰纾难、整顿提高、初建辉煌的风雨历程，成为湖北省唯一创建于中华人民共和国成立前并延续发展至今的省属重点高等医学院校。广大师生员工和校友都亲切地呼唤它"湖医"。2000年8月，湖北医科大学与原武汉大学、武汉测绘科技大学、武汉水利电力大学四校合并，和合生，开启了新世纪新征程，如今的武汉大学医学部就是由此而来。弦歌不辍，谱写新章。合校 20 多年来，武汉大学医学部依托武汉大学综合性大学优势，不断开拓进取，在人才培养、师资队伍、学科建设、科技创新、社会服务、国际合作等方面取得了跨越式发展，创造了史无前例的辉煌成绩，这是历史与未来的对话。

三、存留与利用

习近平总书记指出：档案工作存史资政育人，是一项利国利民、惠及千秋万代的崇高事业。武汉大学医学部走过 80 年沧桑岁月，杏林春满未来可期。我们能做的就是认真学习贯彻习近平总书记关于档案工作重要指示精神，把蕴含党的初心使命的红色档案保管好、利用好，把关乎民族复兴、强国建设的奋斗历史记录好、留存好，围绕学校事业发展大局、围绕中心工作、围绕初心和使命，更好地服务广大师生，让沉睡在书架上的档案活过来，让沧桑的历史见证现在以及未来的发展，让珞珈新人时刻引以为豪，向更高更远的目标勇毅前行！

杏林百年苍松劲，老树春深更著花。从历史回到现实，珞珈新人如何面对这个饱经风霜的"老人"？希望以一张 1949 年 7 月 8 日湖北省立医学院旧档案为切入点，讲述这张档案记载的事实，延伸湖北省立医学院的历史，如何从抗战艰难的困苦中诞生，如何英勇斗争回到党和人民的怀抱，又是如何在党的领导下一路探索前进、砥砺前行，成就了今天的武汉大学医学部。这份档案是一个开始，武大医学档案人也会发挥学科优势，充分挖掘医学红色资源，传承红色基因，赓续武大医学家国情怀精神，笃志培养具有坚定民族精神和开阔国际视野、强烈社会责任感和使命感，适应国家医药卫生需要、引领国家医药卫生事业发展的各类医学人才。看往昔征途漫漫，望今日壮志凌云，待明日扬帆远航！

谨以此文向武汉大学建校 130 周年和武汉大学医学部成立 80 周年献礼！

综合性高校校史档案、医学院院史档案育人功能及实现路径探究

武汉大学医学部　熊　莺

一、综合性高校校史档案、医学院院史档案的育人功能

高校档案除了指导我们日常行政管理、教育教学管理、科学研究、学科平台建设等功能外，对专业评估和医学类专业认证也是起到强大的支撑作用，高校档案管理工作的育人功能显性存在，而且专业评估和专业认证均有有效期，这就意味着档案工作是一项重要的、长期的、连续性很强的工作，其中校史档案和医学院院史档案更是因为半开放性地呈现校史、院史，其育人功能更加显著。"双一流"高校承载着孕育人才的重任，校史档案、医学院院史档案作为高校一部分，发挥着其独特的作用与魅力。

(一)再现家国记忆，坚定家国信念

高校发展史是老一辈无产阶级革命家和教育家的奋斗史，校史档案中既蕴含着在艰苦岁月办学的艰辛，又体现了不同时代教育者严谨的科学态度和奋斗精神。怎样建立先进的理念和坚定的信念？怎样将先进的理念和坚定信念融入当代医学生的日常生活学习和职业生涯呢？首先，历史的经验告诉我们，只有先进的理论指导，只有先进理论武装起来的先进政党的领导，才能顺应历史潮流、勇担历史重任，中国只有在中国共产党的领导下，中国人民才能站起来，富起来，强起来。其次，通过挖掘校史档案资源中杰出校友、先进代表等典型事迹，系统诠释了坚定理想信念在新时代的意义，激励一代代大学生为中华民族伟大复兴而不懈奋斗。[1]家国信念、走中国特色社会主义道路信念在当代医学生中已经根深叶茂。

(二)增加科学自信，主导科学创新

在 2016 年 5 月 30 日的全国科技创新大会、两院院士大会、中国科协第九次全国代表

大会上，习近平总书记指出"科技是国之利器，国家赖之以强，企业赖之赢，人民生活赖之以好"，说明了在我国发展的新起点上，科技创新必须摆在更加重要的位置，科技强国是适时顺势的战略抉择，是因变应变的国家意志。在 2023 年的全国教育工作会议中提出"在全国提高人才自主培养质量、造就拔尖创新人才"。苟日新，日日新，又日新。医学院是医学人才的孕育摇篮，培养中国自己的医学大家，是高校医学院的共同之志。2023 年 2 月 20 日，中国工程院院士武汉大学杰出校友徐兵河回到母校为在校师生作报告，他介绍了本专业治疗的方法和前沿进展，其中包含自己及团队所做的创新工作，得到国际同行的充分认可，还结合自己在母校学习和工作经历，谈了自己的成长感悟，诠释了一个医学生到医学大家的历程，激励医学生胸怀远大梦想并努力实现梦想，要培养独立思考能力、科研能力、英文写作能力；要善于从临床工作中发现科学问题，培养自己的兴趣点，全面掌握所从事领域的知识、进展和难点；要加强团队协作，还要甘于坐"冷板凳""不怕吃苦"，在科学探索的道路上走稳走实。会场里面学子们爆棚，徐院士的报告引发学子们的共鸣，现场踊跃互动气氛活跃，这是一次生动的科技课堂，一次非凡的心灵碰撞，让科学的种子在医学生心尖处萌动，在思绪中飞扬。

(三) 筑牢文化根基，开放文化心胸

武汉大学溯源于 1893 年清末湖广总督张之洞奏请清政府创办的自强学堂，在这样一个有着百年历史的"双一流"综合性高校，学科门类齐全，汇聚各类英才，学校的校史馆就是学校的编年史，是学校传统与校园文化的展示场所，是学校文博全景陈列的博物馆，是筑牢文化的基础。武汉大学的校史馆设学校的最高处樱顶，在美丽的殿堂里面陈列的都是一篇篇的读不完的华章。历史的厚重、文化的自信在这里展示，成为师生共同的德育教育基地和人文教育基地。这里让我们医学生崇尚中国文化、武大文化，并且以自信的姿态，开放包容世界文化，尊人也尊己，文化当自强。

二、综合性高校校史档案、医学院院史档案育人功能的实现路径

(一) 提高站位促保障，夯实基础强管理

首先，完善校内组织架构，形成良性循环的管理机制。组织架构是保障，由学校组织专门档案管理部门管理，形成学校、部(院)、二级单位的三级档案管理机制和规章制度。收集、整理、编研档案，是形成校史、院史档案的基础。管理部门定期收集、整理、编辑校史，主要通过以下两个途径：一是定期发布校史收集公告。二是引导各二级单位科学有

序地参与到档案征集和整理工作中。作为高校的各部门，则可以提出自己的校史档案利用需求，为校史档案的针对性开发提供参考。学校的各二级单位是校史档案收集的第一前沿阵地，校史管理部门应定期深入二级单位，对校史档案进行调研，形成优质的校史档案收集网络。

其次，与校外校史档案资源进行整合。一是与各地档案馆、博物馆建立稳定的合作关系，既可以学习其先进的管理理念和技术手段，也可以获取相关的校史资料。二是主动与社会各界建立友好的合作关系，特别是通过校友会或校内各二级单位与校友们建立良好关系，关注校友的发展动态，完善知名校友档案，形成对校史档案的多维开发与利用。

(二) 多措并举优环境，强化功能利育人

第一，开放式的智慧型校史馆、院史馆，成为教书育人第三课堂。新筹建的医学院院史馆设在新教学科研综合楼的一楼，综合楼有大型小型会议室，有教室，有综合实验室平台，有临床教学实验中心，有咖啡自习室等。同学们在课间小憩时，在会议茶歇间，就可以进去参观。院史馆将分模块建设，集功能型、智慧型于一身，让同学们感受浓浓院史氛围的同时，科技感也会让同学们耳目一新。

第二，依托课堂教学，将校友故事与课程有机结合，成为教书育人的重要补充。在本学科课堂教学中穿插本学科杰出校友、优秀代表的踔厉奋发、勇于探索的小故事，寓教于乐，融学于趣，丰富学生的课堂教学。

第三，校内名人纪念碑、故居等，成为教书育人的教育营地。在重要节假日，组织学生瞻仰校内名人纪念碑和参观名人故居等，了解名人生平，沉浸式体验先贤们的在校生活，浸染先贤作风，传承先贤遗志，完成先贤未完待继之任务。

第四，数字型校史、院史馆，成为教书育人的营养快餐。加快加强数字型校史、院史馆建设，使处在快节奏平台的学生们也能在线上浏览校史、院史馆。让学生在学习生活之余，在困惑迷茫之间，在其中找到人生前进的方向和答疑解惑的能力，并且找到切入点，为自己的学习生涯、职业生涯与家国需要有机融合，立志成为时代需要的中国医学大家，也必将涌现出更多的杰出校友。

三、结　语

高校档案资源丰富，可将其中的校史档案、院史档案转化为教育资源，持续加强高校档案管理，开展多种教育形式，实现多维育人效用。校史档案、院史档案极具本土特色，一校一院一史一路径。学校、医学院则对其丰富的各类资源加以整合并分类管理，通过对

校史档案、院史档案的充分利用，引导医学生将自己的理想与国家的需求、专业的培养目标相结合，找到适于自己成人成才路径，以达到高质量以档育人、以史育人的效果。

◎ **参考文献**

［1］李丽环，庞永真. 高校特色校史资源开发路径研究［J］. 浙江档案，2021（5）：52-54.

［2］杨琪. 高校校史档案与校园文化关系及其作用发挥［J］. 黑龙江档案，2021（2）：78-79.

数智时代下的档案信息组织与利用

武汉大学档案馆　雷　虹

一、智慧档案馆建设

（一）背景

Web3.0时代的加速到来，逐渐暴露出传统的档案馆所采用的纸质文件存储方式上的诸多问题，如易损坏、不便于管理、存储空间有限等。随着数字化技术的发展，档案数字化成为了一种必然趋势。数字化档案具有存储空间大、查找方便、保存时间长、易于管理等优点，同时，在实现档案信息共享方面提供一定的基础支撑，提高档案在数字化时代的利用效率。此外，智能化技术在档案领域的利用，为档案馆从数字档案馆向智慧档案馆的转变提供了技术支持。人工智能、大数据、云计算等技术的应用，可以对档案信息进行自动分类、提取、分析和利用，通过自动化处理，减少人工干预，提高工作效率和准确度；同时，也可以通过大数据分析，挖掘出档案背后的信息和规律，为档案研究提供支持；区块链技术对档案数据备份、加密、溯源等提供支持，确保档案完整性和安全性。总之，智能技术的应用对档案管理有着莫大的作用，加速推进档案管理智能化、自动化和高效化。因此，建设智慧档案馆是数字化时代档案管理的必然选择。

（二）现状

目前国家规划所提倡的档案信息化建设更多侧重于数字档案馆，智慧档案馆所需的"智慧"这一功能尚未完全体现，智慧档案馆建设更多地体现为数字档案馆建设的功能拓展。但从国家对数字档案馆建设的测试上，也能看出智慧档案馆建设的趋势。"十三五"时期，全国共建成41家全国示范数字档案馆和89家国家级数字档案馆。其中，郑州轻工业大学档案室是全国唯一的高校数字档案馆。我国各级各类档案馆共4000多个，通过国家认证的数字档案馆才100多个，仅占1/40左右，这体现出数字档案馆总量不够，总体水平还不够高。虽然智慧档案馆建设有迫切的现实需要，但是由于缺乏国家政策上的有力支持，整体来说推进速度较慢。公开资料显示，在国家档案局的各种政策文件和技术规范中，很少出现"智慧档案馆"的相关用语，大多还是使用"数字档案馆"这一称呼。

（三）不足

除了在政策指导和实践现状上的不足之外，智慧档案馆的建设在其内容方面也凸显不足之处，主要体现为功能定位上的偏差。由于智慧档案馆对信息技术的高度依赖，很多智慧档案馆在建设初期，从档案部门的角度出发，推行智慧技术的使用，以方便档案人员提高档案管理的效率，聚焦于管理、技术和资金，却忽视了档案的服务与用户的体验。这就导致在进行数字档案信息资源的组织过程中，只注重了方便管理，而对于后期的档案检索和利用方面没有进行有效的设计和实行，本质上与传统档案馆对实体档案的组织方式没有太大区别，智慧档案馆的"智慧"仅体现在所使用的技术层面，这是一种外在的智慧。智慧档案馆更多的是要体现其内在的智慧，要实现档案馆信息化管理的全面化、馆藏资源管理的精细化、档案业务实现感知化和档案信息服务的知识化，基于现代信息技术的互联和感知，形成一种跨系统应用集成、跨部门信息共享、跨馆际信息交流的服务与管理形态。

二、数字档案信息组织

本质上，智慧档案馆的档案信息组织方式与数字档案馆对数字档案的组织方式相同，都是对各种来源的数字档案信息资源进行序化、整理、加工形成一定的组织体系来提供检索和利用服务，组织的对象和主体没有太大差异。

随着技术的发展，知识组织在档案管理中的运用逐渐扩大，通过知识组织，能够有效地突出哪些档案是重中之重，从而避免浪费时间与精力在那些重要性相对较轻的档案上，最大程度地发挥档案的作用。档案信息组织的方法主要有分类主题法、主题地图法和元数据方法。在现代网络环境下，对于不同的学科，分类法可以对其进行专业性质的领域内信息资源检索，稳定性与系统性较高，档案信息资源以主题为中心，按照从总体到局部，逐层划分的方式展开其类目体系；在档案信息资源的知识组织上利用主题地图法，可以定位档案信息知识概念所在的资源位置，也可以表示知识概念间的相互联系，有助于优化知识浏览、知识检索模式；档案信息知识组织的元数据方法，借鉴了图书馆员、情报人员处理图书资料的方法，通过在现有的网页上利用 meta 标记的方法来描述该档案信息资源的作者、关键词等基本信息。

可以看出，数字时代档案信息资源的组织方法是传统信息载体的知识组织方法的进一步深化，更符合档案信息资源自身的特点和需要，更有利于档案信息资源的利用和研究。

三、智慧档案馆档案利用与服务

虽然智慧档案馆的档案信息组织方式同数字档案馆一样，但是对于档案信息的开发利用程度较数字档案馆有着进一步的提升，档案信息的利用范围、形式和内容上有着更深的技术要求和更为精准、有效的内容提供，对外向用户提供高效便捷的档案信息抽取和决策支持等多项服务，对内也要向档案人员提供更为有效合理的档案管理模式，提供多样化的档案信息资源建设，同时还需要地区、馆际之间的信息共享和共建。

知识图谱是智能技术的出现将知识服务推向智能化的表现之一，智能化的知识服务即采用知识采集、加工、表示、分析、组织等技术对数据资源进行知识化处理，从而为行业人员提供解决方案，提高效率。"知识图谱"一词最早出现于 2012 年，特指支撑其语义搜索的知识库，随后基于知识图谱的认知智能被广泛应用于各个领域。随着知识图谱在各个领域的推广研究，档案领域的专家与学者对知识图谱也给予了高度的关注，以此衍生出档案知识图谱的应用。知识图谱的构建方法主要是基于机器学习和自然语言处理，通过对档案信息中所包含的实体及关系的知识抽取、知识融合、知识去重等操作，形成档案知识的层次化、结构化语义图，来直观地呈现档案信息的知识内容，在此基础上提供精确的、有效的档案信息利用与服务。需要明确的是，档案知识图谱的构建要有明确的主题或内容特征，即项目导向，以项目内容为出发点，结合档案形态特征和内容特点来进行。例如声像档案的知识图谱，由于声像档案来源广泛，种类繁多，囊括了大量的结构化数据、半结构化数据、非结构化数据，其中又以非结构化数据为主，这就导致绝大部分声像档案资源的知识加工程度较低，无法直接用于知识图谱的构建，需要经过一定的逻辑处理，进行分类聚合，在既有的逻辑规则约束下，划定其实体范围与实体关系，并在此基础上构建实例模型。通过知识图谱的可视化，使声像档案突破原始载体对于内容的束缚，深化多源异构数据之间的语义链接，将记载同一事件的不同载体、不同模态的声像档案数据进行关联，形成多维度语义网络，实现聚类分析与档案内容之间的互补，使用户无须翻阅大量档案文件便可以了解历史事件的全貌。

基于知识图谱，同时以图数据库为平台，依靠人工智能技术，在专家标注的基础上，通过深度学习实现智能检索问答，提高档案资源知识化程度。一般类型的档案在知识图谱应用中可以表现为以事件或人物关系为主的知识发现，以图片、视频为主要对象的智能检索和面向人机交互的知识问答系统。

四、总结与思考

　　国家档案局《"十四五"全国档案事业发展规划》中指出档案工作要"走向开放、走向现代化"。《档案专业人员继续教育规定》中要求档案工作者应"以服务档案事业发展、推动国家治理现代化、促进科技和文化进步为导向，以能力建设为核心，突出针对性、实用性和前瞻性"。在体量庞大的数字文件和各具专业性、利用要求复杂多样的档案文件背景下，未来的档案管理者在开展工作时不仅要遵循既定的档案管理基础原理和标准，更需要掌握各类智慧技术并能熟练应用于数字档案的管理流程中，开展细致、智能和高效的档案管理工作。因此，了解和掌握数字时代下的档案信息组织方式，熟悉新媒体环境中用户的档案利用需求，掌握知识图谱等智能技术赋能档案管理的基本方法，是新时代推进智慧档案馆建设的一大支柱。档案馆需大力培养和引进面向未来的、高级、复合型档案管理人才，以适应社会各行业对档案管理工作层次化、多样化的需求。

◎ 参考文献

[1]王雪君，李彦．智慧档案馆建设研究[J]．档案天地，2022(12)：31-35.

[2]崔珍珍．全国数字档案馆建设推进会要求全方位高质量加速推进数字档案馆建设[EB/OL].http://[2022-07-19].

[3]张海秋．浅谈数字环境下的档案信息组织[J]．黑龙江档案，2011(3)：147.

[4]孙蒙鸽，韩涛．科研智能化与知识服务：内涵、实现与机遇[J]．情报理论与实践，2021，44(10)：41-49.

[5]和文斌，董永权，赵成杰，王惠惠．基于学科知识图谱的教育知识服务模型构建研究[J]．数字教育，2022，8(6)：21-28.

[6]佟淑玲，王越文，李泽坤．基于本体的声像档案知识图谱构建研究[J]．档案管理，2022(6)：52-56.

新型纳米材料技术和等离子体技术在纸质档案脱酸中的应用研究进展分析

武汉大学档案馆　李　虹

湖北中医药大学医学人文学院　张　红

纸质档案是记录人类社会发展的重要载体之一，为研究时代的变迁、历史的演绎、人类文明的传播、社会的进步和科学技术的发展提供了丰富的原始材料。但是，随着时间的推移以及保存环境和保藏条件的限制，这些纸质档案受到光照、湿度及氧化等内外部环境的影响，会出现发黄霉变、脆化碎裂的现象，且损毁损坏程度不断加深。纸质档案的保护技术的发展经历了上千年的历史，积累了许多行之有效的经验，但其自身也存在着一些难以克服的缺陷。随着科学技术发展以及档案保护意识的增强，如何应用现代科技手段和方法，对纸张病害产生的原因、劣化降解的机理进行深入研究，开发出新型、高效、实用的纸质档案保护新技术已成为国内外档案界及相关领域科技工作者的一个重要课题。

一、纸质档案老化劣化及脱酸保护基本原理与常规方法

纸张的主要成分是纤维素，它是由大量葡萄糖基元通过 β-苷键连接形成的链状高分子。纸质档案老化的主要原因是纸张中纤维素在酸性条件下产生水解、断裂，微观上表现为纤维素分子链的缩短，宏观上表现为纸张机械性能下降而导致纸张的脆化、粉化。纸张中的酸是导致纸质档案发黄变脆的实质原因。纸张酸化的程度可以用 pH 值来表示，一般认为当 pH 值为 7~8.5 时，有利于纸张的长期保存；当 pH 值小于 5 时，就应进行脱酸处理。纸质档案脱酸是增强纸质档案耐久性、防止纸质档案"自毁"的根本途径。

纸质档案脱酸的基本原理是根据酸碱中和的原理，通过将不同形态的碱性物质分散和渗透到纸张中，并同时与纸纤维通过附着、黏结、表面键联等相互作用，达到去除游离酸并保留一定碱度进而实现纸张脱酸的目的。目前纸张脱酸技术中常用的脱酸物质主要为各种碱性物质，既包括如金属醇盐、重碳酸盐、胺盐类、带碱性基团的硅烷化试剂等分子形

态的物质，也包括如氢氧化物、氧化物等纳米粒子，以及它们的复合形态，如碱性物质与改性纤维素复合物、碱性物质与硅烷化改性复合物等。

传统的脱酸方法有液相脱酸法、气相脱酸法、超临界脱酸法等方法。

液相脱酸法是用碱性水溶液或碱性有机溶液，如四硼酸盐溶液、氢氧化钙溶液、碳酸氢镁溶液以及天然脱酸剂等除酸。2016 年，瑞士学者 Alexopoulou 和 Zervos 曾对世界 213个国家图书馆、国家档案局、国立博物馆等机构进行了书面调查，其调查结果显示：参加调查的机构中，70%都开展了纸质档案的脱酸工作，其中有 66%、27.4%和 22.6%的机构分别采用了以氢氧化钙、碳酸氢镁和碳酸氢钙作为脱酸剂的液相脱酸法，82.7%的机构表示不使用有机溶剂脱酸，只有一个机构采用以氨气为脱酸剂的气相脱酸法，3.8%的机构表示采用新型的纳米技术进行脱酸。

分析该调查结果我们可以看到，档案界所采用的纸质档案脱酸技术中，液相脱酸法比较普遍。但是，采用水溶液脱酸法对纸质文献进行脱酸，脱酸后的纸质文献不得不面临干燥复原的问题。目前，常用的纸质文献干燥的方法有两种，一种是普通的干燥法，这种方法不但需要花费很长时间，而且经干燥后的纸质文献会出现皱缩、变形等现象，对纸质文献会造成极大的不良影响；另一种是真空冷冻干燥，它是先将含水纸质文献在低温下冻结，然后使其水分在真空条件下升华的一种干燥方法。真空冷冻干燥法应用于水相脱酸后的纸质文献的干燥，具有避免因液态水分表面张力导致收皱的现象，最大程度保持文物原貌的优点。。

气相脱酸法是使用碱性气体，如氨气、吗啉等作为脱酸剂对纸质文献进行脱酸。其不足之处为由于在常压条件下氨气具有挥发性，只能现场脱酸，也无法实现有效的碱保留，纸质档案脱酸的效用较低。超临界脱酸法是以超临界二氧化碳为介质，通过溶解脱酸剂的夹带剂进入反应釜中对纸质文献进行脱酸。但是由于超临界二氧化碳系统设备购置、运行和维护成本较高，不利于推广应用。

二、新型纳米材料及其在纸质档案脱酸中的应用

近年来，随着纳米技术的快速发展，微纳米级的碱性颗粒以其高比表面积、高表面性能、易穿透、易分散、低成本等特点成为具有强大潜力与优势的新型脱酸物质，使得纳米材料在纸质档案脱酸技术中的应用备受档案工作者和材料科学家关注，利用各种合成方法，制备尺寸形貌可控、比表面大、具有高分散性的微纳米脱酸材料已成为目前纸质档案脱酸保护研究中的热点课题。

2015 年，立陶宛 Vilnius 大学 Darcanova 报道了凝胶-溶胶(Sol-gel)法合成 100 纳米的氧化钙纳米材料及其在纸质档案脱酸保护中的应用。研究人员采用 x-射线衍射分析法

（XRD）及扫描电子显微镜（SEM）等表征手段，证实了纳米材料的成功合成，同时测试了合成的纳米材料应用于脱酸处理纸张的效果，结果表明：

①经纳米材料处理的纸张具有足够高的 pH 值和碱保有率；

②在采用纳米材料处理纸张时，加入 0.1% 的明胶处理纸张，不仅不会改变纸张的形貌和吸附性能，而且有进一步提升 pH 值和碱保有率及增加纸张强度的作用；

③采用傅里叶变换红外光谱（FTIR）及紫外可见光谱（UV/VIS）技术进行表征分析显示：使用 $Ca(OH)_2$ 与明胶复合物进行脱酸处理纸张后，纸张的羧基基团含有量明显下降，表明达到了预期的脱酸效果。

该课题组还在上述工作基础上采用凝胶-溶胶技术进一步合成了粒径更小（7.2 nm）的氧化镁纳米材料，这种氧化镁纳米材料同样具有优异的脱酸性能，在与羟丙基纤维素材料（Klucel E）联合使用时，羟丙基纤维素在具有增强纳米材料与纸张接合，改善碱性材料在纸张中覆盖率的同时，还有防止细菌和真菌引起的纸张纤维素降解与劣化的作用。

2017 年，意大利档案保护技术专家、化学家 Bicchieri 等报道了一种采用 $CaCl_2$ 作为前体材料、以尿素为原料在尿素酶催化下制备碳酸钙及丙酸钙纳米颗粒的新方法，这种合成方法具有纳米颗粒形貌可控、生物兼容性好、合成方法绿色环保等优点。将碳酸钙和丙酸钙纳米材料分散在异丙醇溶液中（3%），以此涂刷在纸质文件的表面测试图书及档案材料的脱酸处理效果，结果表明：

①该纳米材料具有优越的穿透性能，正面处理后不需要进行反面处理；

②采用异丙醇非水相纳米材料处理，可以避免水相处理时纸质文献的皱缩与变形的问题；

③该处理方法可以提高纸质材料 3 个 pH 单位，对于酸性纸质，甚至可以提高 5 个 pH 单位，并且纸张颜色保持不变。

此外，该课题组还采用拉曼光谱技术表征了纸质档案脱酸处理前后的效果，发现两者均有明显的 1100 cm-1 特征峰，表明碳酸钙纳米材料成功地穿透到纸张中，碳酸钙纳米材料取得了良好的脱酸效果。

氧化锌是广泛应用于近现代绘画艺术中的一种纯白颜料。2017 年，伊朗学者 Afsharpour 等报道了一种氧化锌与羟丙基纤维素类材料结合，组成纳米复合材料，并应用于纸质档案的保护。该研究表明：氧化锌纳米复合材料应用于纸质档案的保护，具有加固纸质材料强度，抵抗细菌与真菌导致的生物降解劣化，保持纸张的化学、物理及色彩稳定性等优点。该研究组还曾于 2014 年报道了二氧化钛纳米薄膜材料涂附玻璃陈列盒技术应用于纸质档案保护，其实验结果表明：使用二氧化钛纳米材料涂附处理后的玻璃陈列盒，能够使纸质档案材料有效地避免紫外光照、空气污染、霉菌与细菌引起的损坏。

2017 年，意大利 Florence 大学 Poggi 等报道了一种采用氢氧化钙纳米颗粒与环己烷组成的分散液作为脱酸剂的纸质档案脱酸方法。该方法使用的脱酸保护液中不含稳定剂，是采用非极性分散方法对当代纸质艺术品进行脱酸保护的新技术。这种氢氧化钙纳米材料与环己烷构建的脱酸方法不仅脱酸效果好，而且能与墨水、记号笔等现代绘画及艺术品制作媒介高度兼容，不会改变这些媒介的颜色与形貌。

2017 年，葡萄牙 NOVA 大学档案保护技术专家 Sequeira 等报道了另一种将抗真菌剂——克霉唑与氢氧化钙纳米材料联合使用进行脱酸的新方法，实验结果表明：在使用纳米材料取得优良脱酸效果的同时，纳米材料与抗菌剂联合使用还能起到抗菌效果，为纸质档案抗菌脱酸保护提供了一个新的途径与思路。

国内近年来对纳米材料应在纸张档案脱酸中的应用开展了大量研究，去酸物质的选择及去酸剂的研制已成为图书、档案、文物、材料科学以及化学等领域广泛关注的热点问题，并取得了一些重要成果。

2014 年，南京博物院等单位承担了国家科技支撑计划"近现代文献脱酸关键技术研究及集成应用示范"项目，将纳米氧化镁应用于纸质文献脱酸研究；

2015 年，南京博物院与南京工业大学、八一南昌起义纪念馆、南京瑞升激光技术有限公司合作承担了文化部组织的国家文化提升计划项目"智能化脱酸技术在整本图书中的应用研究"，该项目以整本图书为研究对象，以具有脱酸、加固、固色为主要功能的纳米级碱性物质为脱酸剂，采用自动翻页和雾化喷涂相结合的技术，实现对整本图书的智能化脱酸；中南大学参与国家文物总局"十一五"科技支撑计划项目"石质文物保护关键技术及应用"，取得了"一种颜色可调型用于文物修复和保护的脱盐/脱酸加固纳米材料及其制备方法"专利，可以广泛地应用于石质文物、古建筑灰浆、古壁画、古纸张和古木材等有机和无机材质文物的脱盐和脱酸加固及防风化处理，并且能够轻易地满足文物保护中的"修旧如旧"原则。纳米材料的制备工艺和方法简单、成本低，可实现大规模的工业化生产。

2017—2018 年，陕西师范大学历史文化遗产保护教育部工程研究中心梁兴唐、凡晓宇、胡道道等连续报道了以羟丙基甲基纤维素（HPMC）复合纳米 $Ca(OH)_2$ 和乙基纤维素稳定纳米 $Mg(OH)_2$ 乙醇分散液用于纸质档案脱酸加固的两种方法。实验结果表明，两种加固方法均可以增强纸张的机械性能，并为纸张提供一定的碱保有量。

三、等离子体技术在纸质档案脱酸保护中的应用

等离子体技术是通过不对称电场高压放电，产生出各种高能离子、电子、自由基及光子等的一种物理技术，而高能等离子体能改变有机表面的化学官能团结构。等离子体技术已成功应用于大分子材料表面的改性处理，例如：表面清洗、刻蚀等。这种等离子体技术具有环境友好，处理后只改变纸质表面的化学结构，不影响纸质材料本体性质的

优点。

2011 年，浙江大学张溪文课题组与天一阁博物馆合作承担了浙江省文物局文物保护科技项目"离子技术在近现代纸质文物脱酸保护中的应用研究"，并于 2014 年，报道了将等离子体技术应用于纸质档案脱酸的方法。该课题使用等离子技术在常温常压条件下对近现代纸质文物进行脱酸处理，并研究了等离子体能量密度、处理时间及次数等因素对纸张脱酸效果以及纵向抗张强度的影响。实验结果表明，使用能量密度为 $4.5 \sim 5.5 MJ/m^3$ 的等离子对酸化纸张进行脱酸（处理 2 次，每次 5 分钟）后，其 pH 值从 $5.0 \sim 6.0$ 提高到 $7.0 \sim 8.0$；纸张的色度无无明显变化；处理后纸张的纵向抗张强度增加 10%，且老化后的抗张强度仍可达到初始值的 95% 左右，特别是手工纸张的强度也有明显的改善。此外，等离子体脱酸处理后，纸质的 pH 值稳定性能够维持更久。

2019 年，南京市文化遗产保护研究所与杭州众材科技有限公司联合报道了关于新型等离子体脱酸保护技术对不同纸张脱酸效果的影响的研究结果。本实验选取了制造于 20 世纪 90 年代末期、共计 7 种纸样的旧报纸和书纸作为研究对象，使用等离子体纸张脱酸机，以考察脱酸及老化处理前后纸张色度的变化情况。实验结果表明，使用等离子体脱酸技术对纸张进行处理，纸张 pH 值保持在 $7.5 \sim 8.9$，并能长期稳定、抗张强度提高 5% 以上；脱酸后的纸张再经人工老化试验后，纸张 pH 值微降，抗张强度保留率 90% 左右；对不同油墨和颜料纸张的色差测试表明，等离子体脱酸可以保证纸张字迹不晕染，颜料不褪色，保证油墨和颜料的稳定性。

等离子技术克服了传统浸泡脱酸法带来的纸张皱褶、黏连、褪色等问题，具有脱酸处理时间短（从几小时缩短到几分钟），处理后无色差，对纸张的强度有一定的增强作用且脱酸效果保持时间长等优点。可以认为，等离子脱酸技术应用于各种年代及不同保存条件下的机制纸，均能达到较好的脱酸效果，是一种可以广泛应用的脱酸方法。

四、前景分析

本文介绍了纸质档案脱酸保护的基本原理、常用方法及其新兴的纳米材料技术与等离子体技术在纸质档案脱酸保护中的最新应用研究进展。由于纳米材料具有优越的穿透性能，结合异丙醇非水相纳米材料处理技术，纳米材料脱酸处理技术具有避免水相处理时纸质文献的皱缩与变形的问题，该处理方法可以增高纸质材料 $3 \sim 5$ 个 pH 单位，并且纸张颜色保持不变。另一方面，等离子体脱酸技术具有环境友好，处理后只改变纸质表面的化学结构，不影响纸质材料本体性质的优点，纸质的 pH 值稳定性能够维持更久。因此，我们相信，随着我国纳米与等离子脱酸技术的快速发展与成熟，纳米脱酸技术与等离子体脱酸技术在今后在纸质档案脱酸保护中具有广泛的应用前景。

◎ 参考文献

［1］闫玥儿，余辉，杨光辉，唐颐．纸质文献脱酸方法研究进展：多功能一体化脱酸剂［J］. 化学世界，2016（12）：806-812.

［2］王思浓，金超，余辉，唐颐．一维氧化镁材料的合成及其对民国文献脱酸性能的考察［J］. 复旦学报（自然科学版），5560（2016）：698-701.

［3］Clelia Isca，Silvia D'Avorgna，Claudia Graiff，Matteo Montanari，Franco Ugozzoli，Giovanni Predieri. Paper preservation with polyamidoamines：a preliminary study［J］. Cellulose 2016（23）：1415-1432.

［4］Cheradame，Ipert H，Rousset S，et al. Mass deacidification of paper and books：Study of the limitations of the gasphase processes［J］. Restau. Internati J Preserv Libr Archi Mater，2011，24（4）：227-239.

［5］Wang Yanjuan，Fang Yanxiong，Tan Wei，Liu Chunying，Preservation of aged paper using borax in alcohols and the supercritical carbon dioxide system［J］. Journal of Cultural Heritage，2013（14）：16-22.

［6］林茵涛，谭伟，徐兵，吴婷，方岩雄，纸质文献脱酸加固剂的开发及其应用研究［J］. 化学研究与应用，2017，29（3）：435-440.

［7］Irene Alexopoulou，Spiros Zervos，Paper conservation methods：An international survey［J］. Journal of Cultural Heritage，2016（21）：922-990.

［8］詹艳平，李超，余跃进，胡弯，张金萍，郑冬青，真空冷冻干燥过程参数对酸化纸质文献冻干过程的影响［J］. 制冷学报，2014，35（2）：100-105.

［9］Olga Darčanova，Aldona Beganskienė，Aivaras Kareiva，Sol-gel synthesis of calcium nanomaterial for paper conservation［J］. chemija. 2015，26（1）：25-31.

［10］Olga Darčanova，Monika Tamutė，Aldona Beganskienė，Aivaras Kareiva，Synthesis of magnesium oxide nanoparticles via sol-gel method and hydrolysis and application for paper Deacidification Treatment［J］. Chemija，2016，27（3）：170-178.

［11］Marina Bicchieri，Federica Valentini，Andrea Calcaterra，and Maurizio Talam，Newly developed nano-calcium carbonate and nano-calcium propanoate for the deacidification of library and archival materials［J］. Journal of Analytical Methods in Chemistry，2017（8）. ID 2372789，8.

［12］Maryam Afsharpour，Saleh Imani，Preventive protection of paper works by using nanocomposite coating of zinc oxide［J］. Journal of Cultural Heritage，2017（25）：142-148.

［13］Maryam Afsharpour，Mohammad Hadadi，Titanium dioxide thin film：Environmental control for preservation of paper-art-works［J］. Journal of Cultural Heritage，2014（15）：569-574.

［14］Giovanna Poggi，Rodorico Giorgi，Antonio Mirabile，Huiping Xing，Piero Baglioni，A stabilizer-free non-polar dispersion for the deacidification of contemporary art on paper［J］. Journal of Cultural Heritage，2017（26）：44-52.

［15］Sílvia Oliveira Sequeira，César António Tonicha Laia，Alan John Lander Phillips，Eurico José Cabrita，Maria Filomena Macedo，Clotrimazole and calcium hydroxide nanoparticles：A low toxicity antifungal alternative for paper conservation［J］. Journal of Cultural Heritage，2017（24）：45-52.

［16］张美芳. 民国文献去酸技术中的纳米材料应用研究［J］. 大学图书馆学报，2018（3）：88-89.

［17］凡晓宇，胡道道，梁兴唐，李润梅. 基于羟丙基甲基纤维素复合纳米 $Ca(OH)_2$ 的纸质档案脱酸加固［J］. 档案学研究，2018（1）：118-122.

［18］梁兴唐，凡晓宇，胡道道. 乙基纤维素稳定纳米 $Mg(OH)_2$ 乙醇分散液用于纸质档案的加固脱酸［J］. 档案学通讯，2017（5）：80-84.

［19］李青莲，贺宇红，李贤慧，马灯翠，王金玉，奚三彩，张溪文. 等离子技术在近现代纸质文物脱酸保护中的应用研究［J］. 文物保护与考古科学，2014，26（1）：76-80.

［20］Qinglian Li，Sancai Xi，Xiwen Zhang，Deacidification of paper relics by plasma technology［J］. Journal of Cultural Heritage，2014（15）：159-164.

［21］李玮，施文正，徐绍艳. 等离子体脱酸技术对纸质文献与档案脱酸效果评估［J］. 中国造纸，2019，38（2）：35-39.

高校档案馆网站中网上检索功能的调查与研究

武汉大学档案馆　　李　娜

　　档案馆网站作为信息服务的窗口，已经成为高校档案部门开发档案信息资源为社会提供服务的一种新的形式，但由于数字化率不高、检索水平不够以及经费有限等客观条件的制约，大多数网站定位为"宣传-展示"型网站，其内容多为：本馆概况、工作动态、服务指南、专题展览、法律法规等展示性信息。这种浏览式的单向信息传递使浏览者只能被动地接受有限的信息，根本无法满足其利用需求，起不到详细查询档案的作用，更无法方便用户获取个性化信息、解决具体问题。因此，高校档案馆网站要强化服务意识，更好地发挥网站的服务作用，必须加快网上检索服务功能的开发，要从"宣传-展示"型网站转变为"宣传-服务"型网站。

一、当前我国高校档案馆网站的检索查询功能现状

　　1. 只有部分网站具有网上检索服务功能，但检索资源有限，检索范围不一。为了了解当前我国高校档案馆网站的检索查询功能，近期笔者浏览了全国 40 多所高校档案馆网站，对其中 10 所高校的网上检索功能进行了对比与分析，发现只有部分高校档案馆网站具有检索功能。

　　以"武汉大学"作为关键字进行检索，在北京大学档案馆(见图 1)、四川大学档案馆(见图 2)、南京大学档案馆网站(见图 3)上分别显示如下：

　　可见，对同一关键字，三家网站检索的范围和尺度、准确度大不相同。目前，通过对比十家网站：北京大学、清华大学、上海交通大学、浙江大学，四川大学、南京大学、武汉大学、华中科技大学档案馆网站都提供了站内查询功能，但查询范围不一，有的仅能搜索新闻标题，有的可以搜索到部分全文，其中南京大学档案馆网站检索功能最为全面、强大，可以对关键字进行拆分检索。中国科技大学、复旦大学档案馆网站暂时没有开通站内查询功能。

图 1　北京大学档案馆

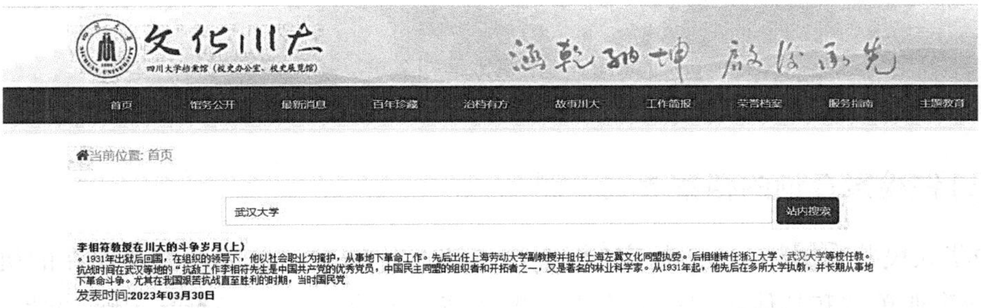

图 2　四川大学档案馆

(二) 通过档案管理系统进行查询

高校档案馆首要业务是对外提供档案查阅服务，调查显示，档案馆网站都设置档案查询栏目，但档案存在信息保密、知识产权等问题，基本上都是采用预约查档的方式，用户在线或者邮箱提出查档申请，档案馆工作人员接到申请提供查询服务，查档时间受限于查档人员的处理速度、提出申请的人数以及节假日等因素。北京大学、武汉大学等档案馆基本是采用这种方式。另外，部分学校档案馆网站设置了自助查询栏目，如：中国科技大学档案馆提供远程利用，简化利用学籍档案流程，节省查阅档案时间，满足异地利用需求；南京大学档案馆提供在线查询，可以对光盘库、南大新闻、科研成果、专利档案进行查询；武汉大学档案馆开通"文件查询和目录查询"面向注册用户开放；浙江大学档案馆提供公开查询面向校内用户开放；上海交大档案馆开通"自助查询"栏目面向注册用户开放，还有部分网站中的"档案检索"只是一个空壳子，点击该栏目，一直以来都是弹出"该栏正在建设中"的界面，无疑这与我们档案网站的"宣传-服务"型的目标相差甚远。

图 3　南京大学档案馆

(三)供检索查询的档案形式单调

《中华人民共和国档案法》规定"档案法本法所称档案,是指过去和现在的机关、团体、企业事业单位和其他组织以及个人从事经济、政治、文化、社会、生态文明、军事、外事、科技等方面活动直接形成的对国家和社会具有保存价值的各种文字、图表、声像等不同形式的历史记录。"这说明档案的存在的形式是多种多样的,有文字、图表、声音、照片、视频等等,而网上能检索到的大多是文字信息,其他形式很少。目前,高校档案馆网站大多设置了声像档案的展示栏目:如北京大学的"档案文化""珍档荟萃",清华大学的"清华记忆",中国科技大学的"校史文化",上海交大的"视频点播"、"老照片""网上陈列",复旦大学的"电子展览",浙江大学的"网上展厅",南京大学的"记忆",四川大学的"故事川大"、华中科技大学的"校史研究",武汉大学的"珍档荟萃""专题展览",这些栏目展出了大量的图片、音频、视频档案,效果非常好,但相对于大学档案馆馆藏声像档案来说,上网的比例还是很小,因此要进一步加强声像档案的网上展览和检索工作。

(四)缺乏详尽的查询说明及网上在线咨询服务

对于检索者来说,在利用查询系统之前往往需要了解这个系统提供哪些资源,如何使用这个检索系统,从而保证方便快捷找到所需信息。但调查中发现,目前部分网站缺乏详尽的查询说明和互动功能,只有极少部分高校档案馆网站提供在线咨询服务,如四川大学档案馆网站开通了"服务咨询"栏目,可以在线留言,有工作人员回复。其他高校档案馆主要以电话和邮件形式对外咨询服务,如武汉大学档案馆每天有工作人员负责回复邮件。

二、改进网上检索功能的措施

(一) 加快馆藏档案的数字化进程,尽快实现全文检索

要实现网上检索功能,首先必须馆藏档案电子化,否则只能是纸上谈兵,巧妇难为无米之炊。据调查,国内高校基本实现了馆藏档案的目录电子化,部分有全文电子化。因此加强对馆藏开放档案的全文扫描、识别,并将其放在网上加以利用,为网上检索功能提供丰富的信息来源。

(二) 做好档案鉴定工作,划出网上检索功能的范围,做好网上检索的权限设置工作

档案作为学校在教学、科研、党政管理以及其他各项活动中直接形成的对学校和社会具有保存价值的各种文字、图表、声像等不同形式的历史记录,有级别划分,当网上检索功能开放后,处理不当会增加档案信息泄露的风险,哪些档案资料是全部公开,哪些是校内公开,哪些只能公开目录等,需要区别对待。这首先需要档案专业人员做好鉴定工作,开放哪些,对哪些用户开放,开放到什么程度,必须事先做好充足准备,它要求档案专业人员对国家和学校的相关法律法规作深入细致的研究和准确的理解及把握。当档案专业人员做好档案鉴定后,必须提供详细的需求说明,与系统设计人员沟通,做好权限设置工作。系统设计人员利用身份认证、访问控制、日志管理等计算机技术对检索系统进行有效的控制。否则将给一些别有用心的人以可乘之机,对学校、对社会造成一些不好的影响,甚至巨大的损失。

(三) 利用现代化计算机技术,进行分类导航,完善检索功能设计

目前,虽然部分档案馆网站有查询功能,但界面设计繁琐、不够直观,妨碍了用户的使用热情。因此,必须对馆藏档案建立目录分类导航,可借鉴浙江大学档案馆网站"服务大厅"栏目对档案进行分类的方法(见图4),这样就可以大大缩小用户的查询范围。同时要完善检索功能设计,扩充检索功能,设计如中文期刊网上常用的快速检索、二次检索、分类检索等检索功能,可以让用户通过对检索条件的限制逐步缩小检索范围,从而尽快查到所需信息。

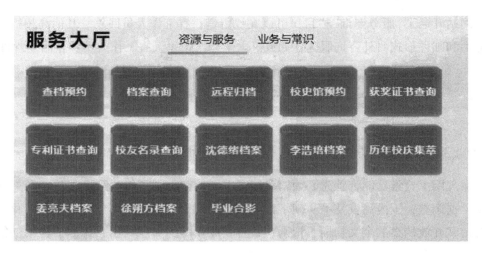

图 4　浙江大学档案馆"服务大厅"

（四）招聘复合型人才、加快现有档案人员的业务培训，提高档案部门从业人员的素质

历来，高校档案部门一直被喻为"清水衙门""养老的好地方"，是很多锐意进取的年轻人避而远之的地方，因此高校档案部门普遍存在着人员年龄老化、专业结构不合理的现象。随着科技的飞速发展，各种新工具、新知识层出不穷，要求档案从业人员除具备基本的档案业务知识外，还要具备一定的文字功底和编研能力，以保证能有效地对馆藏档案加以开发利用。同时信息化的发展又要求档案从业人员必须熟悉各种办公软件、图像处理软件、数据库软件的使用。因此招聘档案工作人员必须考虑专业结构，复合型人才是大势所趋；并要定期对工作人员进行培训，提高人员素质，以适应时代发展的需要。

（五）扩大经费投入

要实现馆藏档案全文数字化的工作任重而道远，档案数字化、人员培训等都离不开经费的支持，因此必须加大对高校档案部门的经费投入。

综上所述，高校档案馆网站开发网上检索功能将是大势所趋，各高校应该结合实际，积极开展网上检索功能的建设，力争把我们的档案馆网站越建越好，早日建成"宣传—服务型"网站，以更加合理有效地为用户提供档案信息，传播档案文化。

武汉大学留学生档案服务工作的现状及改进意见

武汉大学档案馆　刘春弟

武汉大学留学生教育一直是学校教育的重要组成部分。1936 年 9 月，国立武汉大学接受第一位来华留学生——英国牛津大学的毕业生 Inmas Jackson 女士就读中国文学系，开启了武汉大学留学生教育的先河。新中国成立后，学校于 1954 年开始招收来华留学生。近 90 年来，先后接受来自 169 个国家、超过 11，000 名的留学生在珞珈山求学深造。学校留学生教育的发展，留学生校友的增多，在提升学校国际声誉和国际影响力的同时，也为学校对留学生校友的档案服务工作提出了新的要求和挑战。作为从事留学生档案服务 15 年工作经历的一名档案工作者，见证了学校留学生档案服务的发展过程。

一、留学生档案服务的含义

留学生档案服务工作是针对本校培养的来华留学生在毕业离开学校之后提供的服务工作。毕业离校之后的留学生服务工作主要是基于留存的档案开展的，所以也称之为留学生档案服务工作。留学生档案的内容主要是指留学生在来华留学过程中产生的招生、教学、毕业档案和教学管理档案，即我们常说的教学档案。

留学生是一个特殊群体，留学生教育是一种跨国界的特殊教育形式。所以留学生档案服务工作属于跨国服务，是一种国际性行为。换句话说，留学生教育和留学生档案服务实际上是一种特殊的外事活动。留学生档案服务通过对毕业后的留学生提供档案服务，可以持续促进国际友好关系和国际文化交流，对于学校国际形象的塑造具有重要的影响。做好留学生档案服务有助于增强留学生对于异国母校在情感上的连接度和亲密度。

二、学校留学生档案服务工作概况

本人从 2009 年开始负责留学生档案服务工作，14 年来，留学生档案服务主要呈现出以下几个方面的特点：

（一）服务方式不断升级

2009 年，学校档案馆的档案服务还处在线下手动查档和电话传真服务为主的时代，邮箱邮件在线服务并没有推广。邮箱的年服务量极少，只占线下服务总量的 23%。当时的留学生档案服务大多是收取国外的越洋信件，一年也不超过 20 封。

2010 年开始，本人开始推广普及邮件服务方式，收到国外信件后全部改为邮件回复。到 2015 年，邮箱在线服务全面铺开，留学生档案服务全部转为邮件在线服务。

2022 年，档案馆注册了国外 digiflow 在线学历学位认证平台，在线开展留学生的学历学位认证服务。

（二）服务数量稳步增加

留学生档案服务工作属于外文服务的范畴。根据邮箱中每年外文邮件的发出数量，2015 年之前属于在线邮件的推广期，2016 年之后属于稳步发展期，发展趋势稳中有增。2020 年受新冠疫情影响，查档量下降，然后快速回升，并迅速增加。具体参见表 1：

表 1　武汉大学留学生档案在线服务统计

平台	武汉大学邮箱在线服务数量								digiflow 在线平台
年度	2015 前	2016	2017	2018	2019	2020	2021	2022	2022
在线服务数量（人次）	115	95	98	92	134	47	106	196	20

备注：

1. 2020 年世界新冠疫情影响，国外查档数量下降。

2. 外文邮件中也有中国学生出国查档情况，忽略不计，全部默认为留学生查档服务。

3. digiflow 国外在线认证平台于 2022 年 5 月注册开通。

（三）服务对象类型多样

留学生档案的服务对象即留学生档案的需求主体，是查阅行为的发起者。服务对象既可以是留学生本人，也可以是他工作、服务或学习的机构或组织，或是本人委托的第三方机构或组织，如学历学位认证机构等。为确保留学生的合法权益，学校档案馆需要先验证机构的合法性（如机构简介和签章，类似于中国的介绍信，联系函等）、留学生本人的授权书和毕业/学位证等文件材料。

(四) 用户需求不断提高

留学生档案的查阅利用目的主要有以下 4 种情况：

1. 补充学籍档案。如复印成绩单、录取材料、证书发证册，毕业生登记表、论文答辩评阅材料、实践手册、实习证明等。

2. 学历学位和成绩单的核实。主要是认证毕业/学位证书、成绩单等档案信息的真实性，包括学制、专业、学习起止年限、学习方式、学位获得时间、证书号等具体细节的认证。

3. 信息更正或者解读。信息更正是指留学生自己保存的留学档案中有部分与实际不符，从而联系学校加以核实并更正。信息解读是指国外对国内的某些文件内容和说法不理解，而希望给予解释的行为。

迄今为止，先后要求进行更正的内容有证书号、学习起止时间、成绩单等；要求解读的内容有：研究生的成绩单上为何无论文答辩成绩？拥有中国临床医学 MBBS 学位是否可以临床看诊？

4. 为学生开具各种证明。如医学临床实习证明(internship certificate)、四校合并证明、课堂全英语上课证明(studing in english)，学分学时证明等。这类证明开具服务一般受馆藏档案限制并不能完全满足用户的需要。

5. 其他服务。如应学生本人要求，将其学籍档案转发给其工作单位或学习学校。

三、留学生档案服务存在的问题

(一) 留学生档案归档不全

学校留学生档案由国际教育学院负责归档。国际教育学院是专门负责来华留学生招生、教学、科研、学工等相关管理和服务的机构。

根据《武汉大学档案归档范围》的要求，留学生档案(WS15)共有 15 类档案需要归档(参见表2)。

笔者对照 15 大类归档范围对 2006—2020 留学生档案的归档情况进行了分类统计(参见表2)。根据统计数据，2006—2020 共归档 278 卷，平均每年 18.53 卷。15 年来，归档范围中列出的教学计划、大纲、安排，学生去向及有关材料，录取外国留学生审批材等 3 类材料成绩单，医学类学生的实习记录和实习证明没有归档；学位授予决定也有部分年代未归档的现象。特别明显的是，自 2014 年以来，归档档案种类迅速减少，档案数量直线下降，七年只归档 80 卷。留学生录取名册，新生名册，毕业生名册、学籍注册卡片、留学生工作计划、总结、统计报表等十分重要的档案都未曾归档。对于不能毕业的留学生的档案材料也几乎看不到。归档种类的缩减，归档内容的不全，在实际留学生档案服务工作中给双方都造成了很大的困扰。

表 2　留学生档案归档范围及归档情况

序号	留学生档案归档范围（WS15）归档范围	保管期限	2006年(卷)	2007年(卷)	2008年(卷)	2009年(卷)	2010年(卷)	2011年(卷)	2012年(卷)	2013年(卷)	2014年(卷)	2015年(卷)	2016年(卷)	2017年(卷)	2018年(卷)	2019年(卷)	2020年(卷)	总计
1	上级有关留学生工作的文件材料 （1）针对本校的 （2）需要长期贯彻执行的	永久 长期	3	5	7	3	2	1							1		2	24
2	本校留学生工作计划、总结、简报	长期	2	2	2	2	1	1										10
3	留学生工作统计报表	永久	1	1	1													3
4	留学生工作规章制度	长期		1	2	2	1	1	3	3		2		2	1	1	1	20
5	本校关于留学生工作向上级部门的请示及批复	永久	4	4	3	3	4		1	1						1		21
6	录取外国留学生审批材料	永久																
7	留学生学籍登记表（注册卡）	永久	6	6	6	7		8	6	6								45
8	留学生学习情况、成绩及评语	永久	2	1	1	1	2	1	1	2	1	1	1	1	1	1	1	18
9	教学计划、大纲、安排	长期																
10	留学生学历、学位证书复印件、翻译件及验印名册	长期	1	1	2	2	8	5	4	5	7	6	6	9	10	11	5	82

留学生档案归档情况

续表

留学生档案归档情况

序号	归档范围（WS15）	保管期限	2006年(卷)	2007年(卷)	2008年(卷)	2009年(卷)	2010年(卷)	2011年(卷)	2012年(卷)	2013年(卷)	2014年(卷)	2015年(卷)	2016年(卷)	2017年(卷)	2018年(卷)	2019年(卷)	2020年(卷)	总计
11	学生名册（包括录取名册，新生名册和在校学生名册）	永久	1	1	1	1	1	1	1	1								8
12	毕、结业留学生名单及报表	永久			1	1	1	1	1	1								6
12	学生去向及关材料	长期																
13	汉语培训、汉语专业教学方面的文件材料	长期	4	3	1										1			9
14	外籍人士来校进修、短期培训、科学研究的有关材料	长期			2	2	2	2	2	2		1	1				1	15
15	其他重要的文件材料	永久或长期	2	1	2	2	3	1	1	1	1	2	1					17
	总计		26	26	31	26	25	22	20	22	9	12	9	12	14	14	10	278

注：以上数据是笔者根据案卷题名信息对照 15 大类归档范围分类进行的统计，鉴于个人理解的不同，可能与督导整理的分类有所出入，这里仅供参考。

213

(二)档案服务机构分散

学校为提高服务效率，体现以人为本的服务理念，建立了一站式服务中心。但是针对留学生档案服务并没有一个一站式服务平台。目前留学生档案服务以档案馆为主，同时作为留学生管理部门的国际教育学院和作为教学培养单位的院系也不可避免地参与其中。

档案馆留学生档案服务受限于有限的档案资源，很难满足日益增长的查档需求。对于未归档的留学生档案材料，本人通常一方面主动联系国际教育学院，甚至联系留学生就读过的院系，力所能及地帮留学生们解决他们的困难；另一方面，亲自登录国际教育学院网站和院系网站查找联系方式，把邮件和电话发给留学生，请他们自己直接联系。根据留学生的反馈信息，他们很难一次性联系上，或者是电话无人接，或者是邮件无人回。空间的不便，多个机构的拉扯，导致留学生的查档体验相当痛苦。

四、留学生档案服务改进建议

(一)提高站位，将留学生档案服务工作提高到政治高度

留学生档案属于外事类，外事无小事。留学生档案服务应该给用户创造好的查档用档体验，让他们对学校有归属感。所以，应该把留学生档案服务工作提升到政治高度，作为外事活动来开展，重视每一位留学生，重视他们的需求，将温暖跨越时空传递给他们。

(二)加强留学生档案归档力度

严格按照留学生档案归档范围立卷归档，针对一些特殊专业的特点，增加相关内容，如增加医学临床实习档案(含实习记录、实习评语和实习证明)的归档。全面归档留学生档案，确保留学生档案种类齐全、数量完整，避免档案工作者在服务过程中出现"无米之炊"的现象。

(三)从源头建立留学生个人档案

建议国际教育学院为留学生建立个人档案，将留学生从录取、入校、学习、实习、校园活动、评优评先、毕业、离校的整个过程中的重要材料全部收集起来，建立一套完整的留学档案。也可以在留学生在入校初期，对他们进行档案意识的培训，针对不同专业的学生，提供一份在校期间产生的档案目录清单，请学生自主完成留学期间留学档案的收集整理，让留学档案成为伴随他们一生的珍贵礼物。

(四) 持续开展留学生档案的数字化工作

留学生档案 2017 年首次开展数字化, 完成了 2000—2015 年度档案的数字化工作, 实现了电子查档打印, 摆脱了手动查档的历史。2016—2020 年度的留学生档案也已经列入年度数字化计划。持续开展留学生档案的数字化, 确保归档后及时完成数字化, 从而为留学生档案的高效服务奠定资源基础, 缩短查档时间, 提高档案服务效率。

基于"双套制"档案管理的思考

武汉大学档案馆　　刘　琳

在当前信息时代的背景下，随着计算机网络技术、信息技术的不断发展，办公管理的自动化已经普及并在高校中得到广泛应用，这也极大地推进了高校档案的数字化、电子化、信息化的进程。越来越多的教学、科研、党群等社会活动记录开始在电子工作环境中产生，大量电子文件的不断涌现，电子档案也应运而生。高校档案的管理工作也从传统的以纸质档案为基础的"单套制"，向纸质档案与电子档案并存的"双套制"转型，同一份文件的电子版本和纸质版本共同处于存储和可利用的状态。

传统的纸质档案信息较为安全，不容易被篡改，并且篡改后也容易识别。但纸质档案对于存放条件的要求较高，需要大量的存储空间来进行保存，而且对存储空间的环境要求也较高，一般需要保存在专门存放档案的档案库房内，这也给档案的传递利用带来不便。另外，纸质档案对纸张的需求巨大，且管理过程中需要耗费大量的人力、物力。随着时间的推移，纸质档案可能因存储环境中温度、湿度等因素造成笔迹的变质、扩散。同时，因外部原因导致的火灾等问题也可能对纸质档案的安全产生一定隐患。

电子档案是高科技发展背景下的产物，也是一种现代化的高效管理手段。不需要存放在固定的档案库房，一般可以通过网络保存，由学校的网络信息中心提供服务器进行存储。储存的方式包括光盘、磁带、磁盘等，具有高密度性的储存特征，储存量非常大，能极大地缩小纸质档案保存的空间。另外电子档案的形式更加丰富，除了常见的文字、图像，还囊括了视频、音频、数字代码等形式，突破过去的信息记录单一性，整合图文声像的优势，更能展现信息的全貌。信息共享优势。电子档案应用最大的优势在于不限制时间与地点实现共享的目标，大大提高信息利用的便捷性，在缩短查档时间的基础上提高管理和利用效率。但电子档案也存在一定的不稳定性。网络病毒等可能影响网络档案库安全，黑客等部分具有专业电脑技能的人可以通过互联网对档案内容进行修改且不留下痕迹，对档案的真实性难以认定。

"双套制"的管理通常包含两种方式。一是对纸质文件进行数字化，一般是因信息化管理的需要，为方便利用将已经完成归档的馆藏纸质档案利用扫描仪等信息化设备进行数字化,形成纸质文档的电子扫描件。另一种是对电子文件制作纸质拷贝,例如将办公业务系统生成的电子文件进行打印输出。

采用"双套制"档案管理模式能够结合纸质档案和电子档案的优点,提高查档归档速率和档案管理部门的管理效率。方便相关人员随时查阅与认证,当电子档案有问题时,可从纸质档案库调取对应的纸质档案与之核对,确保档案内容的真实性。因此,"双套制"档案管理模式是目前档案管理的主流模式。但"双套制"同样面临着纸质档案的存储问题,基于电子文件的"单套制"管理将是档案管理数字化转型的目标。国家档案局先后出台多项文件强调通过规范电子档案移交与接收工作,确保电子档案的真实、完整、可用和安全,而不是双轨制保驾护航。

在实际应用中,如何协同推进"单套制"的落地,解决"单套制"所面临的问题,笔者认为应采取以下几个方面的措施。

第一,制定电子文件的管理标准体系,完善相关元数据标准。根据业务系统的特点和数据属性制定有针对性的具体元数据标准规范,元数据作为电子文件的重要组成部分进行封装管理。

第二,做好顶层设计,统筹规划,打通各个业务及办公系统的数据壁垒,实现档案系统与各部门业务办公系统的对接,从源头上确保电子档案的完整性、真实性和准确性。

第三,建立档案部门、业务部门、技术部门共同参与的协同归档机制,健全配套制度和管理措施。通过制度明确电子文件管理的各个环节的职责和要求,明确各部门责任与分工,建立起严格的制作、归档、保存以及使用的制度,推进"单套制"管理的实现。

高校电子文件归档管理问题与思考

武汉大学档案馆　刘秋华

随着信息科学技术的快速发展，信息技术对人类的生产、生活以及工作等各方面产生了深远的影响，上网已经成为人们日常工作、学习、休闲娱乐等不可或缺的重要方式。国家统计局相关资料显示，截至 2022 年 12 月，我国网民规模已达 10.67 亿，互联网普及率为 75.6%，其中农村地区互联网普及率为 61.9%，远超全球平均水平。

高校互联网信息技术的普及与应用一直处于各行业顶端，很多高校不惜花重金打造数字智慧校园，无纸化办公系统几乎覆盖学校各个业务部门，由此形成和产生了大量有归档价值的电子文件，电子文件已成为一类重要的档案信息资源。如何加强和规范电子文件的归档管理已成为当前高校档案部门亟待解决的问题。

一、电子文件及电子档案

电子文件是国家机构、社会组织或个人在履行其法定职责或处理事务过程中，通过计算机等电子设备形成、办理、传输和存储的数字格式的各种信息记录。电子文件由内容、结构、背景组成。电子档案（electronic records）是指具有凭证、查考和保存价值并归档保存的电子文件。

二、高校电子文件归档管理面临的问题

1. 归档意识不够，妥善保管难。人们在日常工作中比较注重纸质文件的收集与保管，而电子文件却往往被忽略，导致每年产生的大量有价值的电子文件未被妥善保管和归档。

电子文件的产生、形成、流转、审批往往牵涉到不同的工作人员，并非所有的工作人员都会自觉保存自己工作职责范围内应该归档的电子文件，特别是未经系统平台管理形成的电子文件，更容易丢失或毁损。即便是系统平台管理的文件，也存在电子文件上传不全或归档不全的问题和风险。

2. 数量多，收集难度大。一是涉及人员多，二是电子文件多。归档工作是由文件管理转入档案管理的必经环节，电子文件归档工作的质量将直接关系到整个电子档案管理水平。而在高校实际管理工作中，从电子文件的形成到归档往往要跨越多个部门，任何环节的疏漏都会影响电子文件的归档质量。另外大部分电子文件在形成过程中会生成多个版本，如何确保收集归档的电子文件是最终版本也是面临的一大难题。

3. 缺乏可操作性的电子文件归档管理指南与规范。相较于纸质文件材料成熟的归档流程和管理规范，电子文件的归档管理尚处于起步阶段。许多高校缺乏完善的可操作性的电子文件归档管理制度，未明确电子文件的全程管理规则、工作流程以及各部门、相关人员的管理与岗位职责，导致学校在党政管理、教学、科研等工作中形成的大量有归档价值的电子文件没有得到及时妥善地保存、收集、归档与管理。

4. 电子文件的原始真实性难以保证。传统纸质文件因内容、形式、载体、结构均以较为直观的形式呈现，不易修改，其原始真实性易于考证。但电子文件则不然，电子文件易被篡改且不留痕迹，要证明其原始真实性往往需要记录电子文件的全生命周期形成与管理轨迹。这个过程相对困难，特别是离散的电子文件。

5. 电子文件的安全性问题凸显。因为某些技术问题，如数据丢失、病毒侵害、载体氧化、物理损毁、网络传输、人为因素等，都会给电子文件的归档管理带来诸多新的问题，处置不当，将会直接影响其真实性、完整性和可靠性。

6. 档案员队伍信息化水平有待提高。要做好电子文件的归档管理工作，需要档案人员既要具备和掌握档案管理基础知识和基本方法，又要熟悉计算机应用信息技术。如果相关人员知识结构仍停留在原有的实体档案管理模式上，将无法有效完成电子文件收集、整理、鉴定、归档等工作。

三、应 对 策 略

1. 加强宣导，提高各级人员对电子文件归档管理工作的认识。很多高校已将档案信息化纳入学校信息化整体发展规划，电子文件归档管理是其重要内容。高校档案部门应充分利用比如日常的监督指导工作、"6. 9"国际档案日、档案人员培训等场合加强宣传教育，使各部门档案员、立卷员、业务系统管理员充分认识加强电子文件归档管理的重要意义，促进电子文件归档管理工作有序良性发展。

2. 建立健全电子文件归档管理办法。参照国家档案局有关电子文件归档管理的标准、规范，结合学校电子文件形成、管理的现状和自身特点，提出一套有针对性的、切实可行的电子文件归档管理办法，划定各部门电子文件归档范围，将归档工作纳入相关人员职责范围，明确不同类型的电子文件应采用的归档管理模式。明确分工责任，比如电子文件的

"四性"，在移交档案馆之前由立档单位负责，按规定移交档案馆后由档案馆负责，以此来保障归档电子文件的真实、完整、可靠与可用。

3. 采用灵活的归档方式进行电子文件的归档管理，一般采用离线方式或在线方式进行归档。在线归档一般是通过档案管理平台系统与各部门业务系统通过中间接口实现对接，通过"四性"检测完成电子文件及其元数据的同步与推送；或部门档案员通过档案管理平台系统直接上传电子文件。离线归档则是将电子文件集中保存到可脱机保存的移动存储介质(如光盘、磁盘、磁带等)上集中移交档案馆。其中通过系统平台对接的方式实现电子文件的归档管理，是当前较合理的一种解决方案。

4. 采用相关技术手段，确保电子文件的原始真实。在学校各业务系统中，采取专门的技术手段，比如引入电子签章或电子签名等形式对电子文件进行审批、签发等处理，确保电子文件的真实性。同时建立类似于公文处理单或公文撰制单等类型的表单记录电子文件产生、形成、审阅、签发等每一个流转操作环节，另外对其整理、归档、保管、利用过程中，采用权限管理与控制、审计、日志管理等技术手段，使电子文件始终处于可监控的范围，实现全生命周期管理，确保其原始真实性。

5. 培养适应电子文件归档管理的档案专业人才队伍。电子文件归档管理工作的主导要素无疑是高层次的人力资源，高校必须重视电子文件管理人员的培养，有针对性地加强对档案员在应用档案管理新技术、新方法、新观念等方面的培养力度，优化其知识结构，使其成为新时期复合型人才，更好满足档案信息化管理的新需要、新要求。

6. 运用电子档案自身特点和优势，加大对电子档案信息资源的整合力度，同时畅通电子档案远程查档利用服务通道，方便立档部门的日常工查利用，努力做出成绩，吸引更多的部门、人员自觉参与到学校电子文件的归档管理工作中来，形成"虹吸效应"，让各部门愿归、尽归，逐渐形成"集群式电子档案信息资源共享共用"的良好局面。

7. 采取全方位的安全保障措施，做好电子档案的后期备份与维护工作。做好电子档案文件多套冗余备份，定期进行检查、复制、转存，确保电子文件长久保存与可读利用。同时考虑到电子文件自身的特点及网络安全问题的复杂性，对电子文件安全管理防范措施提出了更高要求。在档案系统平台设计时应特别注意电子文件元数据的维护和系统用户访问权限的配置，提供多种下载格式文件，比如防扩散下载、添加数字水印等，系统平台升级改造时应优先考虑电子文件格式和载体的转换以及数据库迁移等问题。

8. 增强开放意识，加强馆际交流以及跨行业交流，不断拓宽电子文件归档管理的工作思路。采取"引进来"和"走出去"相结合的战略，着眼于电子文件归档管理发展新趋势，大胆吸收和借鉴一切有益的成果、一切先进的管理经验和技术手段，不断提高高校电子文件归档管理的实力和水平。

四、结束语

由于我国档案信息化建设起步较晚，关于电子文件归档管理工作尚处于摸索阶段，各高校档案馆基本处于单套归档（实体）或双套制（部分电子档案）归档管理模式。要实现完全的电子文件归档管理，仍有一段漫长的过程，很多困难还有待进一步克服和解决。

话说《新武大》

武汉大学档案馆　　王美英

武汉大学出版社　　何睦临

　　武汉大学的校报真实地记录了武汉大学初创的艰难、曲折的足迹和发展的历程，记录了时代的风云、振兴的喜讯与辉煌的硕果，记录了武汉大学各个历史时期翻天覆地的变化，书写了武汉大学优良的学术传统，是一份难得的校史档案。校报耕植于校园，反映学校生活，服务师生员工，不仅为广大师生员工传达学校的方针政策，传递来自四面八方的信息，而且登载轻松活泼的散文、诗歌、小说，既在政治思想上起了导向作用，又丰富了师生员工的业余文化生活。武汉大学的校报曾用名较多：《国立武昌高等师范学校周报》《国立武汉大学周刊》《武大周刊》《新武大》《学习简报》《新武大简讯》《武大简讯》《武大战报》《武汉大学》《武汉大学校刊》《武汉大学校报》《武汉大学报》。本文重点谈谈《新武大》，以求教于方家学者。

一、承前启后

　　《新武大》之前，有《国立武昌高等师范学校周报》《国立武汉大学周刊》《武大周刊》。《国立武昌高等师范学校周报》(简称《周报》)于 1918 年 6 月 3 日出版①，1919 年 2 月 26 日委托校友会杂志股代办："本校周报由本会杂志股代办。"②由校长张渲题写刊名，栏目有部令、校令、校闻、研究、演讲、调查、文艺等，采用 32 开竖排式，每期 30 余页。该报的许多重要报道成为珍贵的校史资料。"五四"运动爆发后，《周报》1919 年 5 月 13 日第 12 期记录了武昌高师学生的正义行动："愤外交之失策，秉爱国之热忱，群谋集赀，拍电欧洲和会及北京政府，力争山东问题，并援作北京学界之后援。"还全面客观地记载了学生的各种爱国集会、游行和宣传活动。《周报》1919 年 6 月 9 日第 16 期"教育"栏刊登了陈潭

---

①　国立武昌高等师范学校巳未同学录·本校大事记.

②　国立武昌高等师范学校巳未同学录·校友会大事记.

秋参加英文演讲比赛的文章《改革女子教育》，力透五四运动的光芒。《周报》详细记载了东厂口"六一惨案"事件，颂扬青年学生不畏强暴、敢于斗争的精神。《周报》还广泛报道了学校的学术活动，如康有为 1920 年寒假来校讲解《大同书》、陈独秀 1920 年 2 月 7 日来校演讲《新教育的精神》、美国学者杜威 1920 年 6 月来校讲学等，校报均有记载。《周报》的学生编辑有杜佐周、夏隆基、程准等。

《国立武汉大学周刊》创刊于 1928 年 12 月 3 日，两版，朱印，中华邮政局特准挂号，属于新闻纸类。创刊号刊登了"本校布告"、本大学第二次总理纪念周纪略、校务会议暨各委员会议决事项如本大学第十次校务会议纪事录、本大学建筑设备委员会第一次会议纪事录、训育委员会议决案、出版委员会议决案、本学年本预科课程表。周刊上面可以刊登广告，广告费为："用五号字，两期以内每字四厘，四期以内每字三厘，长期面订五十字起码。"该报校内外发行，报费不断变化，创刊号至第 285 期的报费："每份铜圆 2 枚，每月自取 8 枚，派送上门则是每月 10 枚，外省 4 分（邮费在内）。"1937 年 10 月 11 日第 288 期至 1941 年 3 月 23 日第 321 期的报费为："每份货币一分，每月自取四分，派送五角（邮费在内）。"1941 年 4 月 14 日第 322 期至 1944 年 5 月 1 日第 351 期的报费为：每份国币五分，每月二角（邮费在内）。广告费则一直没变。自 1945 年 10 月 8 日第 352 期起不再提及报费。

《国立武汉大学周刊》从 1947 年 7 月 1 日第 371 期开始改名《武大周刊》，一直发行到 1948 年 12 月 16 日第 392 期。随着国立武汉大学的多次迁移，《国立武汉大学周刊》的办公地址也不断变化，1928 年 12 月至 1932 年 2 月在武昌东厂口，1932 年 3 月至 1937 年 11 月在武昌珞珈山，1938 年 12 月至 1940 年 4 月在武昌珞珈山国立武汉大学本部与四川乐山县武汉大学嘉定分部同时发行，1940 年 7 月 1 日至 1946 年 4 月 10 日在四川乐山县。1946 年随着学校的回迁，周刊的办公地址自然也回到了珞珈山。

校报停刊半年之后，决定以新的面貌与姿态发行，于是《新武大》应运而生。手写的《新武大》创刊号于 1949 年 10 月 10 日油印面世。本刊每逢十日、廿日、卅日出版，报头上写道"欢迎投稿，欢迎批评""请交换，请订阅"，上面刊登了编者的话："由于大家觉得有复刊本校同学报纸、报道本校动态与武汉学运情况的需要，我们又组合起来以新的姿态出刊了。我们热望全武大人及外校同学向本报投稿！并经常向本报提出批评与建议，使本报能逐渐进步！"[1]1950 年 1 月 16 日《新武大》正式发行第 1 期，[2] 四版，刊登了燕树棠教授 1949 年 12 月 30 日写的文章《半年来的教与学》。报费：《新武大》前三期没有说明报费，第 4 期规定："本期零售，每份四百元。"[3]1950 年 5 月 31 日第 6 期起改为零售每份三百

①　新武大创刊号第 1 版［N］. 1949-10-10.

②　据统计，1950 年至 1966 年，全国的校报有 210 家，分布于全国 27 个省、市、自治区，《新武大》即是其一。

③　新武大第 4 期［N］. 1950-04-20.

元。为了加强组织与提高工作效率，1950 年 4 月 28 日成立《新武大》编辑委员会，由校委会、教工会、学生会、女同学部等单位组成，委员共 11 人，校委会代表刘立先为主任委员，学生会代表孙毓峿同学为副主委，夏德辕为总编辑，陈贤翼为副总编辑，陈海燕、周白章、罗若兰、李锦为编辑委员。编委会下设编辑部、发行部。编辑部下设辑审组、采通组，夏德辕兼任编审组组长，唐迪武任采通组组长，教工会代表为王宗华先生和刘山亭工友。①《新武大》第 1 期至 1950 年 9 月 30 日第 11 期，由国立武汉大学《新武大》编辑委员会编辑，自 1950 年 10 月 15 日第 12 期起由武汉大学《新武大》编辑委员会编辑。《新武大》最初的刊头题名者无从知晓，从 1951 年 12 月 15 日第 31 期起，改用毛泽东主席的手迹，是从毛主席给武大农学院的陈文新同学的回信的信封上拓下来的。《新武大》的版面与报费都在变化，如 1951 年 3 月 30 日第 20 期六版，零售每份五百元；1952 年 8 月 25 日第 72 期两版，零售每份 300 元；1952 年 10 月 1 日第 80 期四版，零售每份 500 元；1952 年 12 月 11 日第 85 期八版，零售每份 800 元；1955 年 4 月 30 日《新武大》第 152 期四版，零售每份 3 分。《新武大》1957 年 1 月 15 日发行第 222 期后停刊一年多。其间，《学习简报》出版发行了。1957 年 5 月 16 日，《学习简报》发行第 1 期，该期刊登了李达校长的文章《大胆地"鸣"，大胆地"放"》："我希望全校的同志们都动起来，党内党外一致努力，大胆地"鸣"，大胆地"放"，为彻底转变武大党的作风，密切党群关系、共同办好学校而奋斗。"②《学习简报》是由武汉大学政治学习委员会负责编辑的内部刊物，目的是反映大家的意见或学习动态，使领导和群众之间、群众彼此之间能通气："本报为不定期刊物，读者对象是教职员工。由于出版的时间仓促，编辑工作未能作得很完善，因而使刊物没有能做到深入细致地反映学习动态，也没有做到把前一阶段的学习中大家提的主要问题反映出来。总而言之是报纸的群众面不广。"③《学习简报》刊登三方面的稿件：（1）学习的动态，如小组会、座谈会等；（2）个人的意见和不同意见的争论；（3）对改进今后的工作提出建设性的意见。1958 年 3 月 4 日，《学习简报》发行最后一期第 98 期，2 版，刊登了《把心交给党力争做左派——化学系同学敞开思想说出心里话》《只有把心交给党才能进步——史四同学座谈各人的心愿》等。

《新武大》于 1958 年 3 月 10 日复刊，发行第 223 期，发了复刊词《点燃革命烈火，彻底烧毁浪费和一切落后保守现象》，指出了复刊的意义："新的学期开始了，这是一个不平常的学期。《新武大》是武大党委和校部的机关报，它在这个不平常的学期开始和师生员工重新见面，其意义是很深远的。因为我们坚决相信：在祖国大跃进的新形势下，武大全体

---

① 本刊编委会正式成立[N]. 新武大，第 5 期，1950-05-11.

② 李达. 大胆地"鸣"，大胆地"放"[N]. 学习简报，第 1 期第 1 版，1957-05-16.

③ 大家来支持这个刊物[N]. 学习简报，第 1 期第 1 版，1957-05-16.

师生员工是会鼓足革命干劲，快马加鞭，以乘风破浪的姿态向前跃进的，武大的领导也是不会掉在群众后面的，武大各方面的工作都将面貌一新，推向新的阶段。《新武大》就要在这个不平常的时期反映全校不平常的动态，总结不平常的经验。"①1963 年 3 月 15 日发行了《新武大》第 376 期。1963 年 6 月 25 日发行了《新武大》第 384 期，该期刊登了生物系教授何定杰的文章《武大外史》，回忆了他在武大五十年（1913 至 1963 年）经历的大事要事。

"文革"伊始，小报如《动态报》《江城动态》《江城简报》等陆续面世。红三司新武大红色造反团延河公社（又称新武大红色造反团延河公社、红三司革联新武大红色造反团延河公社）编辑了《动态报》，1967 年 4 月 12 日油印发行第 1 期，刊登了北京消息、武大消息、大专院校、重要马路新闻等，该期 5 版。4 月 19 日油印了第 6 期，5 月 16 日油印了第 39 期，5 月 19 日油印了第 41 期，5 月 22 日油印第 42 期。毛泽东思想红教工新武大总部编辑了《动态报》，1967 年 5 月 23 日油印发行第 1 期，6 版，报头刊登了毛泽东主席诗词"长缨在手，何时缚苍龙"，刊登了武汉简讯等。1967 年 5 月 26 日油印发行第 2 期，报头刊登了毛泽东主席诗词"宜将剩勇追穷寇，不可沽名学霸王。"该期刊登了武大要闻与武汉简讯等。5 月 30 日油印发行第 3 期，报头刊登了毛泽东主席诗词"虎踞龙盘今胜昔，天翻地覆慨而慷。"，4 版。钢二司新武大总部（简称二司武大总部）编辑的《江城简报》1967 年 5 月 3 日油印发行第 3 期，2 版，刊登了《关于积极开展"拥军爱民"运动的决定》《二司武大总部关于拥军的规定》等。5 月 13 日油印发行第 8 期，2 版，设立了厂矿简讯、祖国各地等栏目；5 月 15 日油印发行第 9 期，2 版；5 月 17 日油印发行第 10 期，2 版。钢二司武大总部联络组编辑的《动态报》1967 年 5 月 11 日油印发行第 2 期，2 版。钢二司新武大总部编辑的《江城动态》1967 年 5 月 13 日油印发行第 2 期，刊登了毛主席最新指示、军内点滴等。新武大斗批改联络站编的《斗批改动态报》是《斗批改报》的副刊，其任务是：及时地向读者反映全国各地、武汉地区及本校斗批改的情况和经验，达到交流情况、交流经验、互相督促、互相促进，共同搞好斗批改这一伟大历史任务的目的，② 1967 年 7 月 19 日发行第 1 期，2 版，刊登本校动态、本市动态、经验介绍、全国各地等。

1967 年 5 月 27 日，钢二司新武大总部编辑的《江城简报》《江城动态》与毛泽东思想红教工编辑的《动态报》合并："原《江城简报》《江城动态》毛泽东思想红教工《动态报》从今天起合并为《新武大简讯》。"③《新武大简讯》由毛泽东思想红卫兵、红教工总部编辑，每期两版，1967 年 6 月 3 日发行第 17 期，6 月 6 日发行第 18 期，6 月 7 日发行第 19 期，6 月 8 日发行第 20 期，6 月 9 日发行第 21 期。

《武大简讯》于1970年9月12日发行第1期，由驻武汉大学工人、解放军毛泽东思想宣传队、武汉大学革命委员会编辑，该期是武汉大学开学典礼专辑，刊登的文章《在伟大领袖毛主席光辉的教育革命思想指引下我省首批工农兵学员昂首阔步跨进大学》记录了武汉大学举行开学典礼的盛况，武汉大学隆重举行开学典礼热烈欢迎新学员，武汉部队副政委张玉华同志出席了大会并讲了话。武汉大学从工农兵中首批选拔的新学员十分优秀：出席党的"九大"的代表；出席省、地、县、区各级活学活用毛泽东思想积极分子代表大会的代表；来自工农业战线上的英雄模范人物；来自部队的五好战士；参加工农业生产劳动，接受工农兵再教育取得显著成绩的优秀知识青年，等。① 1970年9月30日《武大简讯》发行第2期，该期为"庆祝毛主席视察武汉大学十二周年专辑"。《武大简讯》1972年1月22日第1期设立了"工农兵学员论坛"栏目，刊登了工农兵学员李应洲的文章《坚持政治与业务的辩证统一，把坚定正确的政治方向放在第一位》。《武大简讯》由政治部宣传科负责，为了更好地贯彻"群众办报""全党办报"的方针，进一步办好《武大简讯》，1972年12月政治部宣传科对《武大简讯》原有的通讯网进行了调整与充实，招聘了一部分文科学员为《武大简讯》的业余编辑，业余编辑原则上以文科各系一、二年级学生为主，其中：中文系8名，历史系5~6名，图书馆学系2~3名，另外心理科3~4名学生担任美工、摄影编辑。这些人员组成业余编辑组，设组长1名，副组长2~3名。业余编辑由党支部推荐，系党委审查，政治部批准，由政治部发聘书和"业余编辑工作证"。业余编辑要为《武大简讯》组稿、写稿，要参加《武大简讯》编前编后会议，协助作好有关采编、校对、发行等有关工作。《武大简讯》每年发行的期数不一，1970年发行了8期，1971年发行了9期，1972年发行了18期，1973年发行了15期，1974年发行了2期，共计发行52期。

《武大简讯》从1974年2月6日第53期起更名为《武大战报》："为了深入开展批林批孔斗争，校党委决定，原《武大简讯》从本期起改为《武大战报》。"②由《武大战报》编辑室编辑，四版，第一版报头刊登"毛主席语录"，一直到1977年3月14日第182期几乎每期都在报头刊登"毛主席语录"。《武大战报》1978年3月15日第220期报道了一九七七级新生入学典礼的情况："在举国欢庆五届人大和五届政协胜利闭幕的大喜日子里，来自全国二十九个省、市、自治区的一千一百一十五名新学员已陆续到校。三月十一日上午，在小操场举行了新生开学典礼大会。上午八点半，大会在雄壮的《东方红》乐曲声中开始。校党委负责同志作了开学典礼报告。他首先代表校党委和全校师生员工向来自全国各条战线的新学员表示热烈欢迎和衷心祝贺。"③第223期报道了高尚荫等五位代表出席全国科学大会

---

① 在伟大领袖毛主席光辉的教育革命思想指引下我省首批工农兵学员昂首阔步跨进大学[N].武大简讯，第1期第2页。
② 编后[N].武大战报，第53期，1974-02-06.
③ 我校一九七七级新生入学[N].武大战报，第220期，1978-03-15.

载誉归来的重要消息："我校出席全国科学大会代表高尚荫、李国平、查全性、周如松、蒋蒲等五名同志于 4 月 5 日下午从北京胜利归来。"①《武大战报》发行至 1978 年 5 月 27 日第 229 期，该期第 4 版刊登了中文系七七级学员陈晋的小小说《一个小话剧》。此时陈晋是大学一年级学生，能在校刊上发表小说，非常了不起。

《武大战报》于 1978 年 6 月 9 日第 230 期更名为《武汉大学》，刊头采用毛主席的草体"武汉大学"，取自 1953 年给李达校长的信封，第 263 期至 393 期（1979 年 9 月 5 日至 1984 年 12 月 20 日）的刊头题字，又恢复"陈毛体"。②《武汉大学》发行至 1982 年 9 月 22 日第 335 期，1982 年 9 月 30 日第 336 期更名为《武汉大学校刊》，发行至 1984 年 5 月 10 日第 378 期，1984 年 5 月 20 日第 379 期更名为《武汉大学校报》，发行至 1984 年 12 月 20 日 393 期，1985 年 1 月 2 日第 394 期更名为《武汉大学报》："本报从今年起，将原报头'武汉大学'改为'武汉大学报'，仍十天一期。"报名取自毛泽东主席给陈文新的信封"武汉大学"四字和《中国青年报》中的"报"字拼缀而成，该名称沿用至今。

二、领 导 重 视

《新武大》由校级党组织直接领导，1955 年以前由学校党总支领导，1955 年学校成立党委后，《新武大》由党委领导。董辅礽、齐民友、罗鸿运都直接管过校刊。党委对校刊和广播台非常重视，认为是党的喉舌和党联系群众的桥梁。校刊每期排版后必须把'大样'送校党委或校党委主要负责同志审阅修改，签字同意后才能付印。徐懋庸、江橹、孙祥钟、张勃川、余志宏等校领导都曾负责"看大样"。李达同志就任校长后非常重视《新武大》，1953 年 10 月 30 日作出"关于加强校刊工作和在校刊上开展批评与自我批评的决定"，充分肯定了《新武大》的作用："校刊《新武大》是推动全校中心工作的集体的宣传者和组织者。创刊以来，在贯彻教学改革、指导学生学习特别是在各项政治运动中起了一定的号召、推动与指导作用。"李校长指出了校刊的一些缺点："没有深入系统地反映教学工作的进展状况，提出和解决与群众生活密切关联的问题，并且没有适时开展批评与自我批评。"他指出校刊的基本内容至少应包括六个方面，如马列主义、毛泽东思想的宣传教育，宣传教师在教学工作和研究工作上的改进、心得和创造性的成就，并适当地组织对学术问题不同意见的自由辩论；宣传广大青年学生贯彻执行毛主席的指示"身体好、学习好、工作好"的活动情况；宣传职工同志为教学服务的状况等。为了办好校刊，李达校长要求："必须

① 欢迎出席全国科大代表归来［N］. 武大战报，第 223 期，1978-04-07.
② 杨欣欣，冯林. 武汉大学校报史略［M］//杨欣欣，陈作涛主编. 纸上春秋——武汉大学校报 90 年，武汉：武汉大学出版社，2009：248.

坚持全校办报的方针,全校师生员工必须爱护和重视校刊,经常为校刊撰写稿件和提供情况,对校刊上登载的重要文章,必须认真阅读。尤其是各单位各教学组织的负责人,必须把参与校刊工作、办好校刊作为经常的政治责任。"①李校长还建议校刊要讲究编排的美观,要向山东大学的校刊《新山大》学习。为此,学校印刷厂购置了六号铅字。其间,校报记载了学校师生声援抗美援朝、三反五反、院校调整等各方面的工作,反映了新时代人们的思想变化和教育的巨大变革。

1958 年 2 月刘仰峤同志就任武汉大学党委第一书记、第一副校长,他对《新武大》十分关心,经常到《新武大》编辑室,和编辑们一起研究《新武大》复刊计划、选题内容和版面安排。学校召开的一些重要会议,刘仰峤书记也要求编辑们参加,教育他们不仅要深入实际,还要吃透上面的精神。校刊编辑们想更改复刊后的校报名称,刘仰峤书记耐心地听完了编辑们的更名建议后笑了笑说:"还是叫《新武大》好,不断创新成果,不断开拓新境界,不断攀登新高峰嘛。"②《新武大》于 1958 年 3 月 10 日复刊。3 月 25 日刘仰峤书记向《新武大》全体工作人员和通讯员做了重要指示:"《新武大》应成为我校政治活动的中心,成为促进我校全面工作大跃进的强有力的政治工具。"③他说要办好《新武大》,必须以政治为统帅,思想作灵魂,他提出了三点要求:首先应加强党的领导,党委和各级党组织应关心、支持《新武大》工作;第二必须坚持全党办报、群众办报的方针,我们的通讯员不只作为一个宣传鼓动者,同时要成为一个积极的组织者;不只及时地反映情况,还要担负起组织员的任务,一方面要组织稿件,一方面组织大家办《新武大》,读《新武大》,通过《新武大》,把大家组织到运动中来。第三,提高《新武大》的政治性、思想性、战斗性,要紧紧地扣着当前的形势,文字应简单有力,有血、有肉、有骨头。与此同时,刘仰峤同志还为《新武大》设计了三个副刊:理论副刊、文艺副刊和团的生活副刊。理论副刊定名为《矢与的》,要求理论联系实际,有的放矢,李达校长为《矢与的》写了发刊词。文艺副刊定名为《卫星》,刘仰峤同志亲自撰写发刊词。团的生活副刊定名为《共青团园地》,主要反映共青团员的学习生活与文化活动,李达校长题词:"共青团员们目前在我们学校中的任务,要针对学校的教与学的方面,煽起熊熊的烈火,烧掉官气、暮气、阔气、骄气、娇气和其他一切邪气,烧掉一切资产阶级思想,烧别人,也烧自己。烧火的目的,是为了要真正地树立社会主义教与学的方针。"④

---

① 李达. 关于加强校刊工作和在校刊上开展批评与自我批评的决定[N]. 新武大,第 99 期,1953-11-04.

② 杨小岩. 乐此不疲,青春无悔——校报生活回忆[N]. 武汉大学报,1999-09-30(3).

③ 本刊讯. 刘副校长向本刊全体工作人员讲话:《新武大》应成为我校政治活动的中心[N]. 新武大,第 227 期第 1 版,1958-03-28.

④ 李校长给《共青团园地》题词[N]. 新武大,第 227 期第 4 版,1958-30-23.

三、学 生 参 与

　　《新武大》是学生实习和锻炼的一方沃土，学生或当记者或任编辑，利用课余时间参加办报。1953 年以前《新武大》没有专职干部负责管理，担任编辑、采访、校对、发行工作的绝大部分是学生，再加上一两位助教或讲师参与，物理系的毕达、政治系的刘兴厦和哲学系的张世英等同志都参与过《新武大》的编辑。各院系学生通讯员组成通信网，负责供稿。1953 年至 1957 年，陶德麟、刘文华、任映国、李国清、黎宏基、王玄武等几位专职干部先后负责管理《新武大》。《新武大》属政治辅导处领导，具体领导编辑部的是校党委副书记罗鸿运。除了那几个专职干部外，还有一批热心于宣传报道的学生通讯员如陆耀东、陆永良、杨小岩、康兆安等热情积极地参与《新武大》的编辑，他们做了很多工作："由于普遍建立了通讯员网，通讯员的业务提高、成绩考核、经验交流等工作开展得红红火火，在节假日还组织盛大联欢会，因而编辑部与学生之间始终保持畅通的联络渠道，学生稿源不断，从而使学生的学习和生活情况及时得到反映。"①

　　学生们的参与为校报带来新的气象。杨弘远 1950 年 9 月考入武汉大学理学院生物系，利用课余时间参与《新武大》的编辑："白天上课，晚上到当时校刊编辑部所在的文学院紧张工作数小时。"②除了做些编辑工作之外，杨弘远还撰写文章发表在《新武大》上面。1952 年，杨弘远就读生物系二年级，为了庆祝"五四"青年节，他在《新武大》上发表了文章《坚决争取做一个光荣的青年团员》："我要毫不留情地从思想中扫清个人主义思想的黑暗角落，让我的思想一天比一天更放光明，让我的革命人生观成长与壮大起来。我要争取做一个对人民有用的干部，做一个光荣的青年团员。"③大学四年级的时候，杨弘远和同学们一起积极地进行早锻炼，即使是寒潮降临北风呼啸的清晨，他们听到起床铃声就飞快地翻身起床，跑到操场上做早操："做完了早操以后，就再也不感觉什么寒冷了，心里感到非常的愉快和轻松。"他总结了锻炼的效果，将其发表在《新武大》"团的生活"栏目与大家分享："短短的一个多月的坚持不懈地锻炼，已经在每个人身上表现出了一定的成绩，普遍感到的是大家的精力都比以前饱满和充沛些了，学习时思想更容易集中了。"④1954 年 7 月，杨弘远大学毕业后留校担任生物系助教，负责生物系一年级学生的植物学实验课，每周四次，尽管教学和学习很忙，但他仍然是《新武大》的热心读者与投稿人。他写了一篇文章《我对领导实验课的几点体会》发表在《新武大》第 150 期上面，他的心得体会为："第一，

---

① 　王玄武．美好的回忆［N］．武汉大学报，1999-09-30(3)．

② 　杨弘远．我与校报［N］．武汉大学报，1999-09-30(2)．

③ 　杨弘远．坚决争取做一个光荣的青年团员［N］．新武大，第 52 期第 3 版，1952-05-04．

④ 　杨弘远．我们的锻炼小组［N］．新武大，第 101 期第 5 版，1953-12-21．

要注意每次实验内容的目的性，每一次实验内容都应当有它主要的目的……在实验中就要随时启发学生们用发展的观点来进行观察，要向他们交代生长点怎样活动。第二，对学生要耐心帮助，但不要限制他们的主动性。……在实验说明中和领导实验课时采取多提问多启发的方式，一方面主动帮助与检查，另一方面对他们提出的问题并不一下子就给出全部的答复，而是通过侧面的启发让他们自己找到答案。第三，教员不仅应该帮助同学获取知识，而且应帮助他们树立正确的学习态度，掌握正确的学习方法。"① 杨弘远认为带实验课要实行动态的启发式教学，即根据学生在一堂实验课中的认识发展规律进行动态指导，在课程进行的不同阶段，针对大多数学生可能出现的共性疑难问题，由教师集中提问与解答；同时还要针对少数困难学生进行个别指导，使之跟上进度。该文得到了校报读者的好评。

陶德麟毕业于湖北省立武昌实验中学，1949 年 10 月进入武汉大学法学院经济系学习，他自 1951 年大学二年级至 1953 年 7 月大学毕业一直担任《新武大》的通讯员，负责采访与组稿，如中南教育部潘梓年部长 1952 年 8 月 23 日来武大的讲话由陶德麟和陈杰武记录整理发表在《新武大》上面。② 徐懋庸副部长关于武汉大学思想改造运动的总结由康麟书和陶德麟记录整理发表在《新武大》上面。③ 1953 年 7 月陶德麟毕业留校担任政治辅导员，除了协助李达校长做一些文字工作外，大部分时间参与《新武大》的编辑工作。他与《新武大》大约有 5 年的工作关系，感情非常深厚："学生参与校刊工作的人数还是很多，开起会来常常坐满了一屋。参加校刊工作的同志都把办好校刊看作一种事业，也当成锻炼自己的机会，热情都很高，有工作抢着干。节假日加班和通宵工作是常有的事，还经常到印刷厂去校对小样，和工人师傅商量排版。大家的关系非常融洽，整个编辑部像一个由年轻人组成的家，休息时我们一起说笑，一起打乒乓球，有时还有联欢活动。谁在工作上出了差错批评起来也不讲客气。谁有什么不顺心的事也愿意找同志们谈，连恋爱的事也相互关心。在校刊工作过的同学们后来天各一方，但不少同学几十年后还有来往，就是因为那时结下深深的友谊。"④

杨小岩中学时就非常喜爱文学，在叶圣陶先生创办的《开明少年》《中学生》上发表过几篇小文章，1953 年一进大学就被推荐当上了校刊《新武大》的通讯员与业余编辑："我们这些业余编辑政治热情高，业务能力强，特别是好学上进，勤于思考，采写的稿子，策划

① 杨弘远. 我对领导实验课的几点体会[N]. 新武大，第 150 期第 3 版，1955-04-16.
② 陶德麟和陈杰武记录. 中南教育部潘梓年部长讲话（纪要）[N]. 新武大，第 73 期第 1 版，1952-08-26.
③ 康麟书和陶德麟记录. 徐懋庸副部长关于本校思想改造运动总结（纪要）[N]. 新武大，第 73 期第 1 版，1952-08-26.
④ 陶德麟. 回忆校刊《新武大》[N]. 武汉大学报，1999-09-30(2).

的版面，老师们都很满意，很少出过差错。"①杨小岩大学四年除了完成正常的学业以外，全部的业余时间都奉献给了校报《新武大》，收获很多："在这里，我不仅提高了能力，也增长了知识。更重要的是使我对校报产生了一缕割不断的深情。……校报工作培养了我，教育了我，为我毕生从事编辑工作打下了坚实的基础。"②杨小岩1957年毕业留校担任校党委宣传部干事，主要任务还是编辑《新武大》："回忆在校报工作的事情，叫人难以忘怀的事可真不少，记录和整理周扬同志向武大全体师生员工的报告就是其中很有意义的一件。50年代，周扬同志任中共中央宣传部副部长，主管文艺工作，是青年学生最崇敬的人物之一。周扬同志1958年3月27日在省委宣传部部长曾惇同志、文教部罗明副部长的陪同下来武汉大学视察，上午，周扬同志与部分教师举行了座谈。下午4时，周扬同志同武汉大学全体师生员工见面，并做了重要报告，他集中地讲了大家最为关心的红与专的问题。他指出，红是立场问题，世界观问题，不能说入了党，入了团就永远解决了红的问题。红是没有止境的。周扬同志还风趣地说：所谓红，就要永远站在时代的前列！③ 7点半，周扬同志刚吃完晚饭，又匆匆地来到了体育馆，向中文、哲学系的同学作有关问题解答的报告。周扬同志的报告颇受青年学生的欢迎："这时体育馆楼上楼下台上台下，走廊上，窗口上，挤满了听众，华中师范学院的部分同学和测量制图学院的部分同学也赶来听报告。周扬同志的讲话受到了同学们的热烈欢迎，不时为雷鸣般的掌声所打断。晚上9点多钟，周扬同志驱车离开学校。"④周扬同志的报告会结束后，《新武大》的编辑们便忙开了，边对记录，边听录音，边整理，边排印，将两万多字的报告不到天亮就排出了清样，并将清样送刘仰峤同志审阅："仰峤同志圈圈点点，校正了不少错字，又加上了我们记录时没记全的内容，便吩咐我们及时改后付印，那天中午一次就印出了两万份，分送给师生员工。"⑤

《新武大》虽然只是普通的小报，但是它吸引学生担任通讯员，参与采访、撰稿与编辑等工作，锻炼了学生的写作能力、编辑能力与沟通能力，对于学生的成长起了很大的作用，他们中的一些人日后成为杰出人士。

四、记录校史

《新武大》刊登的内容丰富多彩。1950年秋，在抗美援朝的高潮中，党和政府号召青

---

① 杨小岩. 乐此不疲，青春无悔——校报生活的回忆[J]. 编辑学刊 1999(6).
② 杨小岩. 乐此不疲，青春无悔——校报生活的回忆[J]. 编辑学刊 1999(6).
③ 杨小岩. 乐此不疲，青春无悔——校报生活的回忆[J]. 武汉大学报，1999-09-30(3).
④ 本刊讯. 周扬同志来校作报告，全校师生深受鼓舞[J]. 新武大，第228期第1版，1958-03-29.
⑤ 杨小岩. 乐此不疲，青春无悔——校报生活的回忆[N]. 武汉大学报，1999-09-30(3).

年学生参加军事干部学校，成为全校的热潮。那一段时期的《新武大》充满了革命的激情，同学们写的诗歌，师长们鼓励学生投笔从戎，还有不少学生家长送子入伍写的那些感人至深的文章都刊登在《新武大》上面。1950年8月1日《新武大》第8期刊登了《反对美帝侵略台湾地区与朝鲜》："为反对美帝侵略台湾地区、朝鲜，本校全体暑期留校师生员工、暑期学院中学自然科学部学员及湖北省农业厅普查班中参加农业普查尚未出发的师生，于25日上午8时在本校水工实验室举行大会，首由校务委员会副主任委员查谦先生讲话，他指出：美帝非失败不可，因为全世界人民包括美帝统治下的人民，都是希望和平的，有了这点，便决定了美帝侵略战争必然失败的命运。次由徐懋痛秘书长讲话，他指出：朝鲜战争是关系全世界人类命运的问题，因为这是以美帝为首的反动阵营，向以苏联为首的新民主主义国家的和平阵营的挑战。我们要努力准备，用实际行动来支援解放台湾的战争。相继发言者有工友会、妇工团及毕业同学代表。"①1951年1月10日，《新武大》第18期第1版发了红字"号外""响应祖国号召参加国防建设特刊""今天的优秀青年，明天的战斗英雄！"刊登了文章《爱国热情不断高涨，祖国优秀儿女将光荣走向国防岗位，留校同学决心以战斗精神搞好学习》《欢送参加军事干部学校的同学们》，热烈祝贺本校学生和工友304人走上国防建设岗位。通过这次参军参干活动，全校爱国主义热情普遍高涨。

《新武大》记录了武汉大学召开科学讨论会的盛况。武汉大学的科学讨论会于1956年6月6日至13日召开，历时8天，李达校长在开幕大会上致开幕词，指出："党所提出的'百家争鸣'的学术方针，是我们开展学术研究所必须遵循的指导原则……'百家争鸣'是要以坚实的科学研究作基础的，我们在这一方面还是刚刚开始，还需要作长期不懈的努力。我相信，在我们伟大祖国壮丽前途的鼓舞下，在党的正确方针的指导下，我们一定能够把创造性的科学研究工作开展起来，使我们的学校也成为百家争鸣的一个园地。"②李达校长在开幕大会上作了《梁漱溟思想批判》的报告，对梁漱溟的反动政治思想作了精辟的分析批判。在历史学分会上李涵助教报告了在李剑农教授指导之下合作撰写的论文《女真入关前的社会经济》。在物理学分会第二次会议上王治樑教授作了报告《原子内电子壳层结构的规律》。为了深入地讨论"向科学进军"问题，《新武大》设立了"怎样向科学进军"问题讨论专栏。上面刊登了一些关于院系科学小组开展工作的文章，如法律系四年级国家与法的理论科学研究小组的《我们为什么能基本完成规划》介绍了研究成果，写好了3篇1万字以上的论文，2篇1万字以下的论文和每个同学所写的详细的发言提纲，总结了短时间内完成研究规划的经验：同学们有积极性和主动性，能够按照规定的时间进行研究；三个小组长相互合作，及时了解困难，共同研究；姚梅镇老师和杨远鸿老师多次对同学们进行具体

① 雨青. 反对美帝侵略台湾地区与朝鲜[N]. 新武大，第8期，1950-08-01.
② 李达. 科学讨论会开幕词（摘要）[N]. 新武大，第196期第2版，1956-06-09.

指导，修改每篇论文的提纲，对同学们进行督促和鼓励。① 在"向科学进军"的专题讨论中，也有个别同学提出了"俄文不是科学"的错误观念，对此，周如松教授在《新武大》发表了文章《略谈"向科学进军"的一些问题》，对科学的概念进行了阐述："一切追求事物的真理的学问就是科学"，对"俄文不是科学"的错误观念进行了反驳："俄文也同样完全是有规律可循的，可以肯定地说，俄文是一门科学，是有东西可研究的。"周教授还解释了什么叫"研究工作"，认为有创造性的工作才叫研究工作。"'研究'是进一步的'学习'"，把已学得的基础知识，通过自己的独立思考，提出问题，作更有系统的探讨，然后得出更明确的结论，使对问题的研究不断深入。"对院系科学研究小组工作的开展谈了一些建议，认为先拟好一个适合同学的条件和兴趣的研究题目，然后再做好小组的组织计划，要争取老师的指导："从老师这方面来说，如果老师对学生科学研究小组有足够的重视，就应该是计划的检查者、督促者，小组的成功与否，领导老师有一定责任"。"我希望领导科学研究小组有成绩的老师们多多写出他们如何领导这项工作的经验，帮助和鼓舞其他老师和同学们更好更迅速地向科学进军。"②八天的科学讨论会一共进行了 73 篇论文的报告和讨论，教师们热情很高，每篇报告和讨论都吸引了许多人参与，取得了很好的效果："通过这次讨论会增强了大家在科学研究工作上的信心，对我们学校的科学研究工作是一个很有力的推动，从而也给我们学校带来新的气象，使我们在向科学进军的道路上有了新的开端。"③

　　特别值得一提的是《新武大》详细地记录了毛主席视察武汉大学的情况。1958 年 9 月 12 日下午 7:20，在湖北省委第一书记王任重同志及校党委第一书记刘仰峤、张勃川副校长的陪同下，毛主席来武汉大学视察了化学系的炼焦厂、电池厂、硫酸厂、硅胶厂、卡普隆和锅炉厂，详细询问了工厂的生产情况和工人（即学生）的学习情况。毛主席接见了盛蓉生、张训诚、谢能咏、周法昱和余镜清等同志，非常详细地询问了在工厂劳动的同学，问他们有关工厂的情况，还和他们亲切地握了手。毛主席对武汉大学学生参加劳动生产，采取土洋结合方针大办工厂以及学生牢固地掌握科学知识等问题非常关心，肯定了武汉大学大办工厂的做法。对于毛主席视察武汉大学的情况，《新武大》进行了及时的报道："9 月 12 日，是我校师生员工最幸福的日子，这一天，我们见到了我们最敬爱的领袖毛主席。七点五十分毛主席到大操场与武汉水利学院、武汉测量制图学院、中央民族学院中南分院及我校师生一万三千余人见了面。当毛主席出现在主席台左边的台阶时，全场顿时响起了雷鸣般的掌声，'毛主席万岁，毛主席万岁!'的口号声、欢呼声响彻云霄。然后走到主席

---

　　① 法四甲国家与法的理论科学研究小组.我们为什么能基本完成规划[N].新武大，第 196 期第 2 版，1956-06-09.

　　② 周如松.略谈"向科学进军"的一些问题[N].新武大，第 198 期第 2 版，1956-06-23.

　　③ 张副校长在科学讨论会闭幕会上的讲话[N].新武大，第 197 期第 2 版，1956-06-16.

台的中央，频频地向群众招手、微笑，接着又走向台前的左边和右边，站立片刻，一再向群众挥手致意。毛主席走到哪里，哪里群众就更活跃，掌声更响，欢呼声更响亮。掌声、欢呼声和口号声连成了一片，像欢乐的海洋，汹涌澎湃。最后一齐化成了雄壮的群众大合唱，从万人的心中，迸发出了东方红的歌声。真是万人齐唱东方红，歌颂领袖毛泽东！七时五十五分，主席离开了会场……但是群众久久地不愿离开会场，还在留恋与主席会见的宝贵时光。不少同学说：'这是我生命中最宝贵最幸福的五分钟！有的表示：'继续努力，争取当先进，上北京再见毛主席。'"①为了深刻地报道毛主席视察武汉大学的情况，校报编辑9月12日连夜制订采访计划，接连几天都是马不停蹄地奔忙着。他们采访了毛主席接见过的谢能咏、盛蓉生、方佑龄、张训诚、周法昱和余镜清等同志，特约了专稿，在《新武大》上刊登，如：化学系硅胶厂副厂长谢能咏写了《毛主席给了我巨大的力量》："9月12日是我一生最不平凡的日子，是最幸福的时刻。这一天我和大家一样见到了毛主席，还和他握了手，谈了话，并且一起摄了影，真太幸福了。我激动，又紧张，我的心一直平静不了。"②化学系炼焦厂副厂长盛蓉生同学写了《最大的幸福，最大的鼓舞》："1958年9月12日下午7时20分，这是一个多么幸福的时刻啊！就是在这个永不会忘记的时刻，我们伟大的领袖毛主席来到了我们的工厂，并且还亲切地和我握了手。……与毛主席的会见，是我终生也不会忘记的大事，我要紧紧记住毛主席的教导，努力学习，积极工作，把自己锻炼成符合党和毛主席要求的真正又红又专的共产主义建设者。"③化学系硫酸厂副厂长方佑龄同学写了《把自己锻炼成为真正的工人》："1958年9月12日是我永远也忘不了的一天，这一天所经历的每一件事都深深地刻在我的脑子里……他老人家看到我穿着一件破背心一条蓝裤子，满身都是灰，笑着对我说：'像一个工人样子了。'听了主席的这句话，我受到很大的鼓舞，我感到主席对我们年轻一代寄予莫大的希望。我现在离一个真正的工人还差得很远，但是我有百倍信心把自己锻炼成一个真正的工人，一个有社会主义觉悟有文化的普通劳动者。"④化学系党总支书记罗鸿运同志写了《毛主席视察了武大化学系的工厂》，该文分为幸福的会见、深刻的启示与伟大的力量三个部分。"幸福的会见"写道："毛主席的视察激动了每个人的心：和伟大的领袖会见的愿望实现了。毛主席对化学系工厂工人的深刻教导，几十人几百人互相传颂着，每个人当天都写下了永远不能忘怀的日记，许多人纷纷给亲友们写信报告这一幸福的消息，被毛主席握过的同学们幸福的手，大家十次百次重复地握它……大家直接地体会到这是伟大的领袖对社会主义教育事业发展的

---

① 难忘的时刻，幸福的会见——毛主席来到了我们学校，全校师生员工决心用实际行动回答主席的关怀[N]. 新武大，第270期第1版，1958-09-19.

② 谢能咏. 毛主席给了我巨大的力量[N]. 新武大，第272期第4版、第2版，1958-09-30.

③ 盛蓉生. 最大的幸福，最大的鼓舞[N]. 新武大，第272期第4版，1958-09-30.

④ 方佑龄. 把自己锻炼成为真正的工人[N]. 新武大，第272期第4版，1958-09-30.

关怀，是毛主席对于青年一代成长的关怀。""深刻的启示"总结了几点：学生半工半读是教学发展的方向，学生参加了工厂劳动，不但锻炼了劳动观点，而且学到了很多在书本上学不到的活的知识；土洋结合，大办工厂；学生要牢固地掌握知识，知之为知之，不知就要钻研，力求彻底而完整地掌握知识；"毛主席在视察化学系工厂时，详细地询问了很多问题，给我们深刻的启示和教育，我们一定要很好执行毛主席的指示，把我们的工作大大向前推进一步，以报答主席的鼓励和关怀。""伟大的力量"写道："毛主席的视察给全系师生员工带来了巨大的力量，当天晚上党总支召开紧急大会，发动群众开展热火朝天的讨论。全体工人提出：要努力学习毛主席的著作，武装自己的思想，提高觉悟，开展人人思想插红旗的运动。"①《新武大》接连几期的校报都是重点刊发毛主席视察武大的报道和专文，既具体，又生动，在全校师生员工中间产生了深刻的影响。

《新武大》是一份难得的校史档案，真实记录了武汉大学的发展历程、学术动态、系科建设、政治思想与校园文化，记载了广大师生的爱国心声与爱校真言，记载了教师的爱生教诲与莘莘学子的尊师传统，记载了学长的成功经验与学友的深切体会。《新武大》具有传播知识、交流信息、舆论监督以及思想教育的功能，青年学子可以从中汲取知识的营养、做人的要矩、做事的规范、做学问的方法，从而激励有志者自强弘毅求是拓新，勇攀科学高峰，尽快茁壮成长。②

---

① 罗鸿运. 毛主席视察了武大化学系的工厂[N]. 新武大，第 274 期第 4 版，1958-10-10.
② 娄延常. 校史的真实记录，学子的成才沃土——《武汉大学报》办刊 80 周年记[N]. 武汉大学报，1999-09-30(3).

高校线上查档工作的档案利用研究

——以武汉大学档案馆为例

武汉大学档案馆　　肖晶心

一、引　　言

　　高校档案工作是高等学校重要的基础性工作，关乎学校发展和高校师生的重要权益。规范高等学校档案工作、提高档案管理水平、有效保护和利用档案，有利于完善档案的管理和收集，规范党群、行政、教学、科研、外事、设备、基建、出版、后勤等各方面的历史记录，为学校的双一流建设提供坚实的文化资料基础和厚重的历史记录。2021年习近平总书记在第一历史档案馆开馆之际对档案工作作出了重要批示：档案工作存史资政育人，是一项利国利民、惠及千秋万代的崇高事业。希望我们广大档案工作者以此为新起点，加强党对档案工作的领导，贯彻实施好新修订的档案法，推动档案事业创新发展，特别是要把蕴含党的初心使命的红色档案保管好、利用好，把新时代党领导人民推进实现中华民族伟大复兴的奋斗历史记录好、留存好，更好地服务党和国家工作大局、服务人民群众。新冠疫情以及后疫情时代政策的变化为高校查档工作提出一系列挑战，本论文以武汉大学档案馆为例，通过总结高校档案馆的线上查档工作推进过程中的问题，提出相应的解决措施，以帮助档案工作适应时代发展的需求，提高服务效率，促进智慧化校园的建设。

二、武汉大学档案馆线上查档概述

　　当前，高校管理工作对档案信息、档案服务需求的日益增长以及新冠疫情以来线下查档受到限制的客观事实，迫切要求高校档案馆加快档案开放、扩大档案利用、提供优质服务。后疫情背景下，武汉大学档案馆发展出一套完善的线上查档系统与流程，兼顾校友权益和学校政策安排，争取最大程度发挥档案馆馆藏档案的重要价值。

（一）武汉大学档案馆概述

武汉大学档案馆成立于 1988 年 7 月，是保存和提供利用学校档案的直属单位，也是学校校史馆和周恩来旧居的管理服务部门。档案馆坚持以习近平新时代中国特色社会主义思想为指导，以档案数字转型发展为主线，持续推进档案资源、利用、安全、治理体系建设，档案工作和校史工作在存史资政育人和学校文化建设中发挥了重要作用。根据中华人民共和国教育部令第 27 号《高等学校档案管理办法》第十四条规定，高等学校应当建立、健全档案工作的检查、考核与评估制度，定期布置、检查、总结、验收档案工作，明确岗位职责，强化责任意识，提高学校档案管理水平。武汉大学档案馆在档案资源建设、档案利用服务工作、档案信息化、校史资源开发利用方面，结合时代和政策背景持续开展全方位、多层次的档案保存利用工作，形成了以档案馆为中心、覆盖全校的档案工作网络。通过实施开展档案业务培训、下发归档通知、馆领导到立卷部门开展走访调研、定期通报学校各单位归档情况和专项督办等措施，学校档案归档量保持稳步增长。

（二）武汉大学档案馆线上查档基本情况

高校档案馆需要实现"四个好"（保管好、利用好、记录好、留存好）、"两个服务"（服务党和国家工作大局、服务人民群众）的目标，为学校的发展、决策、建设，以及师生员工的学习、生活和工作提供重要的支持。因此在新冠疫情背景下，出于尽量减少接触但需要保证查档效率的考量，档案馆依托新的信息管理系统，推出了"掌上查档，远程查档"服务，利用前台本人办理、前台委托授权代办以及邮件远程办理相结合的方式，最大程度满足校友以及其他单位的正当查档需求。

武汉大学档案馆的线上查档工作主要就是档案利用主体，包括校友本人、近亲属、经委托授权的主体以及因公查档的企事业单位，因主观或客观原因无法直接到武汉大学档案馆服务前台进行查档，可通过邮件发送自己的查档需求，由档案人员根据查档人需求在档案信息管理系统中进行查阅并邮寄打印出来的纸质档案。

当前，档案馆以邮件在线服务为主，共有四种在线服务方式：邮件申请档案查阅、学信网学位认证、档案信息管理系统、武汉大学信息门户办事大厅用户查档申请。

近 3 年来，档案馆查档利用 1.1 万人次/年，利用邮件提供远程服务超过 0.5 万次/年，线上查档系统基本成熟，在后疫情时代，也可为校友以及其他主体合法合理利用相关档案提供多样化的、更加方便的选择，极大增加了各类主体提取档案的便捷程度和馆藏档案的可利用率。

三、高校档案在线查档服务存在的问题

（一）以我校武汉大学为例，结合日常工作实践、与其他单位档案馆的沟通，我们目前最大的问题就是档案数字化率较低。馆藏资源数字化工作是线上查档的基石，数字化馆藏档案将纸质档案转化为电子文件，实现档案的数字化管理和存储。对档案内容进行数字化，可以实现搜索功能的便捷化，同时方便了档案管理工作的开展。就武汉大学档案馆的数字化工作而言，馆藏资源数字化率还较低，还有大部分档案未进行数字化处理，导致能在内网信息管理系统查阅到的档案很有限，无法通过线上查阅的方式进行，要到库房查阅纸质档案，降低了为其他档案利用主体提供相应服务的效率，给档案业务工作带来了不便。

（二）用户缺乏在线自助查档利用平台

现在部分高校的官方网站较多的展示新闻动态和通知公告，官网能直接查档的业务窗口较少，用户很难直接通过网站平台完成自己的学籍档案查询。

四、完善档案在线查阅工作的建议

（一）推进馆藏资源数字化工作

高校档案馆应该加快档案数字化进度，将尽可能多的纸质档案转化为电子档案，以方便线上查档工作更加地便捷，提高利用率，也有利于减少纸质档案原件的磨损。同时，还可以考虑引入云存储技术，将数字化的档案存储在云端，结合适当的涉密保护工作，在兼顾档案的安全性和可靠性的同时，方便查阅。

（二）加强档案利用服务平台的建设

高校档案馆应建立一个可预约、在线查阅、下载等多个功能的服务平台，尽量构建一个完善的自助学籍档案查询系统，简化查档流程，提高档案服务的质量和效率。同时，也可以考虑将档案在线查阅服务与学校的信息化平台整合，为学校师生提供更加便捷的学籍档案查阅服务。

（三）开展对于档案人员的培训工作

数字化时代下人的作用仍然是必不可少的，高校档案馆必须提高档案工作人员的专业技能和综合素质，树立"以人为本"的服务理念和优质服务意识。同时应该加强档案管理人员的培训和素质提升，提高档案管理人员的业务能力和档案管理水平，提高档案利用服务的质量和效率，对外树立良好的档案馆形象和高校形象。

五、结 语

后疫情时代线高校线上查档系统已经趋于成熟，但是以武汉大学档案馆为例分析可知，当前高校档案馆的在线查档利用工作还存在档案数字化率较低等问题。因此高校档案馆应重视数字化工作，建设细化的权限控制规定和档案利用服务平台，并加强档案管理人员的培训和素质提升，便于整体提高档案管理水平，满足用户的需求，进一步促进高校档案事业的发展。与此还要不断关注档案管理的最新技术和趋势，创新和优化服务模式，推动高校档案事业持续发展和进步。

◎ 参考文献

［1］国家档案局.“十四五”全国档案事业发展规划［M］. 北京：中国档案出版社，2021.
［2］徐亮. 档案利用过程的“倒立金字塔”现象的发生和克服——以高校档案馆为例［J］. 档案学研究，2009（2）：26-28.
［3］周晓芸. 基于“一网通办”模式下高校档案馆在线查档服务探析［J］. 办公自动化，2020，25（18）：53-54.
［4］何瑞金. 浅析满意度考量下的高校档案服务［J］. 兰台世界，2011（18）：51-52.

武汉大学名人档案修复工作的实践

武汉大学档案馆　肖文瑶

高校名人档案是反映学者一生各个时期的工作、学习、生活直接形成的，对教学科研、对国家和社会具有保存和利用价值的各种载体的原始记录。同时也是高校发展的历史记录，高校文化传承的重要载体，更是高校文化重要的组成部分，因此名人档案修复是保护名人档案工作中一项重要内容，也具有非常重要的意义和价值。本文就名人档案修复工作进行初步的探讨和总结。

一、名人档案修复的意义

（一）修复名人档案的重要性

1. 修复名人档案，是为了更好地保护管理档案。名人档案是学校的特色珍贵档案，珍藏着学校重要领导和众多知名学者的档案，且大多是从档案从所有者个人征集而来。由于自然损害有两个因素：即内因和外因。内因是指档案本身，指档案制成材料的质量。名人档案中有的年代久远，有许多手稿且大部分为现代机制纸，纸张酸性大，出现纸张脆化、字迹褪色、再加上文件材料的频繁借阅，极易产生磨损，减少了档案的寿命。外因是指馆内保管档案的条件和周围环境中各种有害因素对于档案的破坏，导致部分珍贵档案存在不同的破损、霉变、虫蛀，针对名人档案现状亟待抢救和修复。

2. 名人档案修复为了更好地提供教学、科学研究的利用价值。修复名人档案是为了更好地利用。名人档案不仅记录了名人各个时期各个阶段的经历，也是社会变迁的历史缩影。武汉大学是具有悠久历史的百年名校，名人档案中不仅蕴含着学校管理、教学、科研、思想政治教育等方面的内容，更蕴藏着学校悠久的历史、灿烂的文化、光荣的传统和优良的学风，传承大学之道对于后辈的大学生有着不可替代的成长。名人学者们在长期的科学研究以及教学过程中，留下了大量的有价值的科研成果和经验，对于后人研究高校的历史和科研发展具有非常重要的参考价值。他们几十年如一日的严谨治学，为祖国科教事业的崛起而顽强拼搏、无私奉献的精神风范，是师生学习的榜样，启迪和激励年轻一代不可多得的非常生动的教材。

二、名人档案修复的具体工作

参与档案修复项目招标书中修复技术要求和相关参数的拟制，参与修购合同中修复技术要求模块条款的拟制、修改、建议，并与公司沟通合同实施细节问题；全程负责修复项目的实施，督导修复工作进度，保障修复工作能够按照项目要求的时间节点顺利完成；在项目实施过程中，直接与公司接洽，负责档案从调卷到验收的所有环节。与公司沟通协调解决项目实施过程中出现的部分问题，向项目组反馈实施过程中的问题和困难。

严格修复档案的调卷、检查和验收清点程序。调卷时，甲方必须由项目负责人在调卷清单上签字批准，同时甲乙双方项目执行负责人必须清点无误，签字确认。档案修复完成后，双方按照调卷批次，对着提取清单和修复方案，逐卷逐张检查，清点、验收；重点修复部位逐页查看，主要从外观、档案页面的平整度、是否脱浆、起壳、开裂、裁剪是否合乎要求、页码排列顺序是否正确、折叠、装订是否到位等几个方面进行了检查。

与修复公司共同针对每一件珍贵档案制定修复方案

纸质类修复：根据档案材料的性质，破损状况与原因，对每一件制定详细修复方案。修复应保持档案的原来面貌和内容的完整，不损坏档案的任何有价值的历史痕迹，不允许在修复过程中人为地有所增减和再创造。修复方法和使用的材料符合"档案修裱技术规范""历史图片档案修裱技术规范"，执行修裱工艺流程和技术要求。不损坏档案的任何有价值的历史痕迹，确保档案原件的安全、准确、无遗漏。

修复名人档案手稿中，笔墨不一，有黑色、红色、蓝色（蓝色和纯蓝）、圆珠笔墨，还有铅笔的铅粉也出现淡化。修复过程中出现字迹严重晕染、扩散。为了更好地保护档案，档案馆项目组经过慎重考虑和反复研究，决定采用修复公司引进的固色技术。固色药水分为纯蓝、黑墨水字迹的恢复与加固；圆珠笔、复写纸固色药水；铅笔字迹固色显色剂药水。需要固色的档案首先固色，才能按照修裱的操作流程修复档案。去污要根据污渍的种类、消毒纸张和字迹的性质，采取不同的处理方法，防止污渍扩散，处理后不应在档案中残留有害物质。

以装订为主的线装书籍档案修复：

修复的名人档案中，有一部分线装书籍档案，大多形成于民国，多采用民国时期的机制纸，但是沿用了中国传统的线装装帧形式。这部分档案纸张酸性大，老化速度快，再加上最初印刷技术、印刷油墨条件的限制，档案虽然年限不算久远，但已经有不同程度的破损。与公司研究沟通后，采取了两种措施，对破坏程度严重的档案采用整本修复的方案；

对破损程度较轻的，如书本装订线脱落、书本前后封皮破损或者少量页面破损、而中间大部分完好的书籍采用局部修复的方式——即只修复破损页面、然后还原装订的修复方式，也叫作以装订为主的修复方式。

珍贵老照片的修复：在老照片修复过程中，修复公司请来了陕西师范大学李玉虎的学生现场指导老照片的修复。名人档案中部分珍贵老照片存在相纸老化变硬、边角卷收、破损、撕裂、龟裂、表面沾满灰尘等很多问题，甚至出现保护膜脱落，照片影像模糊淡化、呈现酥粉状况的趋势。所以老照片修复情况复杂，且每一道工序都是精细而琐碎的。修复操作过程中，先用照片软化剂将照片展平，去除表面污渍，用棉签蘸取药水一点一点揭取档号标签；然后使用无水乙醇检测图层看是否能重新显现出照片影像的原貌，并相应采取不同的修复措施。而在照片的固色过程中，一改棉签涂抹固色的方法，创造性地采用注射方式进行固色等有利于照片长久保存的措施。

档案验收检查：档案修复基本上做到了修完一批检查验收一批，提交回馆一批，发现问题当场返工，当场处理。这样既可以避免修复档案的积压，也可以及时发现问题，及时调整修复方案，从而做到档案修复更为规范科学。

档案修复前后锁进保险柜存放，并且档案修复前后都逐卷逐页扫描，为档案的安全和完整提供了充分的保障。

高校档案馆学历学位核实工作的困难和对策

武汉大学档案馆　　徐　莉

一、基本情况

高校档案馆学历学位核实工作的主要目的是核实校友学历学位信息的真伪，保障校友合法权益，帮助用人单位和有关机构识别虚假学历学位，维护高校形象。高校档案馆一般通过档案馆前台或远程服务平台提供学历学位核实服务。另外，教育部、各省教育厅的有关部门也开通认证邮箱或者学位认证在线核查系统与各高校档案馆对接，通过高校档案馆为高校毕业生开展学历学位认证服务；高校档案馆与上述部门对接后，这些在线核查和认证方式逐步成为高校档案馆提供学历学位核实服务的主要渠道。

学历学位核实工作十分严肃，高校档案馆需要逐项核实校友学历学位证书信息。以学位核实工作为例，至少需要逐一核实姓名、性别、出生日期、学位授予单位、学位层级、学科门类（专业学位类别）、学科专业、获学位年份、学位证书编号等多项信息，根据高校档案馆馆藏档案情况相应出具与存档全部一致、部分信息项与存档不一致、查无此人三种结论，必要时还需要做出说明、上传档案原文进行证明。高校档案馆需要全面、认真审核申请人提交的身份证明文件的信息、学历学位证书载明的信息与馆藏档案所载明的信息是否相符，对人、证、档信息的一致性进行判断，才能做出核实结论。

高校档案馆核实学历学位的依据是馆藏学籍学历档案。主要基于发证册等相关档案，包括各类学历教育发证册、载有学生个人信息和发证信息的毕业生登记表、学历学位证书复印件等。发证册档案不全或内容明显有误的，还需要参考录取名册、成绩单、授予学位决定等档案信息进一步加以判断，但这种判断只能作为毕业生进一步进行学历学位认证、勘误、补注册等的依据，而不能直接据以出具学历学位证明。

二、存在的困难和原因

高校档案馆开展学历学位核实工作，除了由于部分不法分子使用伪造的学历学位证书申请核实的情形外,查不到、查不准、查不全校友学历学位信息等现象也时有发生。

(一) 查不到学历学位发证信息

主要表现为高校档案馆无法查询到校友学历学位的发证信息,但可以查询到校友在校学习的其他档案信息,不能核实学历学位相关信息,但也不宜简单认定为虚假学历学位。这类问题主要是因为发证册档案未移交到档案馆,高校因迁址、合并分立、人员变动、档案移交不及时等原因,都可能造成发证册档案未能移交到档案馆集中保管。高校学历学位种类多样,归口管理的职能部门较多,少数部门或经办人员对发证册档案重要性的认识不到位,导致少数类别的发证册档案未能及时、全面移交,也是重要原因。如某高校本科生、研究生、留学生、成人教育等不同层次、不同类型的学历学位教育分别归口到本科生院、研究生院、留学生院、继续教育学院等职能部门管理,每种层次又有不同类型、不同培养方式、不同专业的毕业生,加之历史上还存在联合办学、二级学院等形式的毕业生,导致发证册档案归档工作复杂、繁琐,容易造成归档时的遗漏。

(二) 查不准学历学位的真实状态

主要表现为两种情形,一种情形是高校档案馆能够查询到校友的学历学位发证信息,但发证册档案载明的信息与校友提供的学历学位证书存在出入,不能准确判定校友学历学位的真实状态。比如,有的发证册档案上注明的专业名称与校友所持学历学位证书不一致,原因可能是历史上专业名称在该阶段发生变化或发证册信息不准确,需要职能部门根据实际情况加以认定。另一种情形是校友学历学位发证情况在发证册移交给档案馆之后发生变化,比如有的发证册档案上备注了校友学历学位证书未发放、作废等字样或加盖了类似戳记,但校友实际持有了本人学历学位证书,原因可能是原本未发放的学历学位证书实际补发了证书、或因故撤销了学历学位等。如果相关发证记录、证明、公文等档案资料未及时补交到档案馆,或者虽然补交了但未与原发证册档案形成有效关联,也可能造成高校档案馆根据发证册档案得出的学历学位核实结果不够准确。

(三) 查不全学历学位的全部信息

不同高校、不同时期、不同职能部门形成的发证册档案形式不一、格式不一,所载明的信息种类也不尽相同,导致发证册档案上缺失某些信息类型,如 20 世纪 80 年代高校毕业生登记表普遍没有出生日期栏,该登记表作为发证册档案用于核实学历学位时,无法给出准确的出生日期核实信息。此外,一些发证册档案虽然设计有学历学位核实所需信息栏目,但是在实际形成的档案却未填具相关信息,导致部分信息缺失,比如未注明毕业生学历学位证书号,导致无法出具与存档全部一致的学历学位核实结论。

三、对 策 建 议

(一) 完善发证册档案的归档工作

完备的发证册档案是校友学历学位核实工作顺利开展的必要和最关键的条件。完善归档工作，一方面，要做到及时归档。根据教育部和高校档案工作制度，负责学历学位工作的职能部门应在规定期限内完成归档，及时移交高校档案馆。做到及时归档，可以避免多年的文件材料或数据堆积，也能避免因为工作人员变动而发生数据难以厘清、归档工作停顿、档案实体遗失。另一方面，要做到应归尽归。要从归档齐全的角度出发，完整归档学位证发证册、毕业证发证册等档案，现阶段仍应确保归档纸质档案，有条件的可以纸质档案、电子档案同步归档。发证册档案应当归档全部类型档案，不能只归档部分类型。包括，本校学生的发证册要归档，高校代授其他学校学位的发证册也要归档；国内毕业生的发证册要归档，国外留学生的发证册也要归档。推动将各个版本的学历、学位证书的样本归档，方便查对。只有做到应归尽归，才能让档案真实、完整地记录学校、学历教育发证工作的全貌。

(二) 及时开展档案移交后的补档工作

高校应完善发证册档案补档工作机制，建立规范的发证册档案补档流程，明确职能部门和档案馆的工作职责，确保档案馆留存的档案全面准确地反映毕业生学历学位的真实状态。如发生补发证书、撤销学历学位等变动，高校学历学位工作职能部门档案工作人员应在相关工作完成后，及时将相关发证记录、证明、公文等档案补交到档案馆，档案馆工作人员可以通过将补交档案与原发证册一并存放、在电子档案系统备注等方式，实现补交档案与原档案有效关联，以确保档案内容与发证工作的实际情况相符、发证工作闭环结束。

(三) 制定学历学位核实问题解决方案

高校档案馆应加强与学历学位工作职能部门的协调沟通，共同研究制定学历学位无法核实情况下的解决方案。对于查不到学历学位发证信息的情况，如属尚未移交的发证册档案，应推动尽快移交；如属年限较为久远的遗留问题，可以考虑由档案馆提供毕业生录取、成绩等相关档案作为证明材料，由学历学位工作职能部门予以核实。对于查不准和查不全学历学位具体信息的情况，应建立历史办学情况的回溯调查机制，调查清楚信息不一致的原因后出具认定结论。要通过系统化的学历学位信息核实问题解决方案，既保障高校学历学位证书的严肃性，严防虚假学历学位证书钻空子，又有效维护毕业生的合法权益。

"6·9"国际档案日的由来及意义

——记武汉大学"6·9"国际档案日宣传活动

武汉大学档案馆　　袁丽玲

国际档案日作为世界档案界一个盛大节日，为世界的档案工作者推动本国档案事业的发展提供了一个契机，有助于提升档案在大众、政治家、决策者以及赞助机构中的地位。鼓励新的用户和扩大用户基础，改变档案部门和档案专业的形象，让档案界发挥出它最充分的意义，从而建立起更大的信心和与社会的互动。

一、国际档案日的由来

1948 年 6 月 9 日至 11 日，位于巴黎的联合国教科文组织召开了一场专家会议，来自世界上许多国家的档案工作者参加了会议交流，经大家讨论决定成立国际档案理事会（International Council on Archives，简称 ICA），会上同时通过了理事会的第一份章程。章程中指出，世界各国的档案工作者应共同努力"为了全人类"保护好档案，开展鉴定并提供利用；档案和文件作为全世界共享的遗产和全人类一样具有同一性。2007 年 11 月，为了庆祝 2008 年 6 月 9 日国际档案理事会成立 60 周年纪念日，理事会全体成员在加拿大魁北克举行年度全体会议并投票决定，将每年的 6 月 9 日定为国际档案日。

二、国际档案日的设立意义

ICA 设立国际档案日主要有两点原因。一是 ICA 为了推动社会公众认识档案和关注档案事业。档案是人类文化遗产和信息资源的组成部分，是人类经济、政治和社会发展的有效见证。但在现实生活中，社会公众对档案的认知不多，常常把档案馆与图书馆混淆。社会公众对档案了解不充分，不太关注档案事业，都在一定程度上妨碍了档案事业的发展。二是 ICA 为了加强自身宣传，增强档案专业及档案专业组织的国际影响。ICA 选择自身的成立日作为国际档案日，既可纪念自身的成立时间，又能让这一特定时间具有更重要的标识意义和更普遍的国际影响。可见，ICA 设立国际档案日的初衷是向社会宣传档案，增强公众的档案意识，激发公众利用档案的兴趣，最终促进档案事业的发展和社会对档案专业的认同。ICA 明确提出设立国际档案日的目标包括五点：第一，通过宣传教育，提升社会公众的档案意识，让其了解档案对个人切身利益和社会的长远价值。第二，档案高级决策者通过制定档案政策，更大程度地发挥档案在社会良治以及和谐发展中的作用。第三，教育公共部门和私人机构，让其认识到档案长期保管和有效利用的必要性。第四，着重宣传特色档案、重要档案和孤本档案。第五，借助展览使文件和档案的表达形式更直观，增强可视化效果。

所以，设立"国际档案日"的意义表现在很多方面。既能推动各国档案事业的发展，也能使各国执政者相信有效的档案保管是优化政府管理、提高执政透明度、明确责任的前提，还能帮助公众了解档案保管是积累国家和社会记忆的重要手段，促进他们广泛利用档案。此外，设立国际档案日有助于档案馆、档案人员乃至档案专业树立良好的公众形象。对于那些没有设立"国家档案日"的国家来说，国际档案日可为其提供开展档案宣传和增强社会档案意识的契机；而对那些已经有"国家档案日"的国家来说，国际档案日也能为其创造强化档案宣传和不断促进档案事业发展的更多机会。

三、武汉大学开展"6·9"国际档案日宣传活动

2013 年，中华人民共和国国家档案局决定自该年开始，把每年的 6 月 9 日即"国际档案日"作为档案部门的宣传活动日。为配合中国第一个国际档案日的宣传活动，展示档案工作对社会的积极贡献、档案与民众的密切联系及档案工作者和档案工作的职业风采，国家档案局举办了以"档案在你身边"为主题的征文活动。

2014 年 6 月 9 日，湖北省档案局为配合当年的活动主题——"走进档案"，来到武汉大学，开展了档案进校园宣传活动。学校档案馆积极配合省档案局的此次活动，做了大量的组织和准备工作。宣传活动现场，省档案局副局长尹达与其他工作人员一起，向前来参加活动的师生发放了档案工作宣传资料，并解答了师生们提出的问题。展台前人头攒动，气氛十分热烈。

2015 年 6 月 9 日，学校档案馆开展了以"档案与你相伴"为主题的系列宣传活动。档案馆门前"档案与你相伴——迎接 6·9 国际档案日"的红色横幅，吸引了一大批同学和老师前来参观并领取宣传资料。宣传资料精美而丰富，包括国家档案局监制、中国档案杂志社发行的《中国的世界记忆遗产——迎接"6·9 国际档案日"》的精致小册子，《珞珈兰台》和《大学文化与档案建设》两本编订精良的书籍，以及国家档案局办公室下发的《关于举办"档案与你相伴"征文活动的通知》。随后，召开了以"档案与你相伴"为主题的座谈会，参

会的各位领导和老师先后作了发言。档案馆涂上飙馆长给大家介绍了开展迎接"6·9国际档案日"活动的意义，以及档案馆的工作职能、工作特色等，强调了档案及档案工作的重要性。档案馆李虹老师给大家介绍了武大档案馆开展部门立卷的业务运行模式。档案馆刘秋华老师通过档案管理软件《文档综合管理系统》介绍了数字化档案馆建设状况。学校档案系的肖秋慧老师为大家分享了理论与实际相结合重要性的体会。座谈会后，同学们还参观了档案库房，观看了《文档综合管理系统》的演示情况。同学们表示，从这次"档案与你相伴"为主题的"国际档案日"系列宣传活动中收获颇丰，也对档案工作及自己所学专业档案学有了更进一步的了解。

2016年6月8日，以"档案与民生"为主题的国际档案日宣传活动如期举行。此次活动着力宣传高校档案工作在服务学校中心工作、服务民生、服务高校文化建设方面取得的突出成绩，通过举办展览、座谈会以及档案馆开放日等多种形式的宣传活动。我校信息管理学院2014级档案系的40多名学生参与了此次活动。档案馆老师带领学生们了解"民生档案 服务民生"宣传挂图上的内容，图文并茂地向同学们宣传档案利用的惠民实例，随后在宣传挂图上进行签名留念，增强了同学们的参与感，同时将展览的一些书籍赠予参观的同学。涂上飙馆长从历史与文化角度出发，阐述档案的意义与档案馆工作的内容，并谈论当前档案的发展与努力方向。李虹老师作为1984级档案学的首届学生，向同学们介绍档案业务指导工作内容、基本流程及注意事项等，并进行了互动交流。随后，同学们还参观了档案馆库房和档案信息管理系统。此次活动创新宣传内容，开展了"6·9我在现场我记录"互动体验，得到参观师生们的高度评价。

2021年国际档案日来临之际，档案馆制定了系列宣传活动方案。以"档案话百年"为主题，以开展党史学习教育和贯彻实施新修订的档案法为契机，推出了多项档案宣传活动：制作国际档案日宣传横幅标语、展板，开展主题征文，专家讲座，档案咨询等。6月8日当天，在古朴典雅的樱顶老图书馆大门两侧，十二幅色彩鲜明、图文并茂的"新《中华人民共和国档案法》宣传"和"党史中的武汉大学"展板吸引了众多师生员工驻足观看。学校档案馆举办的2021年"6·9"国际档案日暨新《档案法》宣传活动拉开了帷幕。副校长吴平出席活动并讲话，学校档案工作委员会委员、各立卷单位档案工作人员以及信息管理学院学生共计90余人参加了活动，此次活动还邀请了湖北省档案馆副馆长、信息管理学院1984级档案专业校友刘晓春作了专题讲座。

吴平校长介绍了"6·9"国际档案日的由来，强调了《中华人民共和国档案法》的修订对于加强档案工作的监督检查、档案的开放利用以及信息化建设的重要意义。同时，她还对近年来学校档案馆在规范管理、资源建设、查阅利用、信息化、文化资源开发以及校史馆接待服务等方面所取得的成绩予以了充分的肯定，她指出：高校档案工作者承担着"为党管档、为国守史、为民服务"的光荣使命，进入"十四五"发展新时期，学校各立卷单位要积极贯彻习近平总书记的"走向依法管理、走向开放、走向现代化"的指示精神，认真学习新修订的《档案法》，为学校档案工作迈上科学化、规范化、法治化管理的新台阶作出更大的贡献。活动现场还举行了"6·9"国际档案日暨新《档案法》宣传征文活动表彰大会，学校档案工作委员会委员为征文活动优秀组织单位"国际交流部"等4个单位和40名获奖个人颁发了荣誉证书，优秀档案工作负责人和档案员作了经验介绍。刘晓春在题为《文化自信与档案工作者的使命担当》的专题讲座中，从档案与文化自信、档案是文化自信的重要支撑、让档案说话让史实发言等三个角度，以大量的生动珍贵的文献史料和影像资料诠释了档案的概念和历史发展，指出档案文化自信是文化自信的重要组成部分，档案工作者应该更新观念、转换思维、不断创新，担当起文化自信的建设者的重任。

2022年国际档案日来临之际，档案馆精心准备，以"喜迎二十大·档案颂辉煌"为主题，推出了多项档案宣传活动。6月9日，鉴湖湖畔、樱花大道路口，一幅"6·9"国际档案日大型主题宣传展板和红色横幅标语渲染了节日的氛围；樱顶上大旗猎猎，老图书馆大门两侧矗立的另一幅"6·9"国际档案日大型主题宣传展板和四幅色彩鲜明、图文并茂的宣传挂图为百年老建筑更增添了古朴典雅的韵味。一楼大厅，学校2022年"6·9"国际档案日纪念活动启动仪式暨专家报告会拉开了序幕。副校长吴平、校长助理陈慧东出席，档案馆馆长席彩云主持了上午的活动。学校各立卷单位档案工作负责人、档案员和立卷员以及档案知识竞赛获奖者共220余人(次)参加了此次纪念活动。活动现场还设置了档案咨询宣传台，发放档案宣传折页等。

启动仪式上，席彩云首先介绍了我校纪念"6·9"国际档案日5个板块的活动：线上专题档案知识竞赛活动，全校42个单位共计241名师生参加答题，评选出知识竞赛的特等奖1名、一等奖5名、二等奖10名、三等奖21名，优秀组织单位10个；广泛开展国际档案日宣传活动，通过制作主题展板、宣传折页、宣传挂图、悬挂横幅、道旗等方式营造宣传氛围，浓郁档案氛围；纪念活动的启动仪式，邀请省馆领导和学校领导出席并讲话，进行颁奖和工作交流等；专家报告会，邀请全国政协委员、国家档案局原局长、中央档案馆原馆长杨冬权与湖北省副馆长刘晓春分别进行线上线下专题讲座；业务培训会，针对全校档案员和立卷员举办三场专题培训。之后举行了纪念国际档案日档案知识竞赛获奖个人和优秀组织单位颁奖仪式，吴平副校长、陈慧东校长助理、席彩云馆长和王美英副馆长为获奖者颁发了荣誉证书。公共卫生学院党委书记朱俊勇、体育部档案工作负责人罗江波主任和实验室与设备管理处档案员王芬进行了档案工作经验交流。

吴平在讲话中，首先代表学校，向全校所有档案工作者表示节日的问候，向长期关心支持学校档案工作的老师们同学们表示衷心感谢，对学校档案工作近年来在校园红色文化资源挖掘、馆藏资源建设、档案利用服务创新中取得的丰硕成果以及档案馆入选教育部第三批"全国党建工作样板支部"、荣膺武汉市"示范巾帼文明岗"，并在全校2021年度中层领导班子考核中获评优秀等次等业绩表示热烈祝贺。她对学校档案馆和广大档案工作者提出了三点希望：一是要坚持政治引领，深入学习贯彻习近平总书记关于档案工作的重要批示精神，始终坚持"档案工作姓党"原则，进一步树牢"四个意识"，坚定"四个自信"，坚决做到"两个维护"，切实履行好政治责任。二要聚焦主责主业，把档案工作融入学校发展全局中谋划，及时跟进党和国家大事要事，密切关注师生校友急难愁盼，找准档案工作服务中心大局、服务人民群众的切入点和着力点，"保管好、利用好、记录好、留存好"档案。三要加强自身建设，加大业务培训，着力打造一支政治过硬、业务精湛、作风正派、视野开阔的档案干部队伍，促进全校档案事业长远发展。最后，她表示档案工作是学校各项工作的重要组成部分，档案馆是学校直属单位的重要一员，学校将一如既往地支持、关心档案工作，各立卷单位主要负责人要亲自过问档案工作，密切配合、大力支持档案馆的工作，合力推动学校档案事业再上新台阶。

此次活动创新性地与清华大学档案馆联合举办了线上专家讲座，全国政协委员、国家档案局原局长、中央档案馆原馆长杨冬权作了线上专题讲座。在题为《档案价值及其鉴定》的报告中，杨冬权从近四十年的档案实际工作和研究工作的实践出发，旁征博引，深入浅出，以大量生动鲜活的史实形象生动地阐述了档案价值鉴定的意义和方法，呼吁档案人应满怀档案情怀，重视档案，珍惜档案，在档案鉴定工作中要想到"五个无用，五个有用"，为他人着想，为国家和社会着想，为历史和未来着想，坚守档案人对于档案的热爱和忠诚。杨冬权的报告对高校加强档案人才队伍建设、档案资源建设和开发利用等工作具有重要的指导意义。

湖北省档案馆副馆长刘晓春校友作线下专题报告。在题为《〈绘就新蓝图，奋进新征程〉—〈"十四五"湖北档案事业发展规划〉解读》的专题报告中，刘晓春介绍了《规划》的编制过程，以珍贵的、第一手的文献史料和照片对《规划》内容生动地进行了解读。

王美英副馆长主持了下午的培训活动。李虹、袁丽玲、雷虹三位老师分别以文件材料立卷归档操作流程、新档案管理系统辅助立卷操作流程以及本科生学籍档案和研究生学位档案立卷归档操作流程为主题开展了档案业务工作培训。

学校档案馆组织开展的"6·9"国际档案日系列宣传活动，让更多的师生关注档案、走近档案、了解档案、感受档案文化、体验档案服务，从不同的角度展示了档案的独特魅力，展现了档案"存凭、留史、资政、育人"的特殊价值，扩大了档案工作的社会影响力，取得了良好的社会效果，并逐步得到了学校领导的重视与支持，为进一步增强全校师生档案意识，提升档案人员的业务水平，提高学校档案现代化管理水平起到积极作用。

文化创意产业视域下的档案文创产品开发策略研究

武汉大学档案馆　钟　葳

　　档案文化资源是文化创意产业的重要组成部分，其蕴含的历史、文化和艺术价值具有巨大的潜力，可以被开发为各种形式的文创产品，为文化创意产业的发展注入新的活力。档案文献是其中一种重要的文化遗产，蕴藏巨大的历史、文化和艺术价值，不仅记录了历史的发展和变迁，也包含了丰富的文化内涵和价值，档案文献所具备的真实性、完整性、权威性和不可替代性特征使其成为文化创意产业的重要组成部分，越来越引发人们的关注，如何将档案文献与文化创意产业相结合，开发出具有市场竞争力和文化内涵的文创产品，成为了当前亟待解决的问题。然而目前文化创意产业下档案文创产品开发面临诸多挑战，包括技术手段、市场需求、版权保护等方面。鉴于此，本文以文化创意产业为主要视角和出发点，深入探讨档案文化创意产品的开发策略，旨在为档案文献资源的开发和文化创意产业的繁荣做出贡献。

一、档案文献的特征

　　档案文献是一些历史文献、社会文献、遗留文献以及一些具有记录价值的个人文献等等原始资料的总称。这些原始资料的特点在于，它们记录的内容是真实可靠的，能够保证原创性和可信度。同时，这些文献的完整性也是得到了严格保证的，其不仅包含了书面文献，还包括了一些实物或者其他可观察的历史遗留物，比如史料、档案造册、考古材料、地图纸等。

(一) 真实性和完整性

　　档案文献的真实性和完整性是非常重要的，因为这是文化创意产品的原始数据和依据，同时也是历史研究和学术研究的基础，当保证了这些文献的真实性和完整性，才能保证文化创意产品具备原创性和可信度。同时，档案文献的真实性和完整性也可以防止各种历史事件被篡改和歪曲。

（二）权威性和不可替代性

除真实性和完整性之外，档案文献的权威性和不可替代性也是非常重要的特点，这些文献记录了历史的真实过程，且在档案文献中才能找到最权威和最完整的记录，这意味着档案文献的权威性非常高。同时，档案文献是不可替代的，因为其是唯一的和原始的资料，无法用其他方式替代，这也为文化创意产品带来了独特的价值和竞争优势。

二、文化创意产业下档案文创产品面临的挑战

文化创意产业是以文化为核心，以创意为驱动，以产业为支撑，以市场为导向的产业，此产业在当前我国经济发展中扮演着不可或缺的重要角色。目前，文化创意产业已成为国民经济发展的重要组成部分，根据文化和旅游部 2022 年的统计数据可知，我国文化创意产业的总产值已经突破 10 万亿元。在这个大背景下，档案文创产品的开发具有广阔的发展前景。

在当前的文化创新产业发展中，档案文创产品存在着创新性不足的问题，主要有以下表现为：档案文创产品内容单一，没有形成品牌优势；不符合新时代发展现状，吸引力不足；技术手段陈旧，无法发挥高科技现代化技术的便捷优势，从而为档案文创产品提供完善的技术支撑；没有充分了解市场需求，也必然无法开发出迎合大众需求的创新产品。档案文献创意产品开发有待进一步地推进与创新。

三、档案文献创意产品开发策略

（一）内容创新策略

在当今社会，文化创意产业受到越来越多的重视，档案文献提供了创新开发文化创意产品的可能性。因此，对于档案文创产品而言，关键在于如何将档案文献内容巧妙地转化为具有吸引力的文化创意产品。一种有效的开发方式是在创作时充分挖掘历史文化中的独特魅力。通过融合不同时期、不同地区文献档案，创造出新的历史故事、民族传说，使其成为文化符号，并通过手工艺、音乐、影像、出版等方式呈现出来，从而实现了对历史文化的传承和创新，也更好地融入现代生活。创新设计也是文创产品的一个关键因素，针对这一关键因素，设计师应从文献内容中得到启示，从而设计出与文化内容相符的产品。例如，可以选取符号、徽章、印章等作为设计元素，制作文创产品，通过不断创新，持续推出有新意的文化产品，才能吸引消费者的眼球，推广文化创意产品。

(二)品牌创新策略

品牌的建立和提升是文化创意产品开发中的重要手段。在开发档案文创产品时,应当注重品牌的策略和营造,这要求挖掘档案文献的特色和内涵,打造精准、有影响力的品牌形象和品牌价值,从而提高文化创意产品的知名度和市场竞争力。设计一个有品牌内涵的产品系列需要考虑多个方面:首先,确定目标人群及其需求,进一步明确产品特点和市场定位。其次,深入挖掘档案文献的文化底蕴和历史背景,分析其中的内在价值,将其融入品牌策略。为确保产品品质和文化内涵的一致性,还需要选择合适的生产技艺和材料,并确保产品保持一定的手工艺水平,打造独特而具有传承性的文化体验。

(三)技术创新策略

现代科技的发展使得档案文献等文化资料得以更加便捷的数字化处理,为文化创意产品的开发提供了更加丰富的素材和资源。通过数字化处理,档案文献的内容可以更加直观、易于操作,不仅可以为文化创意产品提供更加具体的素材支持,也可以为产品本身的创新提供更多灵感和可能性。在档案文创产品的开发过程中,现代科技手段可谓是方方面面的加持。例如,可以通过虚拟展示等交互式展示方式,将档案文献中的内容呈现得更加立体,使观众更加身临其境,从而提升产品的互动性和趣味性,在此基础上,通过多媒体的融合,产品的呈现方式也更加多元化,可谓是一个全新的大千世界。这样在文化创意产品的传播推广方面,也可以借助现代科技的手段进行更加精准的定位营销,从而提高产品的知名度和影响力。

(四)市场创新策略

在开发档案文创产品时,市场需求是必须要考虑的重要因素。因此需要对市场进行深入的调研,了解受众的需求,然后根据这些需求进行创新设计。例如,可以开发适合不同人群需求的文化创意产品,比如教育类产品专门供学生使用,旅游类产品面向游客,文艺类产品针对文艺爱好者等。通过这种方式,可以扩大文化创意产品的受众群体,满足更多人的需求。与文化创意产品相关的市场需求不仅仅只是消费者对产品的需求,也包括了整个产业链上的需求。这就需要文化创意产品的开发者了解行业发展趋势,了解不同领域、不同层面的需求。在开发中,需要综合考虑这些因素,更好地为市场提供适合的产品。

四、结　　语

在当前快速发展的信息化时代,档案文化已经成为文化创意产业的重要组成部分,越来越多的人开始关注并参与档案文化创意产品的开发。在当前的档案文化创意产品开发中，创新和多元化已经成为了关键词，而用户需求和体验也越来越受到重视。同时，跨界融合也是档案文化创意产品开发的重要方向，不同领域之间的合作可以为产品带来更多的可能性。综上所述，本文在梳理文化创意产业发展的前提下为档案文创产品的开发提供了一些有益的思路和建议，同时也为相关从业者提供了一些实用性的指导，为档案文化创意产品的开发和推广贡献一份力量，进一步促进文化产业的发展和繁荣。

◎ 参考文献

［1］贺军．文化创意产业视域下的档案文创产品开发策略研究［J］．北京档案，2021（3）：4．

［2］孙大东，杨子若．数字创意产业融合视角下档案文创产品开发产业化的两条路径［J］．档案与建设，2023(2)：4．

［3］任越，路璐．数字创意产业融合视域下档案文化产品开发路径研究［J］．档案学研究，2022(1)：6．

［4］刘小曼，支凤稳．我国档案文化创意产品研究评述与展望［J］．档案天地，2020(10)：42-46．

高校档案管理助力研究生就业成才

武汉大学高等研究院　　谢章斌

研究生是高等教育学历的顶端。近年来我国研究生招生规模持续扩大，大学生就业市场也出现新的变化，部分高校出现"本研倒挂"现象，即研究生毕业生规模超过本科毕业生规模。教育部公布的数据显示，2021年全国录取的硕士研究生达到105.07万，较十年前增长两倍。2023年北京市的28.5万名高校毕业生中，硕博毕业生人数首次超过本科生，这在全国尚属首次。其他城市中，一些名校的研究生毕业人数也超过了本科生，比如南京大学2022届毕业生共9563人，本科毕业生占毕业生总人数的33.01%，硕士毕业生占55.38%，博士毕业生占11.61%。

高校学生档案管理工作在人才培养过程中扮演着重要的角色。我国研究生招生规模的扩大和就业人数的增长，给高校档案管理管理工作带来新的挑战。研究生档案管理是指对研究生的个人信息、学习成绩、科研成果等进行收集、整理和保存的工作，在提升研究生就业方面具有重要的现实意义。随着高校的发展和国内高等教育学历层次的变化，档案管理工作需要不断适应新的需求和挑战，以提供高效、准确、安全的档案管理服务。

一、档案管理在研究生就业工作上的现实意义

1. 研究生档案管理为研究生提供了全面准确的个人信息和学术成果展示的平台。近年来，随着高校毕业生数量的逐年增加，就业市场竞争激烈，毕业生求职压力日渐加大，就业市场对于人才的需求越来越高。研究生作为最高学历层次的高级人才，其个人信息和学术成果是用人单位评估其能力的重要参考依据。研究生档案管理的有效运作，可以保证研究生个人信息的准确性和完整性，使用人单位能够更加全面地了解研究生的专业背景、科研经历、获奖情况等。这为用人单位提供了一个有利于判断和选择研究生的基础，从而增加研究生的就业机会。

2. 研究生档案管理为研究生提供了科研成果展示的重要渠道。科研成果是评价研究生科研能力和创新能力的重要标志，也是研究生进入高校、科研机构或企业研发部门的重

要依据。通过研究生档案管理，可以及时、准确地记录和保存研究生的科研成果，包括负责或参与的科研项目、发表的学术论文、申请的专利等。这样不仅方便研究生将科研成果在求职过程中进行展示，还为高校、科研机构和企业提供了一个查阅和评估研究生科研能力的渠道。科研成果的展示和评估有助于提高研究生在求职中的竞争力，为他们就业提供更多机会。

3. 研究生档案管理为研究生提供了个人发展和职业规划的指导。通过对研究生个人信息和学术成果的分析，可以为研究生提供个性化的发展建议和职业规划指导。譬如，某位研究生在某研究领域上取得了突出的科研成果，就业指导人员可以建议其在求职时重点突出自己的科研能力和创新思维，寻找与其专业领域相关的高校、科研岗位或创新型企业。又如，某位研究生在实践能力和团队合作方面表现出色，可以建议其在求职时注重强调自己的实践经验和团队合作能力，寻找与其专业背景相符的实践类岗位或跨学科团队合作的机会。通过对研究生个人档案的分析和评估，可以帮助研究生更好地认识自己的优势和发展方向，从而有针对性地规划自己的职业道路，提高就业的成功率和明确职业发展的前景。

通过提供全面准确的个人信息和学术成果展示平台，研究生档案管理可以增强研究生的竞争力，提高其就业机会；通过科研成果展示和评估，研究生档案管理可以帮助研究生在求职中展示自己的科研能力，提高其在科研机构和企业的竞争力；通过个人发展和职业规划的指导，研究生档案管理可以帮助研究生认清自己的优势和发展方向，从而更好地规划职业道路，提高职业发展的前景。

二、研究生档案管理工作中存在的不足

1. 可信度有待提升。研究生在校期间产生的学籍档案，信息和数据可能来自于学校学生工作部门、研究生教学管理部门、所在学院和班级等，由于信息来源多样，数据录入不一致，学生档案管理工作存在数据质量问题，如重复、遗漏、错误等。需要加强对数据质量的管理和监控，提高数据的准确性和可靠性。

2. 信息孤岛问题。研究生档案管理工作涉及多个部门和学校之间的信息交流和共享，如武汉大学研究生档案管理，就涉及研究生自己的个人信息门户、研究生院的研究生学籍系统、研究生工作部的"智慧研工"学生工作系统、就业中心的就业信息系统等等。随着近些年武汉大学信息化建设的提速，学生信息共享也在加速，但仍有系统间信息更新不及时的情况发生。总体而言，档案管理存在信息孤岛问题，导致信息流通不畅、协同性差。需要加强信息共享和协同合作，建立统一的档案管理平台。

3. 创新理念欠缺。档案管理是一门历史悠久的学科，档案管理工作也形成了很多范

式和模板，同时也带来了一个固化思维和固有的工作模式。高校逐渐意识到信息化技术手段在研究生档案管理工作中的重要性，并且部分高校已经引入了一些技术手段，如电子档案管理系统，但思维方式并未跟上现代档案管理实际需求，仍存在技术应用不足的问题。需要进一步开拓思维，创新方式方法，推广和应用现代化的技术手段，提升档案管理工作的水平和效能。

4. 个性化不足。研究生档案管理是一项严谨的工作，在服务方面还存在不足，缺乏个性化和差异化的服务。需要根据学生的需求提供定制化的档案服务，提高学生满意度和体验。比如，研究生就业中普遍存在情况是，在报考各地选调生、公务员、事业单位时，会有查阅学生档案这一环节，根据用人单位的需求，可能同为查档一事，需要不同的处理方式，这个时候，就需要针对学生和用人单位实际，进行个性化处理。

三、研究生档案管理工作提升

1. 创新服务理念。研究生档案是研究生求职和就业最重要的信息资源，是求职和就业信息的重要载体，是用人单位了解毕业研究生的一个重要工具。新时代背景下，要求档案管理工作者创新档案管理工作理念，提升个人能力，主动服务同学，加强档案管理信息化建设，强化服务研究生就业需求的意识。

2. 加强数字化建设。档案管理工作可以加强档案的数字化建设，推行电子档案管理系统，实现档案的电子化存储、管理和检索，提高档案管理的便捷性和效率。同时建立信息共享平台，降低技术门槛，减少人为干扰，实现不同部门和学校之间的档案信息共享和交流，提高工作效率和信息准确性。

3. 大数据和智能化管理。在研究生档案管理工作中，可以引入现代人工智能技术，如自然语言处理、图像识别等，实现档案的智能分析、检索和推荐，提高档案管理的智能化水平。整合研究生碎片化信息，通过在校生的大量管理和运行数据，形成可供师生参考的及时信息。如食堂可以利用学生就餐数据，生成有比较性的可视化简易图，不定期推送全校食堂就餐情况和个人就餐情况；图书馆可以生成全校图书借阅情况和个人图书利用规律，学生一进馆即可个性化展示；每年研究生毕业时，还可以将全校研究生的各类信息作分类整理，既可以作为学校管理的参考，也给毕业生留下难忘的在校回忆。

于尘封书卷中拾取历史的珍珠

武汉大学档案馆　雷　虹
武汉大学文学院　曹　焱

篇篇页页无穷尽，字字句句总关情。历史尘封书卷里，最是档案暖人心。档案资料的收集与整理，离不开在漫长的历史材料中反复寻找和甄别，离不开档案工作人员甘坐冷板凳的情怀。然而档案自有馈赠，它会赠予每一个寻找的人以礼物，让人得以拂去历史之上的尘灰，看见深埋其中的珍珠。

2023 年 4 月 10 日，一个普通的下午，我随着老师一同在档案馆中翻阅资料，试图搜寻一些还未被发现的珍贵史料。书卷伴随着陈旧的气味冲击着我的感官，一本本翻阅，却发现它们大多都是学科相关的书籍，都能在图书馆馆藏中找到。时间不断流逝，原本怀抱着的巨大希望也渐渐转为失望，觉得今天要无功而返了。突然，老师充满欣喜地让我看这是什么。那是一本泛黄的小册子，封面是张道藩先生的题词，名为《国立戏剧学校一览》。老师说，因为武大有《国立武汉大学一览》，所以在看见《一览》这一题目时，就触动了她敏感的神经。我们抓住这一条线索，进而发现档案馆目录中并无馆藏；通过网上检索，再联系四川江安的国立戏剧学校旧址陈列室，发现他们也未收藏该书。终于，一个下午的辛苦有了成果，这下连汗水洒下都是甘甜的。

《国立戏剧学校一览》主要介绍了学校创立、一年来的工作、校内情形及各种规章制度等。重要文字有两篇，一为张道藩先生所作的《国立戏剧学校之创立》，一为余上沅先生所作的《一年来我们的工作》。张道藩先生是民国时期著名的文艺理论家，余上沅先生则是中国戏剧教育家、理论家，二者及其他诸位学者一同上呈中央，建议创办国立戏剧学校，以戏剧的方式"宣传主义，辅助教育"，为民族国家培养优秀人才。

翻开泛黄的书页，首先映入眼帘的便是孙中山总理遗嘱，遗嘱背面则为国立戏剧学校校门外景图。紧随其后，则是为建立此校所做出努力时任教育部长、国立武汉大学首任校长王世杰先生、建议创办人陈立夫先生等 13 人、校职人员余上沅先生等 15 人的大头照。在张道藩先生所作的《国立戏剧学校之创立》中，首先介绍了成立戏剧学校的重要性，他认为："窃一国文化之兴废与民族国家之盛衰有密切之关系。强国强民之方虽不止一端，而文化建设实为复兴民族国家之重要途径。然文化事业多不胜举，必先择其易于兴办而收效较易且大者着手，方能事半功倍。戏剧事业是合家宗旨。戏剧之普通公用，固在开通民智改良风俗。但应用得宜，于宣传主义，教导民众，辅助社会教育，均有极大效力。"学者们敏锐地发现了当时社会在戏剧方面的疏忽，于是联合上书请求建立国立戏剧学校，提倡戏剧教育，复兴民族国家。

接着余上沅校长陈述了国立戏剧学校创办一年以来做出了哪些工作。在当时，国家缺少戏剧人才，对戏剧的重要性了解也不够深入，戏剧运动难以进行，辅助教育的目的难以实现。在国立戏剧学校创办后，收录了六十名正科学生，二十三名特别班学生；以租来的一所四进十六间的旧式房子为办学地址；成立校务委员会，组织校长会议、教务会议和事务会议；在"养成实用人才，辅助社会教育"的宗旨下，经过缜密的考虑，设立了主要课程；切实关注每一位学生的学习情况，激励学生奋发前进。在这样艰苦的办学条件下，国立戏剧学校在创办的一年里仍然举行了两次试演，六届公演，历届观众总数在一万人以上，取得了可喜可贺的成绩。"回顾这一年来我们的工作，虽然也有些足以自慰的地方，但是比起我们固有的希望来，这点成就总是不够的。当这民族生存的命运正是万分艰危的时候，我们这些服役于戏剧事业的人，在没有必要放弃自己的常务工作而参加为了民族的更艰苦的铁血的斗争之前，我们决意尽所有的力量，任重致远，脚踏实地，一步一步地努力下去。"从余上沅校长的这番话中，其渴望戏剧教育事业蒸蒸日上的殷切之心可见一斑。

在两位先生的重要文章后，是国立戏剧学校的一些章程及名录。共有《本校章程》十四条、《本校校务委员会简章》十一条、《本校组织规程》二十七条、《本校学则》九章三十四条、《本校校政会议规则》九条、《本校教务会议规则》九条、《本校事务会议规则》九条、《本校训导委员会章程》十五条、《本校演出委员会章程》十三条、《本校图书委员会章程》十三条、《本校出版委员会章程》十一条、《本校特别简章》八条、《本校教员服务及待遇规则》十五条、《本校志愿服务及待遇规则》十二条。还详细收录了"本校二十五年度学历""本校课程说明""本校特别班课程说明""本校学生管理规则摘要""本校建议创办人现任职务表""本校校务委员履历及现任职务表""职员录""教员录""本校各委员会委员名录""本校第一届特别生名录""本校一年级正科生名录""本校学生籍贯、年龄、性别统计"和"本校二十四年度公演剧目表"。

书的最后，是学校的老师与学生在舞台和学校中的照片。看着书中诸位学者对于学校及学科建设所做出的呕心沥血的努力，学生们在台前台后为话剧表演所付出的心血，让我们当代的人也为之振奋；当代兴学办学，也要从历史中汲取经验才是。

国立戏剧学校自创办以来，在战火中辗转迁徙，直到 1939 年由江苏南京迁至四川宜宾江安县，以此为校址，办学 6 年，1940 年升格为国立戏剧专科学校，为中央戏剧学院前身之一，简称剧专。剧专师生牢记办学宗旨，创作、排练上演了许多宣传抗日救国的剧目，聘请戏剧大师曹禺等担任教务主任、梅兰芳等社会名流及艺术界知名人士为客座教师，为我国戏剧界培养了一大批人才。如今，四川江安的国立戏剧学校旧址已经成为文物保护单位，享有"中国戏剧摇篮"的美誉，对外开放，让游客可以一览剧团风采。

这个普通的下午由此成为我记忆长河中的明珠，它让我意识到，"怕什么路途遥远，进一步自有进一步的欢喜"。今年"国际档案日"系列宣传活动主题为"奋进新征程 兰台谱新篇"。兰台之中自有黄金万两，自有粟米千盎，需要我们"兰台人"踔厉奋发，勇毅前行，不负韶华，用行动诠释"兰台"初心，以实干践行"兰台"使命，为推进档案事业现代化、建设档案强国而不懈奋斗！

◎ 参考文献

[1] 国立武汉大学一览.

[2] 宜宾新闻网江安国立剧专［EB/OL］. http：//ja. ybxww. com/content/2014-3/4/2014 341537036469385. htm.

奋进新征途、兰台谱新篇

——经济与管理学院本科生档案管理的现状与展望

武汉大学经济与管理学院　王　刚

一、历经百年初心不改、精准把握档案要求

经济与管理学院作为武汉大学乃至全国办学规模最大的学院，也是学校综合实力领先、社会影响最大的学院之一。学院办学历史悠久、学科门类齐全、师资力量雄厚、办学规模宏大。其前身可追溯到 1893 年清末湖广总督张之洞创办自强学堂时设立的商务门，2001 年原武汉大学商学院、原武汉水利电力大学经济管理学院与原武汉测绘科技大学经济管理、市场营销教研室合并组建新武汉大学商学院，2005 年更名为经济与管理学院；学院学科涵盖经济与管理两大门类，拥有四个一级学科：理论经济学、应用经济学、管理科学与工程、工商管理，全部具有一级学科博士学位授予权并都设有博士后科研流动站；现有专任教师 269 人，其中国家高层次人才 12 人次；现有在籍学生约 6700 人，其中本科生约2500 人。

如此之大的学生规模，对于学院的档案管理提出了巨大的挑战，我院的档案工作按照《武汉大学学生档案管理办法》的范围，本科生档案分为了学生类档案管理和教学类档案管理。首先是学生类：主要包括学校培养的学历教育学生的高中档案、入学登记表、体检表、学籍档案、奖惩记录、党团组织档案、毕业生登记表等。其次是教学类：主要包括反映教学管理、教学实践和教学研究等活动的文件材料。学院还设有专门的本科生教学类档案管理的办公房间，有专门的老师负责学生考试成绩、实习成绩、毕业设计成绩、考试试卷以及论文存档的工作。

学院在档案管理上多年以来沉淀了一套成熟完善的管理机制，以《武汉大学学生档案管理办法》当中提到毕业时本科学生档案一般应包含的 14 类材料为例。学院本科教学管理办公室、本科生工作办公室、党政办公室(组织人事)各部门通力合作，从各个管理环节上对接学生档案的整理和保存。

首先是学生入学材料，其中包括，招收入学的本科生档案材料，一般应包括高中学籍卡、高中毕业生登记表、高考报名登记表、高考体检表、高考志愿表、入团（入党）申请书及志愿书等材料；以上材料在学生入学之后，年级辅导员会协同学院组织员对档案进行整理，厘清党团关系为成立年级党支部和团支部打下基础。

其次是学习档案，这一部分的档案比较复杂，包括学习材料：各学习阶段主修、选修、辅修的各科类课程学习成绩登记表等材料。实习材料：各学习阶段实习鉴定表、实习报告等材料。毕业材料：高校毕业生登记表等材料。学位材料：各学习阶段学位申请、授予等材料。这些材料都由本科教学管理办公室进行整理，尤其是对于主修、选修等各类课程登记的材料，还需要办公室内容相互协调，才能够保证档案齐全。

之后是学生生活档案，其中包括．鉴定材料：各学习阶段学年鉴定表、军训鉴定表、品行鉴定等材料。奖励材料：在校期间获得各级表彰奖励的材料，包括获得三好学生、优秀学生干部、优秀团干部、优秀共产党员、优秀团员、优秀毕业生等荣誉称号的登记表，各类奖学金登记表及其他获奖评审证明材料。处分材料：在校期间违反校纪校规、触犯国家法律等形成的各类处分材料。体检材料：入学体检表、复查体检表、毕业生（毕业研究生）体检表等材料。以上材料由本科生工作办公室负责，其中部分材料也需要本科教学管理办公室协助整理。

最后，就是组织材料包括，入党、入团的申请书、志愿书，自传、入党积极分子考察表、政审材料、思想汇报、预备党员转正申请书及党团组织建设上形成的其他材料；参加民主党派的申请书、登记表等材料。这部分的材料由本科生工作办公室和学院组织员共同完成。

以上就是学院对于学生档案的管理流程和分工安排，上述学生档案的整理和完善既是学院的常规工作，同时也为学院在教学改革和专业建设中发挥了重要的作用。主要体现在以下4个方面，第一就是了解各个专业学生的基本情况，尤其是各个专业课程的成绩以及平时生活及思想上的表现。第二是能够了解各个系所教师的教学实力，学生档案中的综合成绩反馈和其他科研及实习的经历，都可以很好地反馈上述情况。第三是预判学生对于专业课程的关注方向，很多课程的设置是否能够体现前沿性、交叉性、实用性，学生档案能够很好地进行反馈。第四是培养方案的适配性，对于下一次培养方案的修订提供参考依据。

二、高度重视档案建设、克服困难与时俱进

对于教学档案的管理，学院由上至下从分管领导到职能部门都极为重视，

我院104办公室作为专门存放本科生档案地点，安排一位专职老师对教学档案进行管

理，同时安排一位老师协助管理。除此之外，学院在档案的管理规章制度上下功夫，让学院档案的管理做到有制可循、有章可依。我院目前存储的教学档案包括，包括教学实施档案及教师业务档案两类，是教学档案中最为重要的业务类档案，最能体现学院专业学科发展的重要记录。其中，教学实施类档案包括如下内容：上级部门批准专业设置的材料，课程设置及要求、培养目标及要求，及学制、全期教学进程表、实践环节安排等，以及上级的批文；有关教学的制度、办法、规定等，以及教学大纲；教学质量检查及总结分析；教师工作量制度及执行情况；试题、答卷及考试情况分析；毕业设计、毕业答辩及典型资料；办公室工作计划、会议记录、年度总结等等。

随着 2020 年新冠疫情的暴发，三年来的疫情影响使得学院本科生的档案工作随之也发生了变化，许多传统的档案管理模式，在应对疫情期间特殊情况面临着新的变革。在教学档案管理方面，受到三年来疫情的影响，学院制定了一系列电子档案管理制度，从侧面促进学院信息化学习档案的建立。以论文答辩为例，为了配合网上答辩，学院要求在录入答辩成绩一周内，提交电子答辩材料电子档案，同时对电子档案做了明确的要求，包括按专业名称建文件夹，再按答辩学生分别建子文件夹，子文件夹名称为学生的姓名及学号，子文件夹内包含武汉大学经济与管理学院论文答辩过程评价表（总分与评分表一致，三位及以上答辩评委各自填写）、武汉大学本科生毕业论文（设计）答辩委员会表决票（三位及以上答辩评委各自填写，需电子签名）、武汉大学本科生毕业论文（设计）答辩评分表（各答辩小组提交一份，含答辩记录、答辩秘书电子签名、答辩小组评语、答辩小组组长电子签名）等。

在电子档案的储存上，由于电子档案存储的作用范围和技术要求有所不同，如对电子文件进行归档时，需要使用交换存储；对电子文件进行在线收集及保存时，需要使用在线存储；对电子档案进行长期保存及备份时，则需要选择离线存储。值得注意的是，在对电子文档进行存储时，不要对原文件内容进行改变，并将这些电子文档批量转换为长期保存的通用格式，目前学院一般都是使用 PDF 为主。如果电子文档无法实现转换，可以通过扫描纸质文件，以 JPEG 或 TIEE 格式进行归档。现在主流的办公软件包括 Office、WPS 以及图像处理软件，美图秀秀等都可以完成编辑。不过对于这些电子档案的储存，学院采取的还是最原始的"文件柜+抽屉"的存储机制，简而言之就是通过基础硬盘和网上云盘两个存储介质，从大而小，由繁而简的树状体构造，数据可以通过命名方式来进行查找，但是对于保存文件的基础信息及模糊内容查找等方式则无法实现。以上问题，究其原因可以概括为两点，缺乏技术和缺乏资金，要想解决这两点问题，一方面需要学校有关部门能够整合资源，加以引导、统筹；另一方面需要提供相应资金支持，否则学院作为二级单位，很难在管理建设方面超越学校部门，做到更好。

三、持续加强档案工作、砥砺奋进新征途

2020 年 6 月 20 日，十三届全国人大常委会第十九次会议通过了新修订的档案法，国家主席习近平签署第 47 号主席令予以公布，这是我国档案法治建设进程中一个新的里程碑，是档案工作适应国家治理体系和治理能力现代化要求，走向依法治理、走向开放、走向现代化的重要标志，必将对新时代中国特色社会主义档案事业高质量发展产生重大而深远的影响。学校也在 2023 年 1 月 28 日发布了最新的档案管理办法，未来学院将在此基础上，抓住机遇 乘势而上 从以下 3 个方面进一步提升学院档案管理能力：

第一，进一步推进电子点档案建设，依托学校最新的本科教学管理系统，强调学院教学档案管理一体化，改变教师原来习惯的手动填写教学档案的习惯，引入网上填写电子签名等方式，实现档案集中统一管理，避免分散管理，形成档案工作网络和定期收集制度。这不仅是建档的需要，更是教育教学改革的需要。

第二，有效地收集、整理教学档案。档案收集整理必须充分体现规范化、科学化、标准化和现代化。明确教学档案收集的范围和内容，选择具有代表性的教学材料，关注材料的保管价值，收集那些内容翔实、能揭示教学内涵的材料。

第三，不断提升档案管理人员的综合素质。从事教学档案工作的档案人员不仅要熟悉档案业务，还要熟悉教学业务。应当重视档案人员的培养和持续教育，切实提高他们的工作能力和管理水平。

推动高校学生党员档案管理工作高质量发展探析

武汉大学水利水电学院　林　涛

高校学生是社会主义建设者和接班人，是拥护中国共产党领导和我国社会主义制度、立志为中国特色社会主义事业奋斗终身的有用人才，高校学生党员更是学生中的精英和骨干，是未来我国社会主义建设的主导力量。高校学生党员档案记录着当代学生政治生命的孕育和成长，不仅是学生党员身份确认的根本依据、基层党组织党员管理工作中的原始证明，更是党选拔人才的重要依据之一。加强高校学生党员档案管理，提高管理工作质效，对提高学生党员发展质量、规范学生党员管理、增强学生支部的凝聚力和战斗力、为党输送政治硬、能力强的人才，均具有重要政治意义。

一、高校学生党员档案管理存在的问题

早在 2016 年，习近平总书记在中央政治局常委会会议审议"两学一做"学习教育方案时讲话指出，"对党员的日常管理监督，包括组织关系管理、流动党员管理等，要加强改进完善"。当前，我国高校的学生党员档案管理，仍然存在着管理意识薄弱、管理方式较粗放、管理手段落后、管理机制不健全等问题。

（1）高校学生党员档案的重要性越来越凸显，但管理工作仍然得不到应有的重视。很多高校将工作中心放在学科建设、教学科研、思想政治教育和党员发展上，但是学生党员档案管理工作明显滞后，存在弱化或边缘化的地位。在政策上没有制定学生党员档案建设的远景目标和工作总体方案，也没有和考核激励机制挂钩，更没有改革创新动力，学生党员档案管理在硬件建设和软件建设等资源投入上十分有限。使得高校学生党员档案管理工作和新时代高校各项教育事业高速发展极不和谐。

（2）高校学生党员档案管理模式陈旧，转型变革是必由之路。现行高校学生党员档案大多保存的是纸质材料，交多少收多少存多少管多少，没有进一步信息化处理。在毕业分配、干部提拔、党建工作总结等工作中，需要查阅大量相关信息，就需要耗费大量的时间和人力翻阅查找多项资料内容，才能找到其中的重要数据元素。翻阅原件，不能在短时间

内实现信息采集、统计和分析。还可能因工作人员调动、办公室搬迁、火灾等不可知因素导致材料丢失或者损毁。还有一些档案，因纸张较脆弱，经多次翻阅并年代久远，字迹模糊不清无法辨认。这些存在的问题使很多工作难以开展，只能采用相关人员证明、组织开具说明等变通的方式。因此，高校学生档案管理工作必须进行信息化转型，让电子管理形式真正得到完善和普及。

（3）高校学生党员档案管理缺乏人才队伍建设和硬件投入。高校学生党员人数众多，新生入校、毕业分配、出国留学等情况复杂，档案材料审核、整理以及归档等工作量巨大，一般没有给学生党员档案管理工作配备专门的岗位指标，也没有明确的工作分工和职责划分，党支部可以管、辅导员可以管、组织员可以管，甚至是"谁有空谁管"。这些工作人员往往还有学习、辅导等其他"更重要的事情"，没有精力细化、深入探究、优化完善工作。再加上这些学生党员档案管理人员往往不是档案管理专业或计算机专业，工作期间也较少参加档案管理和计算机技能培训，在档案整理过程中缺乏材料数据分解、整理、分析、信息化建设的意识和创新能力，合理信息整合、软件开发水平偏弱，达不到档案管理的高效化、精细化、信息化要求。海量的信息输入、编辑，党员党组织关系转移和保证信息安全，都需要购置高端设备、开发系统软件，这都需要经费大力支持，但高校一般都没有这方面的投入，"停靠等要"，开发的项目是不是"流产"就是"搁置"。

（4）高校学生党员档案功能挖掘不够，没有科学提高党员档案的育人作用。一方面，部分高校学生党员档案中，往往只包括入党申请书、入党积极分子考察表、思想汇报、团支部推优资料、政治审查材料、考察谈话记录、入党志愿书、预备党员转正材料等，这些材料记录了学生入党发展过程中的入党动机、成长历程、思想升华，仅服务于党员的发展工作。另一方面，高校学生思想观念多元化、价值观念多元化、理想信仰多元化日益凸显，德育工作者若还是只按照传统的工作模式，如谈心谈话、组织活动、考核激励等基础方式，缺少创新性和巧妙性，对于不善言谈、沟通交流困难的学生，直接谈话学生往往不容易接受，达不到理想的育人效果。学生党员档案在体现高校全员育人、全程育人、全方位育人总方针和实现立德树人总目标中没有充分发挥应有的作用。

二、推进高校学生党员档案管理高质量发展对策

新时代优化学生党员档案管理工作，要与时代发展和时代要求紧密联系，才能够实现学生党员队伍可持续发展。要以党员档案管理为基础，以服务学生党员成长为目的，以推动高校党建发展为目标，不断推进高校学生党员档案管理的规范性、准确性、科学性、有效性、适用性、安全性。

（1）加强高校学生党员档案管理工作力度。学生党员档案是高校党建工作、学生发展

入党历程、政治思想成长发展过程中的重要资料。本着以人为本的服务理念，需要提高对高校学生党员档案管理工作的重视程度。以为国育人、为党育才为最终目的，加强顶层设计，将档案管理工作纳入高校党建中心工作，同理论学习教育、思想政治工作、意识形态工作、规范化建设、基层党组织建设、党员队伍建设、作风建设、纪律建设等工作一体谋划、一体推进、一体考评。各高校结合实际情况，从人员设备配置、利用查询、使用存储、传输数据要求、权限及程序等方面入手，完善高校学生党员档案管理制度，积极构建完善的硬件、软件管理服务体系，推动实现管理模式创新和信息化技术改革。

（2）加强高校学生党员档案管理信息化建设。在大数据全媒体时代，电子信息采集、输入、留存的大趋势已经形成，将信息技术有效融入高校学生党员档案管理的各环节中，将现代化及信息化档案管理的优势凸显，才能全面提升档案管理质量和服务效果。一是加强档案信息化管理平台建设。建设规范的高校学生党员档案信息管理系统，实现档案分类、批量导入等台账管理，实现分类整理、档案标签、条码、二维码管理等档案电子建档，实现档案借阅、移交等统计备案，实现图片格式、word、excel、音频、视频等多种文件上传和在线预览。将高校内各单位当成网络终端，把软件数据库集合，设置共享信息权限。加强对中组部"全国党员信息系统"的对接和维护。二是保证档案信息采集量。在尽可能留存好传统纸质档案的情况下，进一步将纸质版的档案信息进行分类、解析，以图片、表格、文字、音频、视频等多种电子文件的形式进行采集和存储。三是添置必要的 IT 电子设备。除基本的除湿机、空调、灭火器等基础设备和工具外，还需配备信息化建设必要的计算机、扫描仪、复印机、传真机、打印机、投影仪，引进图像处理软件和数字加工管理信息系统。四是加强信息安全保密工作。高校学生党员档案具有一定的保密性，在开发系统时，应设置采用人脸识别或指纹识别、密码识别等方式，并安装有效网络防火墙和杀毒软件等，有效避免信息泄露和黑客攻击等。

（3）加强高校学生党员档案管理队伍建设。一方面，将高校学生党员档案管理队伍建设与高校人才队伍建设、师资队伍建设相融合，为从事学生党员档案管理工作配备合理的岗位指标，引进高水平档案专业和计算机专业人才。另一方面，要与时俱进提高学生党员档案管理人员的综合素质。通过加强学习和培训，及时更新学生党员档案管理人员的知识结构和业务水平，使他们充分认识到学生党员档案管理工作的重要意义，熟悉档案管理相关的法律法规，熟练掌握互联网、大数据和云计算等信息化技术应用技巧，提升职业素养、延伸服务范围、提高专业水平。

（4）充分挖掘高校学生党员档案在立德树人总目标下的作用。学生党员档案具有高度客观的属性，非常具有应用价值。一方面，只包含入党前的资料是不够的，而应该包含个人在入党前后整个学生成长阶段的政治思想表现材料。为人民服务是党的根本宗旨，学生党员档案中应当包含在日常生活中服务同学、服务学校、服务社会的事实和表现材料。另一方面，学生党员在整个学生成长阶段，都应当积极参与组织生活和专项教育，深入贯彻党的指导方针，用习近平新时代中国特色社会主义思想践行党员义务，这期间的思想动态以及召开党的二十大、抗疫新冠等重要时期的个人表现或奖惩，在党组织、辅导员和导师等鉴定下都应进入学生的党员档案。党建部门则能够通过整体分析，对学生党建工作有更清晰的了解，从而能够更好地开展高校党建工作。对于德育工作者而言，不仅可以通过学生党员档案及时掌握学生的思想成长发展规律，分析学生党员的各种素质品质，评判该名学生是否符合党员的实际要求，也可以在日常的思想工作中从被动转变成主动，从一起培养到针对性培养，从而完成个性化的高效高质量育人工作。

总而言之，随着时代的进步，高校学生党员档案管理工作越来越重要并具有复杂性，在实际管理过程中会不断出现新问题、新难点。为此，高校学生党员档案管理工作需要不断进行深度分析研究、实行创新突破，使工作更加信息化、个性化、精细化、科学化、服务方式多样化，实现高校学生党员档案管理工作可持续高质量发展。

绘就兰台新篇，做新时代档案工作者

武汉大学电子信息学院　柴婧婷

档案保管机构和档案工作被喻为兰台，档案工作者也被尊称为"兰台人"。兰台精神，是忠诚、执着，更是淡泊、担当。习近平总书记曾说过："档案工作是一项非常重要的工作，经验得以总结，规律得以认识，历史得以延续，各项事业得以发展，都离不开档案"。作为高校档案工作者的一员，我们更应不忘初心，牢记使命，坚持以习近平新时代中国特色社会主义思想为指导，弘扬兰台精神，创新档案工作思路与方法，争做新时代合格的档案工作者。

一、在新征程上创新档案方法，让档案"新起来"

我与档案工作的结缘是在 2017 年 12 月，进入到武汉大学电子信息学院党政办公室工作，从编辑学院年鉴开始，我与它打起了交道。每年完成学院年鉴的编辑整理工作，需要涉及到学院人才培养、科学研究、学科建设、党建、综合管理等方方面面，要求涵盖内容全面，统计数据精准，编辑形式庄重大方，这要求档案工作者具备协调沟通、归纳汇总、排版编辑等全方面能力。面对 300 页近 15 万字的年鉴，按以前传统收集方式可能需要对接十余位老师，并且很难在统一的时间节点收齐，统一格式和编辑也有较大的难度。起初的我是慌乱和迷茫的，但随之认识到这项年鉴编辑工作虽繁杂、要求细致，但同时意味着它的重要、专业和责任。要有扑下身子，甘于吃苦，对有用的资料搜集不全誓不罢休的韧劲，需要方法灵活，善于沟通、不怕麻烦；对已经搜集的资料还要进行研判，去伪存真，去粗取精，把真正有价值的资料保存下来，真正以强烈的事业心和责任感来对待。

调整好心态和工作方法后，我认为一是要进行资料搜集机制创新，培养主动搜集资料的工作习惯。如果仍靠"守株待兔"式的方式得到稿件，将会影响到稿件质量和工作效率，并直接影响年鉴的质量。年鉴统一收集时间通常为 3 月，但各办公室汇总大量数据和总结的时间往往是 12 月底，因此应把握住一手资料获取时间，除个别数据需要时间更新，已有的资料素材可以先进行收集，加大资料的信息量，变被动型采稿为主动型采稿。同时按照年鉴各部分所需材料进行分配，统一格式规范，每一部分明确一位供稿责任人，把对接总人数进行缩减，在总目标的指导下，实施各自的分目标，提高每个责任人的积极性和创造性，变指令性采稿为指导性采稿，变粗放型采稿为规范型采稿。二是要进行年鉴内容创新，年鉴工作创新难度较大，但只按照 10 年前的模板进行编辑和机械性完成工作是对档案工作的不负责任。因此在保持年鉴内容真实性、准确性的同时，要对年鉴框架、条目进行与时俱进的不断调整与优化。根据学院年度工作的实际，增设特载与专题，通过年度工作计划、总结、教代会专题、学院简讯重点记述学院年度内新情况、新发展、新成果、新趋势。同时，增加了学院教学与实验中心和国有资产管理动态性条目，进一步健全和丰富了学院年鉴内容。年鉴不是资料性工具书，而是资料性文献，动态性条目最能体现年鉴常编常新的特点，因此在年度编撰过程中要及时发现和补充。三是加入恰当的随文图照，以往年鉴的内容基本只有文字和表格，恰当的随文图照不仅可以将事件完整地、形象地表现出来，而且能令读者对该事件引发联想。恰当运用随文图照可以起到开拓文字条目主题深度的作用，在编辑过程中慎重选择和增加配合文字内容的图片，为学院年鉴增加了新颖性和可读性。

在开展学院年鉴工作的学习过程中，"兰台"向我展示了她宽广博大的胸怀，也为我开启了一座巨大的资源宝库，让我有了全方位掌握和了解学院各方面历史资料的机会。今后我也将立足本职工作，不断创新，找准定位，积极作为，在夯实自身基础的同时，利用好学院的档案文化，讲好电信故事，展现档案工作"新"风采，不断提升档案工作的服务质效。

二、在新征程上强化档案宣传，让档案"动起来"

电子信息学院在 2021 年 12 月成功举办了学院新组建 20 周年庆典活动，岁在乙酉，基业肇创，七秩芳华，踔厉奋，在院庆筹备工作期间，如何准确完整地追溯和生动展示学院发展历程，如何让经历沉淀的学院档案"动起来"，对于院庆的宣传工作来说十分重要。首先，从档案材料收集开始学院全方位发动各办公室教师包含已调动和离退休教师，汇集和分类归纳学院历史档案与照片，在现有基础上利用院庆的良好契机，形成更加丰富全面的档案库。其次，在已全面掌握学院档案资料的基础上，为更加直观生动展示学院发展历程，以学院关键历史发展节点为线制作院庆宣传展板，使前来参加活动者以时间线为轴便能直观了解学院发展的详细历程，感受历史与时间的流动与沉淀。学院同时展示了关键发展时期的学院人物和历代杰出院友，展示信息细致包含了几十年前的班级、专业、照片，体现了学院历届档案工作的扎实与传承。在此院庆契机，同时制作了学院宣传片、宣传画册、宣传折页，以学院档案工作为资料基础全方面展现了学院历经春华秋实的灿烂与辉煌，为加快学院特色发展和树立良好对外形象提供了强有力的思想保证、精神动力和舆论支持。

2022 年 10 月至今，学院参与武汉大学平阳创新中心展厅的建设工作，展厅分为 A、B、C 三个区，面积 1500 平方米左右，全面宣传学校、学院教学科研成果，展示武汉大学及平阳县人民政府的共同推进下创新中心在技术研发、人才培养和产业孵化等方面成果，通过文字、图片、科技模型实物、视频、多媒体等多种形式生动展现了武汉大学与平阳县的产学研发展。在展厅建设过程中，多次学习和参观了学校校史馆的展厅建设模式和成果，更加深刻体会到了档案资料在展厅建设过程中的重要性。在经历了 6 个月的展厅设计、内容档案收集、资料排版编辑、印刷上墙，展厅即将建设完成投入使用，也亲身体会到了封存的档案重新开发利用，变成"活档案"的成就感和喜悦。

这些历史档案素材得以在最恰当的时间"活起来""动起来"，发挥了它的价值与魅力，让更多人也重视和感受到了档案工作的不易和重要性。不论是学院院庆活动的成功开展，还是武汉大学平阳创新中心展厅的顺利建成，都离不开这背后历年来的档案工作者甘于默默无闻，勤耕兰台的工作精神，也激励着我们一代又一代兰台人为之奋斗。因为忠诚，所以能坚守，因为执着，所以能深耕，因为淡泊，所以能传承，因为担当，所以能弥新。

三、在新征程上落实档案担当，让档案"重起来"

2020 年年初新冠疫情突然来袭，成为新中国成立以来传播速度最快、感染范围最广、防控难度最大的公共卫生事件。三年来经过全国上下艰苦卓绝的努力，抗击疫情取得巨大成果。疫情防控期三年多来，学院党委坚决贯彻党中央决策部署，坚决执行学校关于疫情防控工作要求，全面动员、全面部署，全力以赴打赢疫情防控阻击战，确保学院师生生命健康安全和学院各项工作稳定开展。学院在抗击疫情工作中形成了大量具有保存价值的文字、图表、声像、实物等记录，不仅具有鲜明的时代特征和重要的历史意义，也是档案资源的重要组成部分。如何切实落实档案担当责任，把疫情防控形成的档案收集好、管理好、保存好、利用好是一项十分重要的档案管理工作。因为是突发的公共卫生事件，如何在没有可参考的档案管理模式情况下对学院疫情防控档案进行科学有效管理，也对学院的档案工作也提出了新要求和新任务。首先，办公室按照应收尽收、应归尽归、分类整理、原件为主的原则，统筹做好疫情防控档案资料的收集工作，按照不同时间阶段的疫情防控工作进行大类管理，再按工作中出现的重要文件通知、重要统计表格(教职工健康情况摸排、捐赠情况统计、学生管理情况)、学院所有抗疫故事汇总，新闻报道、图片、视频汇总，精准划分，电子档案和纸质档案分类妥善整理与保管，用档案记录和见证疫情防控工作取得的伟大成就，充分发挥档案工作存凭、留史、资政、育人的功能。

　　这时的档案承载的力量和记忆太多太多，它是留存下来的那段战"疫"故事，更是汇聚而成的抗"疫"精神，与每个人都不可复刻的那段时光。让档案"重起来"，在平凡岗位中奉献青春，在故纸陈迹中寻找价值，这每一寸冉冉的光阴、每一条变迁的脉络，都将档案人的担当汇聚到了一卷卷厚重的档案中。

　　档案工作是一项默默无闻、清苦枯燥的工作，也是对每个"兰台人"的细心和耐心的考验，在我和档案共同成长的五年工作历程中，不论是以何种身份角色和档案打交道，我少了最初的青涩与迷茫，更多了份笃定与从容。档案工作者确实默默无闻，但这并不代表默默无闻，档案工作虽然平凡，但绝不平庸。站在新的发展阶段、新的起点，我们更应始终秉持工匠精神，做好档案收集、整理、保管、利用的每一个环节、每一项流程，始终饱含忠于职守的工作热情，始终保持执着坚韧的工作作风，始终保持勇于担当的历史使命。有信念，亦不惧山高，有旗帜，亦不畏路远，用奋斗和创新书写新的辉煌。